모방과 창조

IMITATION AND CREATION

모방과 창조

서울대 김세직 교수의 새로운 한국 경제학 강의

김세직 지음

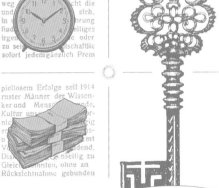

브라이트

1990년 봄 시카고대 경제학과 세미나실. 당시 대학원생이던 나는 한국 경제의 기적적 성장miracle growth의 원인을 설명하는 수학적 모형을 시카고대 교수님들에게 발표하고 있었다. 당시 한국은 한창 고도성장을 하던 시기였고, 한국 고도성장의 비법은 경제학자들이 가장 궁금해하는 주제 중 하나였다. 발표 중 교수님 한 분이 한국 경제가 언제까지 고속성장을 지속할 것이라 예상하는지 질문을 던지셨다. 당시로서는 이에 대한 답을 누구도 알 수 없었기에, 나는 한국 경제가 영원히 고속성장할 수 있기를 바란다는 희망적 예측을 피력했다. 그러나 이에 대한 답을 찾아 나는 이후 30년 넘게 한국 경제의 성장경로를 추적해왔고, 그 과정에서 한국 경제에 대해 알려지지 않은 중요한 감춰진 원리들을 일부 찾아내게 되었다.

학술논문만 주로 쓰던 내가 일반 국민들께 내가 알게 된 한국 경제의 감춰진 비밀과 해법들을 알리고자 책을 쓰기로 마음을 먹은 이유는 심각한 위기의식 때문이다. 나의 분석으로는 한국 경제는 안타깝게도 머지않아 매우 어려운 상황으로 빠져들 가능성이 높다. 경제적 위기의 한가운데에 처할지 모를 이 땅의 모든 분들을 생각하니 이 책을 쓰지 않을 수 없었다. 이미 취업절벽과 청년실업에 좌절하고 있는 청년들, 일자리 불안과 소득감소로 번민하는 2700만 근로자들, 50세 초반에 자의 반 타의 반 은퇴하고 자영업을 어렵게 꾸려온 가장들, 어려운 여건 속에 근로자들을 책임지고 이윤을 창출하고자 고군분투하는 기업들, 자녀교육에 모든 것을 다 바치고 있지만 자녀들의 대학입시와 졸업 후의 불안한 미래에 노심초사하시는 학부모님들을 생각하며 이 책을 썼다. 이 책은 이 분들께 위기 가능성을 알려드림과 함께 그럼에도 해결책이 있음을, 지금부터라도 함께 노력하여 바꾸면 희망이 있음을 알리기 위해 쓴 책이라고 할 수 있다.

안타깝게도 경제적 생존을 위해 꼭 알고 있어야 할 한국 경제의 핵심 원리들이 우리 국민들에게 잘 알려져 있지 않다. 지난 30년간 우리 경제를 좌우해온 '5년 1% 하락의 법칙'이 한 예다. 나는 이 책 『모방과 창조』를 통해 내가 알게 된 한국 경제의 성장과 추락에 관해 가장 중요한 숨겨진 원리들을 알려드리고 싶었다. 더 나아가 단지 한국 경제의 비밀을 알리는 것에 그치지 않고 다가올 경제적 곤경을 벗어날 감춰진 해법들을 다수의 독자들과 같이 모색해보고 싶었다.

 이에 더해, 이 책을 쓴 부차적인 목적이기는 하지만, 내가 30년 넘게 애정을 갖고 연구한 경제학을 대중이 보다 친숙하게 느끼도록 만들고 싶었다. 그동안은 감사하게도 강단에서 학생들을 가르치고 동료들과 토론하고 연구하면서 경제학자로서 소명을 어느 정도 수행할 수 있었다. 다만, 아쉬웠던 점은 경제학을 딱딱하고 재미없다고 생각하는 대중과 경제학에 대해 흥미로운 이야기를 나눌 기회가 적었다는 점이다. 나는 대학교 때 처음 경제학을 공부하면서 경제학이 건조하고 기계적이라고 느껴 인간 냄새가 풍기는 '낭만주의 경제학'은 없을까 아쉬워했다. 그러나 이후 경제학을 보다 깊이 공부하면서, 경제학이 인간적 체취를 듬뿍 담은 학문임을 깨달았다. 이를 알려주기 위해, 이 책에서는 경제학 이론들이 나온 배경부터, 우리 삶과의 연관성, 그리고 경제학 이론을 만든 경제학자들의 일부 에피소드까지 담으려고 노력했다. 이를 통해 경제학이 하늘에서 갑자기 떨어진 무미건조한 원리가 아니라, 우리와 똑같은 성정을 가진 인간들이 만들어낸 '지혜'에 가깝다는 것을 보여주고 싶었다.

이 책을 더욱 흥미롭게 읽을 수 있는 방법

독자 여러분들이 이 책 『모방과 창조』를 읽기에 앞서서 이를 보다 흥미롭고 알차게 읽을 수 있는 여러 가지 방법들을 먼저 소개하고 싶다.

역사나 한국경제사에 관심 있는 독자들이라면 이 책에 등장하는 대한민국 경제의 역사적 측면에 주목하며 읽는 방법이 있다. 독자 여러분은 타임머신을 타고 지난 60년의 한국 경제와 미래의 한국 경제를 오가며 여행할 수 있다. 이 책은 한국 경제의 큰 축을 이루는 두 시기(8% 이상 고도성장을 하던 1960년 이후 30년간의 '성장 황금시대'와 1990년 이후 성장률이 지속적으로 하락한 30년간의 '성장 추락기')에 걸친 한국 경제의 현대사에 대해 이야기한다. 따라서 5060세대는 자신이 경험했던 성장의 황금시대를 기억하며 향수를 느낄 수 있고, 젊은 MZ세대는 부모님이 살았던 세대와 미래의 경제를 상상하며 읽을 수 있다. 단, 이 책은 단순히 세세한 역사적 사실을 나열하기보다는 이를 관통하는 경제학적 근본 원리에 입각한 '역사의 설명'에 초점이 맞춰져 있다.

만약 경제학에 관심 있는 독자라면 이 책을 통해 경제학의 핵심 이론들을 습득하는 기회로 이용할 수도 있다. 이 책은 내가 대중과 경제학에 대해 소통하기 위해 썼기에, 경제학을 한 번도 접한 적이 없는 독자라도 이 책을 읽으면 한국 경제의 핵심과 주요 경제학 이론들을 쉽고 빠르게 배울 수 있게 쓰고자 했다. 예컨대, GDP(국내총생산), 경제성장률 같은 가장 기본적인 경제학 용어부터 MIT대학 솔로우Solow 교수의 신고전파 성장이론까지 수학적으로 설명하기보다는 말로 쉽게 풀어내어 직관적인 설명을 하고자 했다.

사실 경제는 우리의 생존과 직결될 만큼 너무나 중요해 누구나 잘 알고 있어야 하지만, 아이러니컬하게도 경제학은 너무 어렵거나 재미없어서 누구나 피하게 된다. 그러나 최근 2020년 한 해 동안 주식에 투자하는 인구가 300만 명이 늘고, 가상화폐 거래소에 500만 명이 등록하는 등 전례 없던 현상에서 경제학에 대한 국민들의 폭발적인 잠재적 수요가 있음을 확인할 수 있었다. 이 책을 통해 쉽고 친숙하게 익힌 경제학이 합리적인 투자 결정 등 독자들의 다양한 경제활동에 도움이 되기를 기대한다.

끝으로, 창의성의 중요성을 절감하는 독자들이라면 이 책을 '창의성'을 키우는 장으로 이용하는 방법이다. 한국 경제가 청년들에게 일자리도 제대로 제공하지 못하면서 성장이 추락하고 있는 이유는 '모방형 인적자본' 중심의 시대착오적인 경제체제에서 탈피하지 못했기 때문이다. 이런 상황에서 독자들이 살아남기 위한 유일한 방법은 스스로라도 크리에이티비티creativity 즉, 창조성을 키우는 것이다. 이 책의 3부 등에서는 서울대학교 경제학부 전공수업에서 창의성을 키우기 위해 실제로 내가 사용했던 방법들과 질문들, 대학입시에 실제 나올 수도 있을 만한 열린 문제들의 예시를 실었다. 독자들은 이 부분들을 읽으면서 자신 안에 잠재된 창의성을 스스로 끄집어내는 훈련을 해보고, 바라건대 이를 자신의 근로현장에서까지 적용해볼 것을 권한다. 학부모라면 자녀들과 함께 훈련해봄으로써 자녀들이 새 시대에 걸맞은 창조적 인재로 성장할 수 있도록 도와주기를 권한다. 이 책을 읽는 독자가 교사라면 제자들을 위해 수업 현장에 적용해보기를 적극 권한다.

자, 이제 모방을 넘어 창조의 세계로 가기 위한 타임머신에 몸을 실어보자!

차례

1부

당신의 미래는
안녕하신가요?

: 5년 1% 하락의 법칙과 우리의 미래

IMITATION AND CREATION

01

인생은
태어날 때부터 운

봄베이 빈민가의 아이들

1993년 아직 날씨가 쌀쌀한 이른 봄, 내가 탄 비행기가 인도 봄베이 공항에 착륙했다. 당시 IMF국제통화기금에서 근무하던 나는 동료들과 함께 아프리카의 레소토 정책 당국자들과 3주에 걸친 경제정책 협의 미션을 마치고, 서울을 거쳐 IMF 본부가 있는 워싱턴으로 돌아오는 길이었다. 당시 레소토에서 서울로 가기 위해서는 봄베이에서 내려 하루를 묵고 다음 날 비행기를 갈아타야 했다.

봄베이 공항에 내려 출국 수속을 마치고 공항 건물 밖으로 나오자 평생 잊지 못할 광경을 목격했다. 지금은 이름이 뭄바이로 바뀐 봄베이의 공항 앞 광장에 수백 명인지 수천 명인지 모를 많은 사람들이 모여 있었다. 날씨가 쌀쌀해 나는 아직 바바리코트까지 걸치고 있었지만 이들은 한 겹 얇은 옷을 입고 있었다. 자세히 보니 옷들이 모두 시커멓게 때로 찌들고 해져 남루했다. 다른 공항 같으면 형형색색 수많은 차들로 메워져 있을 주차장 자리에 하나 같이 걸인 같은 행색을 한 수백, 수천 명의 사람들이 공항건물에서 나오는 사람들을 퀭한 눈으로 응시하고 있었다.

갑자기 그 중 한 떼의 사람들이 달려들어 가방을 끌고 나오는 나를 에워쌌다. 그리고는 내 가방을 빼앗아 들었다. 눈 깜짝할 새에 일어난 상황에 이들이 강도인가 잠시 의심하는 순간 그 중 한 명이 어디로 가는지 내게 물었다. 당시 공항 내 에어스위스 사무소에서 서울행 비행기표를 발급받아야 했던 나는 에어스위스 사무소로 간다고 했다. 그러자 이들은 내 짐을 끌며 어디론가 가기 시작했고 나는 따라갈 수밖에 없었다.

불도 제대로 켜져 있지 않은 컴컴한 공항 뒷골목을 이리저리 돌아 그나마 가로등 불빛이 비추는 에어스위스 사무소 어귀까지 다다르자, 이들은 갑자기 돈을 달라고 일제히 손을 내밀었다. 내 여행가방 하나를 끌고 온 이 무리는 열대여섯 명이나 되었는데, 자세히 보니 어른만 있는 것이 아니라 초등학생 나이로 보이는 어린아이들까지 연령대가 다양해 보였다. 필경 한 식구처럼 보였다. 이들은 강도는 아니었다. 강도를 하기에는 어른 아이 할 것 없이 삐쩍 마르고 힘

모방과 창조

내가 1993년 봄에 본 봄베이는 나라 전체의 절대다수가 극빈자인 듯한 충격적인 경험을 안겨주었다.

도 너무나 없어 보였다. 이 중 어른은 짐을 날라줬으니 그에 대한 대가를 달라고 하는 것 같았다. 당시 보통 공항이나 호텔에서 포터짐꾼가 짐을 옮겨주면 1달러를 팁으로 주는 것이 관행이었고, 이들 중 내 가방을 끈 사람은 가장으로 보이는 한 명이었다. 그러나 돈 달라고 앞다투어 손 내미는 어린아이들 모습이 눈에 밟혀 이 가족에게 20달러 지폐를 주었다. 그때서야 나는 이들을 포함하여 공항 앞 광장을 가득 메웠던 수백, 수천 명의 사람들이 사실 여행객들에게 돈을 구걸하기 위해 모인 걸인이었음을 알게 되었다.

에어스위스 사무소에서 서울로 가는 1등석 비행기표를 받은 후에는 시내 중심가에 있는 최고급 호텔로 가기 위해 호텔리무진을 탔다. 공항에서 호텔로 가는 길에 연이어 늘어선 빈민가들이 리무진 차창을 통해 눈에 계속 들어왔다. 천막촌이라고 하기에도 민망한 처참한 거주지들이었다. 이를 보는 내 마음도 처참해졌다. 그곳에 기거하는 차림새가 거지라고 불러도 어색하지 않을 아마도 수천, 수만 명의 빈민들이 차도변을 따라 줄을 이어 있었다.

한국이 아직 가난했던 1960년대에 가끔 집집마다 돌아다니며 동냥하는 거지들을 본 적이 있었지만, 수천 명의 걸인들을 집단으로 본 적은 없었다. 그러나 그날 인도 봄베이 공항 앞 광장에서, 그리고 호텔로 가는 길가에서 본 사람들은 하나 같이 빈민 수준을 넘어 걸인 수준으로 처참하게 살아가는 사람들이었다. 일자리가 없으니 구걸로 연명할 수밖에 없었을 것이다. 이후 인도 사람 중 걸인 행색을 하지 않은 사람은 호텔에 들어가서야 몇 명 보았을 뿐이었다.

물론 그날 내가 본 봄베이 모습이 인도 전체의 모습은 아니었겠지만, 나라 전체의 절대다수가 극빈자인 나라를 본 듯한 충격적인 경험이었다. 한마디로 '집단적 극빈', '국가적 극빈'을 목도한 느낌이었다. 특히 인도는 고대 문명의 발상지 중 하나로 오랜 역사와 문화를 갖고 있는 나라이고 미국에서 우수한 인도 출신 경제학자들도 여러 명 보았기 때문에 더욱 충격적이었다. 나라가 잘못되면 국민 전체가 걸인 같은 극빈자 처지가 될 수도 있음을 눈으로 직접 확인한 것 같았다.

당시 인도 봄베이 극빈민들의 잔상은 나의 뇌리 속에 지금도 깊이 각인되어 있다. 무엇보다도 20달러를 전혀 아까워하지 않고 줄 수 있었던 나와 애처로운 눈망울로 내게 손을 내밀어 동냥하던 봄베이의 어린아이들이 오버랩되며 비교가 되었다. 나도 가난한 나라의 부유하지 않은 집안에서 태어났다. 그러나 교육받을 기회가 주어졌고 많은 분들의 도움을 받은 덕분에 미국에서 공부할 수 있는 기회까지 주어져,[1] 이제는 나름 '좋은 일자리'를 얻어 경제적으로 그다지 부족함 없는 생활을 향유할 수 있는 위치가 되어 있었다. 운이 좋아 회사가 사준 일등석 비행기를 타고 최고급 호텔에 묵어야 하는 일자리를 갖게 된 나와 빈곤에 절어 있는 이들을 비교하니 처연하고 미안한 마음으로 착잡했다.

봄베이에서 손을 내밀던 이 아이들에게는 교육의 기회도 전혀 주어지지 않을 것이다. 따라서 이 아이들이 이러한 극심한 빈곤의 굴레에서 벗어나는 것도 거의 불가능해 보였다. 그날 본 인도의 봄베이는 한마디로 현재는 물론 미래에도 가난에서 벗어날 가능성이 제거된 지구상에 실제로 존재하는 디스토피아, 즉 이상향의 정반대되는 사회로 보였다.

'봄베이의 아이들은 어쩌다가 이런 디스토피아에 태어났을까? 스스로 선택한 것도 아닌데….'

인생에서 가장 불공평한 것은 어떤 집안에 태어나느냐보다 어떤 나라에 태어나느냐 인 것 같았다. 이런 디스토피아에 태어나지 않은 것이 한편으로는 감사했고, 다른 한편으로는 큰 숙제를 받은 느낌이었다. 운 나쁘게 디스토피아에 태어난 사람들을 위해 경제학자로서 무엇을 해줄 수 있을 것인가? 보다 가깝게는 우리나라에서 태어나는 젊은이들이 혹시라도 후에 이런 디스토피아에서 태어난 것을 한탄하는 일이 벌어지지 않도록 하기 위해 무엇을 해야 할 것인가? 꼬리에 꼬리를 무는 이 질문들이 아직까지 해결 못한 숙제로 남아 있다.

C.C.R.의 금수저

1970년대에 한국에는 C.C.R.이라는 미국 밴드가 엄청난 인기를 끌고 있었다. 당시 젊은 층이 즐겨 듣던 라디오 팝송 프로그램들에서는 C.C.R.의 노래가 끊임없이 흘러나왔다. 가수 조영남 씨가 이 밴드의 노래 중 「프라우드 메리Proud Mary」를 「물레방아 인생」이라고 제목을 바꾸고 한국말로 가사를 붙여 불렀는데 이 번안가요도 크게 유행했다. 노래 가사는 '세상만사 둥글둥글, 호박 같은 세상 돌고 돌아 … 밤이면 이슬에 젖는 나는야 떠돌이, 돌고 도는 물레방아 인생'으로, 물레방아에 인생을 비유해 원곡 가사와는 크게 다르게 개사되어 불렀다.

나도 어린 시절 C.C.R.의 노래들을 영어 가사 내용을 전혀 알아듣지도 못하면서도 열심히 듣곤 했다. 중학교 때 수학여행 가서는 여관방에서 이 밴드가 부른 「헤이 투나잇Hey Tonight」, 「수지 큐Susie Q」 등의 노래에 맞추어 소위 '고고춤'이라는 춤을 친구들과 같이 추기도 했다. 언제 들어도, 절규하듯 외치듯 부르는 이 밴드의 멋진 노래

모방과 창조

1960~1970년대 큰 인기를 끌었던 미국의 4인조 밴드 C.C.R.

를 들으면 지금도 그렇지만 그때도 가슴이 후련했다.

그러다가 영어를 조금씩 배우게 되면서 이 밴드가 부른 노래들의 의미도 하나씩 하나씩 알게 되었다. C.C.R.의 노래들은 부조리하게 주어진 경제, 사회 구조와 그 속에서 옴짝달싹 못하는 인간 실존의 관계에 대한 의미심장한 생각거리들을 던져주고 있었다.

지난 몇 년 사이에 한국 젊은이들 사이에 흙수저·금수저 문제에 대한 문제의식 혹은 좌절과 분노가 부쩍 커졌다. '이번 생은 망했다'를 줄여 쓴 '이생망'이라는 말까지 만들어졌다. 소득 불평등이 커지고 그에 따른 기회 불평등이 커져가는 가운데, 제대로 된 일자리를 구하기 점점 어려워지는 우리 청년들의 아픔과 좌절을 반영하고 있다.

C.C.R.은 이미 50년 전 미국 사회의 금수저·흙수저 문제에 대해 「운 좋은 아들Fortunate Son」이라는 노래를 통해 흙수저의 분노를 강렬하게 표출했다. 이 노래에서 금수저와 흙수저의 대비는 너무나 선명하다.

노래는 강한 비트에 맞추어 세상에는 은수저silver spoon를 물고 태어나는 사람도 있다고 소리친다. 도대체 이런 사람들은 어떤 사람들일까? 이런 사람들은 한마디로 '돈을 벌 필요도 없는 사람'들이라고 노래는 외친다. 따라서 이들은 굳이 일자리도 필요없는 사람들이다. 왜 일자리가 필요 없을까? 백만장자의 아들로, 금수저로 태어났기 때문이다. 그런데 이들과 너무나 다르게 태어난 나는 도대체 누구인가?

이 노래를 작사 작곡한 C.C.R.의 리드싱어 존 포거티John Fogerty는 1절에서는 자신은 상원의원의 아들로 태어나지 않았다고 소리친다. 2절에서는 백만장자의 아들이 아니라고, 3절에서는 장군의 아들도 아니라고 소리친다. 한마디로 나는 금수저가 아니라고, 결국 '나는 운이 나쁜 거야!'라고 절규한다. 만약 어느 집안에서 태어났느냐가 한 사람의 일생을 모두 결정해버린다면, 결국 인생은 이 노래에서 의미하는 것처럼 태어날 때부터 운이라는 생각에 이를 수밖에 없을 것이다.

그러나 어느 나라에 태어났느냐에 따라, 흙수저 집안에 태어나도 인생이 역전될 수도 있다. 인도 봄베이에서 흙수저로 태어나면 극빈의 굴레를 벗어나는 것은 거의 불가능에 가까울 것이지만, 예를 들어 미국 같은 부국에서 태어나면 흙수저를 극복할 가능성까지도 열리게 된다. C.C.R.의 존 포거티가 그 예다.

존 포거티는 흙수저로 태어났지만 미국에서 태어났기 때문에 그의 뛰어난 재능과 노력으로 부와 명예를 쌓을 수 있었다. 그는 2014년 오바마 대통령의 초청으로 백악관에서 공연을 한다. 이 공연에서 존 포거티는 일종의 반전, 반체제 노래인 「운 좋은 아들」을 많은 장군들과 정치인들 앞에서 부르는데, 이들도 모두 일어나 몸을 흔들며 흥겹게 이 노래를 같이 따라 부른다. 이렇게 흙수저를 극복할 수 있는 나라에 태어난 그가 자신이 행운아가 아니라고 말하기는 어려울 것 같다. 존 포거티도 이 노래가 끝나자 마이크로 다시 다가가 '나는 행운아'라고 말한다.

결국 어느 나라에 태어났느냐가 한 사람의 일생에 가장 중요한 영향을 미친다. 인도 봄베이에서 구걸하던 어린 아이들의 입장에서는, 존 포거티 같은 미국인이 자신의 태생을 불평했던 것은 사치처럼 느껴질 수도 있다. 어느 나라에 태어났느냐가 가장 중요한 운이라면 그는 누구보다도 행운아일 수 있다. 미국에서 태어난 사람들만이 아니다. 한국에서 태어난 사람들도 마찬가지일 수 있다. 극심한 가난 속에 교육의 기회도 박탈당한 인도나 아프리카 어린아이들의 입장에서는 오늘날 한국의 평범한 가정 혹은 심지어 가난한 가정에서 태어난 우리들이 행운아처럼 보일 수도 있다.

경제학자들은 각 나라가 얼마나 잘 살고 가난한지를 비교하기 위해 1인당 GDP라는 개념을 이용한다. 한 나라가 1년 동안 생산해서 벌어들인 총소득을 GDP라고 한다. 이는 'gross domestic product'의 약자로 국내총생산으로 번역한다. 이 GDP를 인구수로 나누어 인구 한 명당 소득을 구한 것이 바로 1인당 GDP다. 사람들은 이 소득을 전부 소비하지는 않는다. 일부는 저축하고 나머지는 소비한다. 그러나 크게 보면 소비는 소득에 비례한다. 소득이 높을수록 소비를 많이 할 수 있는 것이다. 따라서 각국의 1인당 소비수준 혹은 생활수준은 1인당 GDP를 이용하여 비교할 수 있다.

잘사는 나라는 1인당 GDP가 매우 높고 못사는 나라는 1인당 GDP가 매우 낮은데 그 차이가 너무나 크다. 잘사는 나라들은 못사는 나라들에 비해 1인당 GDP가 두세 배 높은 정도가 아니라 무려 100배 이상 높다. 잘사는 나라에 태어나면 못사는 나라에 태어나는 것에 비해 평균적으로 100배나 잘사는 상태로 태어나는 것이다.

인생은 어찌 보면 어디에, 즉 어느 나라 그리고 어느 집안에 태어나느냐가 가장 중요한 운일 수도 있다. 미국 밴드 C.C.R.의 노래처럼, 그리고 오늘날 흙수저로 태어난 것을 좌절하는 우리나라의 많은 젊은이들처럼 어느 집안에서 태어나는지도 인생에 큰 영향을 미치는 운일 수 있다. 그런데, 봄베이의 수많은 빈민가 아이들을 생각해보면, 인생에 어느 집안에서 태어났느냐보다 더 결정적 영향을 미치는 운은 어느 나라에서 태어나느냐 일 수 있다.

미국의 경제학자 사이먼 쿠즈네츠 Simon Kuznets 는 1인당 국민소득과 소득불평등 사이의 관계를 연구하여 이 둘 사이의 관계를 그림

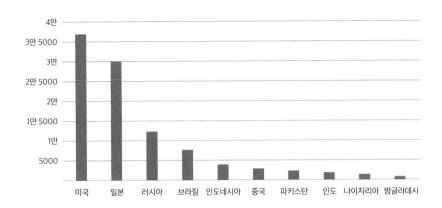

인구 대국들의 1인당 GDP(1990년 기준). 잘사는 나라는 1인당 GDP가 매우 높고 못사는 나라는 1인당 GDP가 매우 낮은데 그 차이가 너무나 크다.

으로 나타내는 소위 '쿠즈네츠 곡선'이라는 것을 제시했다. 이 쿠즈네츠 곡선은 가난한 나라가 산업화를 통해 소득수준이 증가할 때 처음에는 1인당 소득이 증가하면서 소득불평등이 점점 커지지만 어느 수준이 지나면 소득이 높아지면서 오히려 소득불평등이 작아지는 경향이 있음을 나타내는 곡선이다. 이 곡선은 어느 나라 어느 시대에서나 성립하는 법칙은 아니다.[2] 그러나 부유한 나라는 가난한 나라와 달리 교육이나 복지정책 등을 통해 소득불평등을 줄일 가능성이 열린다. 따라서 소득불평등을 한 나라가 최소화시킬 수 있는 소득불평등 가능성으로 해석하면 쿠즈네츠 곡선은 현실을 잘 설명할 가능성이 높아진다고 할 수 있다. 이는 일단 인도처럼 가난한 나라가 아니라 아주 잘사는 나라에 태어나면 흙수저 집안에 태어나도 살아가면서 이를 극복할 수 있는 가능성이 높아짐을 의미할 수 있

'쿠즈네츠 곡선'을 제시한 미국의 경제학자 사이먼 쿠즈네츠. 1971년 노벨경제학상을 수상하였다

다. 그 이유는 앞서 미국에서 태어난 존 포거티의 예에서 보았듯이 잘 사는 나라에서는 흙수저 집안에서 태어난 불운을 교육 등을 통해 극복할 기회가 더 많이 주어지거나 혹은 복지정책이 잘 갖춰져 있을 가능성이 높기 때문이다.

따라서 일단 잘사는 나라에 태어나면 좋겠지만, 문제는 어느 나라 사람으로 태어날지는 결코 본인이 선택할 수도 결정할 수도 없다는 것이다. 그렇다면 본인의 결정도 아닌데 잘사는 나라에 태어나지 못한 수많은 사람들은 어찌할 것인가? 빈곤의 굴레를 운명으로 받아들이고 평생 가난하게 살아가야만 하는 걸까? 스스로의 삶뿐만 아니라 자신의 자녀와 손주들에게도 유전될 가난의 운명을 손 놓고 허망하게 바라보고만 있어야 할까?

이 문제의 유일한 해결책은 잘사는 나라를 만드는 것밖에 없다. 잘사는 나라, 비록 나쁜 운으로 못사는 집안에 태어났어도 이를 극복할 가능성이 열려 있는 나라를 만드는 것이다. 그래야만 잘사는 나라에서 태어나지 못한 수많은 사람들이 운명을 바꿀 수 있다. 기회와 극복의 가능성이 열려 있는 잘사는 나라, 누구나 그 나라에 태

모방과 창조

어난 것 자체가 행운인 나라를 만드는 것이다. 우리 각자가 그러한 나라를 만드는 데 무엇을 할 수 있을까?

인류 역사를 보면 수많은 사람들이 이런 유토피아를 꿈꾸고 찾아왔다. 그리고 그런 유토피아를 자기가 사는 땅에도 만들어보고자 노력해왔다. 금수저로 태어났던지 흙수저로 태어났던지 상관없이 누구나 행복하게 살 수 있는 이런 이상향은 과연 어디에 있을까? 그리고 그 이상향은 과연 어떤 모습일까? 어떻게 해야 그 나라를 이 땅에도 만들 수 있을까? 이 오랜 숙제를 해결할 실마리를 그 해결의 열쇠를 쥐고 있는 이 땅에서 함께 살아가는 독자 여러분과 풀어가고 싶었다.

02

유토피아를
찾아서

모어의 섬나라 이야기

금수저·흙수저 상관없이 누구나 행복하게 살 수 있는 이상향을 찾
아 나선 사람 중에 영국의 정치사상가 토머스 모어Thomas More가 있었
다. 이상향을 찾아 나선 토머스 모어는 마침내 그의 상상 속에서 이
상적인 섬나라를 발견하고 이를 '유토피아'라고 명명한다. 그리고
1516년에 동명의 책을 출간한다.

그가 발견한 유토피아 섬은 '존재하지 않는 곳'이라는 원래 뜻처
럼 세상에 아직 존재하지 않았다. 그러나 그 후 유토피아는 전 세계

사람들에 의해 이상향의 대명사가 되었고, 많은 사람들이 이를 찾아 나서고 혹은 만들어보고자 노력하게 된다.

누구나 행복하게 살 수 있는 이상향을 찾아 나선 영국의 정치사상가 토머스 모어.

이상향은 어떤 나라일까? 나와 같은 경제학자의 입장에서 볼 때 이상향으로의 유토피아가 갖추어야 할 필수조건 중 하나는 '일자리'다. 인간의 삶에서 일자리는 너무나 중요하다.

경제학자들은 인간은 누구나 최대로 행복해지고자 한다고 생각한다. 그리고 인간의 행복은 재화나 서비스의 소비에 의해 결정된다고 생각한다. 따라서 보다 행복해지고자 하는 인간들은 소비를 최대한으로 늘리고 이를 통해 물질적 행복을 최대화하고자 한다고 상정한다.

그런데 소비를 하려면 소득이 있어야 하고, 소득은 기본적으로 일자리에서 일해야 생긴다. 따라서 소득의 원천인 일자리는 인간 행복의 가장 필수적인 조건인 것이다.

토머스 모어가 상상한 유토피아 섬은 경제학적으로 보면 완전고용과 공동소비를 핵심적 특징으로 한다. 이 섬에서는 누구에게나 일자리가 주어진다. 그래서 누구나 고용된다. 그리고 하루 6시간만 일하면 된다. 이 유토피아 섬에서는 이렇게 사람들이 주어진 일자

토머스 모어가 구상한 상상 속의 섬나라 유토피아의 모습. 경제학적으로 이 섬은 완전고용과 공동
소비를 핵심적 특징으로 한다.

리에서 생산물을 만들어낸 뒤에 그 생산물을 공동창고에 쌓아둔다. 그러면 누구나 필요에 따라 창고에 쌓인 생산물을 가져다가 소비할 수 있다.

따라서 이 섬에서는 운 나쁘게 흙수저 집안에서 태어나 제대로 된 일자리도 못 얻고 그 결과 소비도 제대로 못할 위험이 사라진다. 일단 이 섬나라의 국민으로 태어나면 누구에게나 일자리가 주어지기 때문에, 일자리에서 노동을 통해 생산해 창고에 쌓아놓고 그중 필요한 만큼 소비할 수 있게 된다. 어느 집안에서 태어났는지와 상관없이 누구에게나 소득의 원천인 일자리가 주어진다는 점에서 이 섬은 흙수저로 태어나는 불운을 제거해줄 수 있는 나라인 것이다.

그러나 토머스 모어가 그린 서양의 대표적인 이상향인 이 유토피아 섬은 먹을 것으로 넘쳐나 무한정 소비할 수 있는 사회는 아니다. 무한정 소비할 수 있으려면 일단 무한정 생산할 수 있어야 하는데, 토머스 모어가 상상한 이 섬에는 엄청난 생산력을 가져다 줄 특별한 기제가 존재하지 않는다.

일단 토머스 모어의 유토피아는 자원배분이 시장경제체제를 통해 이루어지는 것이 아니라 공동생산-공동소비 형태를 통해 이루어진다. 이는 근로자들이 기업에게 노동을 제공하고 그 대가로 받은 임금소득으로 기업이 생산한 생산물을 구매하여 소비하는 현대 시장경제체제와는 전혀 다르다.

토머스 모어의『유토피아』출간 이후 260년 뒤, 또 다른 영국의 사상가에 의해 이상향이 갖춰야 할 자원배분체제에 대한 저술이 출

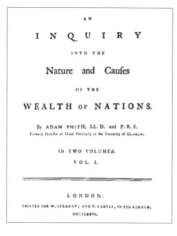

아담 스미스의 『국부론』 1776년판 표지.

간된다. 1776년 나온 아담 스미스Adam Smith의 『국부론』이다. 이 책은 경제학이라는 학문의 효시가 된 역사적인 책이다. 이 책을 쓴 아담 스미스는 이후 '경제학의 아버지'로까지 불리게 된다. 내가 대학생 때 아담 스미스를 경제학의 아버지라고 불렀었기 때문에, 나는 요즈음 강의할 때는 그동안 세월의 흐름을 반영하여 재미 삼아 아담 스미스를 경제학의 할아버지라고 부른다. 그를 경제학의 아버지 혹은 할아버지로 만든 이 책을 통해 아담 스미스는 가장 이상적인 자원배분 시스템으로서 시장경제체제의 장점을 역설한다.

시장경제체제 하에서는 소비자와 생산자가 분리되고 각자 자신의 이익을 최대화하고자 노력한다. 아담 스미스는 이 때 '보이지 않는 손invisible hand'이 작동하여 가장 효율적인 결과를 가져온다고 주장한다. 이러한 시장경제체제는 효율적이기에 다른 어떤 경제체제보다 많은 생산물을 생산할 수 있게 된다. 그리고 국민들에게 보다 높은 소득을 얻을 일자리를 제공하고 그 결과 많은 소비가 가능하도록 할 수 있음을 아담 스미스와 이후의 경제학자들이 증명해왔다.

아담 스미스 이후 발전한 경제학의 관점에서 봤을 때, 토마스 모어가 상상한 공동생산 및 공동소비를 체제적 특징으로 하는 유토피아 섬은 생산력이 매우 낮아 가난한 나라가 될 가능성이 높다. 이 경우에는 이런 경제체제의 섬나라에 태어나는 것이 가난한 집안에서 태어나 일자리도 없을 가능성은 없애주지만, 가난한 나라에 태어나는 불운까지 제거할 수는 없다. 이 섬나라의 경제시스템은 누구에게나 일자리를 제공할 수는 있으나 그 일자리가 충분한 소비를 할 만큼 충분한 소득을 제공하는 '좋은 일자리'가 아닐 가능성도 높아지기 때문이다.

토머스 모어의 유토피아섬으로부터 얻을 수 있는 중요한 교훈은 이상향의 핵심은 누구나 금수저로 태어나 충분한 소득과 소비를 누릴 수 있는 경제시스템을 만들어낼 수 있느냐 여부에 있다는 것이다. 충분한 소득과 소비를 보장해줄 경제체제를 만들어내지 못한다면, 유토피아는 상상의 섬으로만 남게 되고 결코 지상에서 그 모습을 드러내는 것이 불가능해질 것이다. 결국 유토피아를 지상에 만들려면 이를 보장할 경제체제를 건설하는 것이 핵심이다.

요순시대의 전설

누구나 금수저로 태어나 행복하게 살 수 있는 이상향을 동양에서도 사람들이 오랫동안 찾아 헤맸다. 서양의 '유토피아'에 비견되는 동양의 이상사회는 시대를 한참 거슬러 올라가 요순시대의 전설 속에서 찾을 수 있다.

동양의 역사서 『십팔사략』에 따르면, 요임금이 하루는 미복을 입고 민정시찰을 나간다. 시찰을 다니다가 요임금은 머리가 하얀 한 노인을 발견한다.[3]

해 뜨면 일하고 해 지면 쉬네.
밭 갈아 먹고 우물 파 마시는데
임금(나라)의 힘인들 내게 무슨 상관이랴

노인은 입 안 가득 음식을 먹고 부른 배를 두드리며 흥겹게 이 노래를 부르고 있었다.

동양에서 최고의 시대로 꼽히는 전설 속의 요순의 태평성대는 이렇게 배 터지도록 먹을 수 있을 만큼 높은 소득이 제공되는 '좋은 일자리'를 노년들까지 얻을 수 있는 시대였다. 경제학자의 입장에서 볼 때, 요순 유토피아의 요체는 한마디로 '좋은 일자리의 풍요'에 있었다. 노년은 물론 청년들이 '좋은 일자리 부족'으로 좌절하고 있는 현재 우리 사회와 대비된다.

『십팔사략』 등에 기술된 요임금의 전설 속에는 요임금이 다스린 나라의 경제체제에 대한 명확한 설명은 없다. 다만 전설의 내용을 통해 보면, 요순 유토피아에서는 좋은 일자리를 만들어주기 위해 나라와 정부(임금)가 어떤 일을 하는지 백성들이 전혀 모를 만큼 경제가 티가 나지 않게 운용되었음은 알 수 있다.

모방과 창조

이를 통해 추측하건대, 정부의 인위적인 개입 없이도 좋은 일자리가 풍성히 공급되도록 제도와 인프라가 갖춰진 경제라고 할 수 있다. 이런 점에서, 정부가 정부지출을 증가시키고 요란하게 공공사업을 하며 좋은 일자리도 아닌 공공일자리를 늘리며 선전하는 현대의 정부들과 대비된다. 중앙집권적 정부의 개입을 최소화한 체제라는 점에서 시장경제체제에 가까운 체제일 것이라고 추측할 수도 있다.

20세기의 가장 위대한 경제학자 중 한 사람인 시카고대학의 밀튼 프리드만Milton Friedman 교수는 정부의 인위적인 경기부양이 오히려 경기변동의 진폭을 크게 하고 그 결과 일자리 문제를 악화시킬 수도 있음을 역설했었다. 이러한 프리드만의 이론에 따르면, 백성들이 정부가 자신들을 위해 무엇을 했는지도 모를 만큼 티가 나지 않게 경제를 운용한 요임금 정부의 정책이 이 시대에 풍요를 가져다 준 것은 어찌 보면 당연한 결과라고도 할 수 있다.

어쨌든, 이 요순의 유토피아는 어느 집안에 태어났는지와 상관없이 누구나 배 터지도록 질릴 정도까지 소비할 수 있을 만큼의 소득이 제공되는 '좋은 일자리'를 얻을 수 있는 나라다. 따라서 이 나라에 태어나는 것만으로도 로또가 당첨된 것 같은 행운인 그런 나라다.

현대 유토피아의 일자리

토머스 모어의 유토피아 섬이나 요순의 유토피아나 그 핵심은 소비를 위해 필요한 소득을 얻을 수 있는 일자리를 누구에게나 제공하는 데 있었다. 특히 요순 유토피아는 더 이상 소비하고 싶지 않을 만큼 충분히 소비하는 것을 가능하게 해줄 '좋은 일자리'를 얻을 수 있는 나라다. 이런 점에서 요순의 유토피아가 모어의 유토피아 섬에 비해 보다 더 유토피아에 가깝다고 할 수 있다.

그런데 현실 세계에는 요순시대의 유토피아처럼 누구나 더 이상 소비할 필요성을 못 느낄 만큼 높은 소득이 제공되는 그런 나라는 존재하지 않는다. 이런 유토피아는 유토피아의 본래 의미대로 '존재하지 않는 나라'인 것이다. 왜 그럴까?

누구나 더 이상 소비할 필요성을 못 느낄 만큼 높은 소득이 제공되는 나라가 존재하지 않는 이유는 기본적으로 인간 본성에 기인한다. 우리는 맛있는 빵을 먹으면 행복해진다. 그런데 빵을 몇 개째 먹느냐에 따라 우리의 행복도가 달라진다. 맛있는 빵을 처음 한 개 먹을 때에 우리가 느끼는 행복은 크게 증가한다. 두 개째 먹을 때도 행복은 증가한다. 그런데 첫 번째 빵을 먹을 때 늘어난 행복의 증가분에 비해서 두 번째 빵을 먹을 때의 행복의 증가분은 줄어든다. 그리고 세 개, 네 개 계속 먹으면 먹을수록 추가적인 행복의 증가분은 점점 줄어든다. 경제학자들은 이를 '한계효용체감의 법칙'이라고 부른다. 도대체 효용이라는 말은 무슨 말이고 한계효용은 또 무슨 뜻인가.

경제학자들은 사람이 소비를 했을 때 느끼는 만족도 혹은 행복의 정도를 '효용utility'이라고 부른다. 이 효용이라는 말은 '최대 다수의 최대 행복'을 주장한 영국의 공리주의 철학자 제러미 벤담Jeremy Bentham이 인간의 행복을 측정하는 단위로 처음 도입한 용어다. 키를 재기 위해 센티미터, 몸무게를 재기 위해 킬로

인간의 행복을 측정하는 단위로 '효용'을 제안했던 제러미 벤담.

그램을 이용하듯이, 이후 경제학자들은 인간의 행복 중 주로 물질적 소비에 따른 행복의 값을 비교하거나 측정하기 위해 이 '효용'이라는 개념을 널리 이용하게 되었다.

경제학자들이 '측정될 수 있는 행복'인 효용을 현대 경제학의 가장 중요한 개념으로 발전시켜나감에 따라 경제학은 결국 인간의 행복에 관한 과학으로 발전되어왔다. 그리고 경제학이 인간의 효용 즉 행복을 증대시키기 위한 구체적 방법, 즉 제도나 정책을 연구하게 됨에 따라, 경제학은 결국 유토피아를 달성하기 위한 방법을 연구하는 학문이 되었다.

경제학자들은 특히 인간이 얼마나 소비하는지가 이 효용 값에 미치는 영향에 주목해왔다. 그 영향에 대해 경제학자들이 발견한

경제학자들은 인간이 얼마나 소비하는지가 효용 값에 미치는 영향에 주목해왔다. 아무리 맛있는 음식이라도 한 재화만 계속 소비하면 소비의 물림점에 도달할 수 있다. 그러나 이때 다른 재화를 소비하면 다시 효용이 증가한다.

중요한 법칙들이 있는데 그 중 하나가 바로 한계효용체감의 법칙인 것이다. 이 법칙은 소비량을 늘리면 늘릴수록 이때 새로 추가적으로 소비한 재화나 서비스(예: 빵)로부터 얻어지는 추가적인 효용(이를 경제학자들은 한계효용이라고 부른다)은 계속 감소한다는 법칙이다. 이를 수업시간에 학생들에게 쉽게 이해시키기 위해서 나는 '물리기 법칙' 혹은 '질리기 법칙'이라고 부른다. 아무리 맛있는 것도 많이 먹으면 질리는 경험을 통해 우리 모두 이미 체감하고 있는 법칙이다.

어떤 한 재화에 대해 이러한 한계효용체감의 법칙이 계속 작동하면 그 재화에 대해 완전히 물리는 순간이 올 수도 있다. 이러한 경우를 소비의 물림점satiation point이라고 부른다. 그 재화의 소비 증가를 통해서는 더 이상 만족도를 증가시킬 수 없는 점에 이른 것이다.

그런데 한 재화만 계속 소비하면 이러한 소비의 물림점에 도달할 수도 있지만, 이때 다른 재화를 소비하면 다시 효용이 증가한다. 빵을 먹다가 질리면 케이크를 먹고, 케이크를 먹다 질리면 과일을 먹고, 먹다가 질리면 마시고, 마시다 질리면 게임하고 이런 식으로 계속 다른 종류의 소비를 하면 효용을 계속 증가시킬 수 있음을 독자들도 경험을 통해 알고 있을 것이다. 즉 소비를 계속 다변화시키면서 소비하면 물림점에 도달함 없이 계속 효용을 증가시킬 수 있는 것이다. 이런 관점에서 현대 경제학자들 특히 거시경제와 경제성장을 연구하는 경제학자들은 한 재화에 대한 소비가 아니라 총소비에 대해서는 물림점이 존재하지 않는다고 상정한다.

이러한 인간 본성 때문에 누구나 더 이상 소비할 필요성을 못 느낄 만큼 높은 소득이 제공되는 유토피아는 존재할 수 없다고 할 수 있다. 물질적 소비를 통한 인간의 행복추구 욕망은 끝이 없어서 기존에 존재하는 재화들에 물림점이 오는 경우에도 새로운 재화나 서비스를 만들어내서라도 인간은 행복을 더 끌어올리려고, 가능하면 무한대까지 끌어올리려고 하기 때문이다.

이런 관점에서 보면 모든 사람들이 더 이상 행복할 수 없을 만큼 행복이 최대화된 나라라는 의미의 유토피아는 현실에서 추구할 이상향으로서의 의미를 갖지 못한다. 인간들이 현실에서 구체적으로 어떤 나라를 건설해야 할지를 안내해줄 이상형ideal type의 역할을 하지 못하기 때문이다.

우리가 유토피아를 현실에서 구현하려면, 먼저 유토피아를 단지 비현실적인 꿈속에서만 상상하는 상상물이 아니라 현실에서 인간이 나아갈 지향점의 역할을 해줌으로써 인간에게 도움이 되는 실용주의적 실체로 탈바꿈시켜야 한다. 그리고 이를 위해서 유토피아를 보다 현대적인 의미에서 다시 정의할 필요가 있다.

현대적인 의미에서의 보다 현실적인 이상향, 즉 현실에서 구현될 수 있는 유토피아를 내가 다시 정의한다면, 현재 삶에 큰 불편을 느끼지 않을 만큼 인간생활에 필수적인 재화들을 소비할 수 있는 수준의 높은 소득이 제공될 뿐만 아니라 '소득이 매년 빠른 속도로 증가'하는 나라가 유토피아에 가까운 나라라고 할 수 있다.

이렇게 실용적으로 재정의된 현대적 의미의 유토피아는 소득의 원천인 '좋은 일자리'가 충분히 공급되는 나라다. 여기에서 '좋은 일자리'는 직업과 상관없이 '매년 소득이 빠르게 증가하는 일자리'라고 정의할 수 있다. 바람직한 사회는 일자리 질과 상관없이 단지 '일자리'만 많은 사회가 아니라, 이렇게 소득이 빨리 증가하는 '좋은 일자리'가 많은 사회다.

경제학자들은 사람들이 느끼는 소비로부터의 행복, 즉 효용은 소비수준이 높을수록 높아진다고 생각한다. 그리고 소비는 소득이 많아야 높아지기 때문에 소득수준이 사람들의 행복을 결정하는 중요한 요인이라고 생각해왔다. 이와 함께, 최근에는 소득의 증가 또한 행복을 결정하는 중요한 요인이라고 생각하는 경제학이론들이 등장했다.

특히 소비에 관한 경제학의 '습관형성 이론habit formation theory'에 따르면, 사람들은 작년에 비해 올해 얼마나 더 많은 소비를 했는지가 효용 즉 행복에 중요한 영향을 미친다.[4] 작년에 비해 소비가 많이 늘어났을수록 더 많은 행복을 느낀다는 것이다. 이에 따르면, 사람들이 보다 행복해지기 위해서는 소득이 빨리 증가하는 것이 중요하다. 따라서 사람들에게 소득이 빠르게 증가하는 일자리를 제공하는 나라일수록 사람들이 더 행복한 사회, 즉 유토피아에 가까운 사회라고 할 수 있다.

소득이 빠르게 증가하는 좋은 일자리가 누구에게나 공급되는 나라라면 굳이 금수저 집안에서 태어날 필요도 없다. 흙수저 집안에서 태어나도 좋은 일자리에 고용되어 삶을 향유할 수 있을 만큼 소득이 매년 빠르게 증가할 것이기 때문이다. 이런 나라에서는 어느 집안에 태어났느냐가 더 이상 인생을 결정하는 운으로 작동하지 않기 때문이다.

인생 최대의 행운 중 하나는 아마 이런 유토피아에 태어나는 것일 것이다. 이런 점에서, 한국에 태어난 우리들은 과연 행운아일까? 현재 우리나라는 현대적 의미의 유토피아에 가까운 나라일까? 만약 우리 젊은이들과 자손들이 어느 나라에 태어날지 정할 수 있다면, 이들이 태어나고 싶어하는 나라일까?

어떤 나라가 유토피아일지는 사실 불변이 아니다. 현재는 유토피아가 아니라도 사회의 구성원들이 힘을 합해 노력하면 유토피아에 가까운 나라를 만들어갈 수도 있다. 반대로 유토피아에 가까운 나라도 구성원들이 방심하면 디스토피아의 나락으로 떨어질 수도 있다.

앞으로 우리와 우리 젊은이들이 맞이할 시대와 우리 사회는 과연 누구나 좋은 일자리를 향유할 수 있는 이상향인 유토피아일까? 아니면 그 반대인 디스토피아일까?

"

현대적인 의미에서의 보다 현실적인 이상향, 즉 현실에서 구현될 수 있는 유토피아를 내가 다시 정의한다면, 현재 삶에 큰 불편을 느끼지 않을 만큼 인간생활에 필수적인 재화들을 소비할 수 있는 수준의 높은 소득이 제공될 뿐만 아니라 '소득이 매년 빠른 속도로 증가'하는 나라가 유토피아에 가까운 나라라고 할 수 있다. 이렇게 실용적으로 재정의된 현대적 의미의 유토피아는 소득의 원천인 '좋은 일자리'가 충분히 공급되는 나라다.

"

03

대한민국
5년 1% 하락의 법칙

경제성장의 마법

실용적으로 재정의된 현대적인 의미에서 유토피아의 핵심은 그 나라에 사는 국민들에게 소득의 빠른 증가를 제공할 수 있느냐에 있다. 달리 말하면 소득이 빨리 증가하는 일자리를 제공할 수 있느냐에 있다. 청년층과 노년층 관계없이 소득이 빨리 증가하는 좋은 일자리를 보다 많이 제공할 능력이 있는 나라가 현대적 의미의 유토피아에 가까운 나라인 것이다. 우리는 지금 그런 나라에 살고 있는 것일까?

각국의 경제성장률은 그 나라 중앙은행이나 통계청이 일반적으로 연간 단위로 측정한다. 우리나라는 한국은행이 측정하여 발표한다. 한국은행 홈페이지에 들어가면 우리나라의 연간 경제성장률 추이를 누구나 손쉽게 볼 수 있다.

보다 많은 사람들이 매년 소득이 증가하는 일자리를 얻으려면 무엇보다도 나라 전체의 국민소득이 빨리 증가해야 한다. 현재 우리 사회는 국민소득을 빠르게 증대시켜 나에게 좋은 일자리를 제공할 능력이 있을까?

내가 태어난 나라가 나에게 좋은 일자리를 제공할 실력이 있는지를 파악하기 위해서는 나라의 국민소득 증대 능력을 보면 된다. 경제학자들은 한 나라의 국민소득증대 능력을 측정하기 위해 '경제성장률'을 이용한다. 경제성장률은 한 나라 전체의 소득 혹은 생산을 나타내는 GDP가 얼마나 빨리 증가하는지를 나타낸다.

이 경제성장률은 각국의 중앙은행이나 통계청처럼 통계를 담당하는 정부부서에 의해 일반적으로 연간 단위로 측정된다. 이렇게 측정된 연간 경제성장률은 올해 나라 전체의 소득 혹은 생산을 나타내는 GDP가 작년에 비해 얼마나 증가했는지를 말한다.

예를 들어, 바나나만 생산해서 소비하는 어떤 나라가 있다고 하자. 이 '바나나 공화국'이 작년에 바나나를 100억 개 생산했는데 올해 바나나를 105억 개 생산했다. 이 경우 이 나라의 올해 경제성장률은 작년 대비 올해 GDP 증가분인 5억 개를 작년 GDP인 100억 개로 나눈 값, 즉 5%로 계산된다.

그런데 GDP는 일반적으로 화폐단위로 측정한다. 위에 예를 든 나라가 원화를 화폐단위로 쓴다고 하자. 이때 바나나 한 개당 가격이 작년에 1원이었고 올해 2원이 되었다면, 명목 GDP라고 불리는 화폐단위로 측정한 GDP가 작년에는 100억 원(=100억 개 × 1원)이고, 올해는 210억 원(=105억 개 × 2원)이 된다. 이 경우 화폐단위로 측정한 명목 GDP 성장률은 110%나 된다. 실제 소비할 수 있는 바나나 양은 5% 늘었는데 인플레이션으로 인해 물가가 2배가 되었기 때문이다.

따라서, 인플레이션에 따른 측정 오류를 피하기 위해, 경제학자들은 경제성장률을 계산할 때, 명목 GDP에서 물가 변화에 따른 부분을 제거한 실질 GDP를 구한 뒤에 이 실질 GDP의 성장률을 경제성장률로 사용한다. 그리고 실질 GDP를 계산하기 위해서 작년이나 올해나 동일한 가격(예: 1원)을 이용한다. 이에 따르면 실질 GDP는

모방과 창조

작년에 100억 원(=100억 개×1원)이고, 올해는 105억 원(=105억 개 × 1원)이 된다. 그 결과 경제성장률(혹은 실질경제성장률)은 5%가 된다.

이러한 경제성장률이 높을수록 1인당 GDP가 빨리 늘어나 부유한 나라에 보다 빠르게 가까워질 수 있다. 경제성장률이 매년 1%인 나라가 있다고 하자. 이 나라는 2배 부유한 나라가 되기 위해서 70년이나 걸린다.

그런데 이렇게 천천히 성장하던 나라가 어떤 이유로인가 갑자기 경제성장률이 매년 10%인 나라로 바뀌었다고 하자. 그러면 이 나라는 이때부터 7년 만에 2배 잘사는 나라가 된다. 그 다음 7년이 지나면 처음에 비해 4배 잘사는 나라가 된다. 그 다음 7년이 또 지나면 8배 잘사는 나라, 또 7년이 지나면 16배 잘사는 나라가 된다. 28년 만에 16배나 잘사는 나라가 되어 있는 것이다.

부모가 평균 30세 정도에 자녀를 낳는다면, 이 나라는 한 세대가 채 안 되어 마치 마술처럼 16배 잘사는 나라가 되는 것이다. 어찌 보면 이 경우 부모와 자식이 태어난 나라는 이름은 같아도 경제적 측면에서는 완전히 다른 나라라고까지 할 수 있다. 자식은 부모가 태어난 나라에 비해 16배 이상 잘사는 나라에 태어나는 것이다.

1697년 프랑스 작가 샤를 페로Charles Perrault가 쓴 동화 『신데렐라』에는 요정이 등장하여 마술을 부린다. 가난한 신데렐라에게 마술지팡이로 눈 깜짝할 사이에 값비싼 구두를 만들어 선사한다. 그리고 호박을 황금마차로 바꾸고, 생쥐를 말로 바꿔놓는 마술을 부린다. 신데렐라는 마술에 힘입어 갑자기 몇 십 배 부자가 된 것이다. 그런

윌리엄 마겟슨(William Henry Margetson)이 그린 「신데렐라와 요정할머니(Cinderella and the Fairy Godmother)」. 갑자기 몇 십 배 부자가 되는 신데렐라의 마술이 현실에서도 불가능한 것이 아니다. 경제성장이 이루어지면 이러한 신데렐라의 마술과 같은 일이 일어난다.

데 이것이 현실에서도 불가능한 것이 아니다.

경제성장은 마치 이러한 신데렐라의 마술 같다. 경제성장은 가히 마술처럼 한 나라를 30년도 안 되어 16배나 잘사는 나라로 완전히 탈바꿈시켜 놓는 것이다. 물론 차이는 있다. 신데렐라의 마술은 가짜여서 밤 열두 시가 되면 마술이 풀려 모든 것이 제자리로 돌아오지만, 경제성장의 마법은 그 결과 증가한 소득은 그대로 남아 있게 된다. 진짜인 것이다.

결국 한 나라가 유토피아에 가까운 사회인지 아닌지를 결정하는 데 경제성장률은 결정적 요소다. 아프리카의 많은 나라들이 20세기 후반 극심한 가난의 덫에서 반세기 이상 빠져 나오지 못했던 것도 이들의 경제성장률이 낮았기 때문이다. 내가 1993년 인도의 봄베이에서 본 집단적 극빈상황도 결국 당시 인도가 오랫동안 낮은 경제성장률에서 아직 헤어나지 못하고 있었기 때문이다. 만약 이 나라들이 매년 8~10%로 경제성장을 할 수만 있다면 몇 십 년 만 지나도 디스토피아에서 탈출하여 마술처럼 완전히 다른 나라가 되어 있을 수도 있는 것이다.

결국 유토피아에 가까운 나라를 만들 수 있느냐를 결정하는 가장 중요한 결정요인은 한마디로 나라의 '경제성장능력'인 것이다.

장기성장률이 진짜 경제성장능력

유토피아에 가까운 나라를 만들 수 있느냐를 결정하는 가장 중요한 결정요인인 경제성장능력을 어떻게 측정할 수 있을까?

한 경제의 진짜 경제성장능력을 측정하기 위한 방법으로 우리는 매년 연간으로 측정하는 연간 경제성장률을 먼저 생각해볼 수 있다. 그러나 연간 단위로 측정하는 경제성장률은 한 나라 경제의 '진짜 경제성장능력'을 정확히 나타내지는 않는다. 진짜 경제성장능력 이외에 단기적으로 불규칙적으로 변하는 요인이나 정부의 단기 정책들에 의해서도 연간 경제성장률은 매년 왔다 갔다 할 수 있기 때문이다.

예를 들어, 경제성장률로 나타낸 어떤 경제의 진짜 경제성장능력이 2%라고 하자. 이 경우에도 정부가 막대한 재정지출과 중앙은행의 저금리정책을 통해 돈을 풀고 경기를 부양하면 그 해의 경제성장률은 3%가 될 수도 있다. 혹은 주력 수출품에 대한 해외수요가 반짝 증가하는 경우에 성장률이 반짝 4%가 될 수도 있다. 이런 까닭에 경제의 진짜 실력을 보다 정확히 알고 싶으면 이런 단기적 요인들을 제거할 필요가 있다.

이렇게 나라의 진짜 실력을 알기 위해서 단기적 변동 요인들을 제거한 성장률을 구한 것이 바로 '장기성장률'이다. 경제의 진짜 실력을 나타내는 이러한 장기성장률은 한 경제에 좋은 일자리, 즉 소득이 빠르게 증가하는 일자리가 얼마나 많을지를 결정한다. 따라서 독자 여러분 혹은 자녀 분들이 앞으로 좋은 일자리에서 일할지 아니면 나쁜 일자리에서 일할지도 향후 우리나라의 장기성장률이 어떤 값을 가질지에 의해 결정된다. 경제의 장기성장률이 높을수록 좋은 일자리가 늘어나고, 장기성장률이 낮을수록 좋은 일자리는 줄어든다. 한마디로 '좋은 일자리'와 '경제성장'은 동전의 양면과 같다.

'장기성장률'을 구하기 위해 해마다 변하는 단기적 요인들을 제거하는 방법은 여러 가지가 있는데, 그 중 경제학자가 아니어도 할 수 있는 매우 간편한 방법 하나는 여러 해 경제성장률들의 평균을 구하는 방법이다.[5] 예컨대 10년 혹은 11년에 걸쳐 평균을 내면 단기적으로 변동하는 요인들을 제거하고 진짜 실력을 알아볼 수 있다.

예를 들어, 11년 평균을 내는 방법으로 2000년의 장기성장률을 구하려면 1995년부터 1999년까지의 매년 연간 성장률을 더하고 여기에 2000년의 연간 성장률과 2001년부터 2005년까지의 매년 연간 성장률을 더한 다음 11로 나누면 된다. 2001년도의 장기성장률을 구하려면, 동일한 방법으로 1996년부터 2006년까지의 연간 성장률을 다 더한 후 11로 나누어 11년 평균을 구하면 된다. 이런 방식으로 매 연도마다의 장기성장률을 구할 수 있다.

이 방법은 매우 간편하여, 관심 있는 독자라면 누구나 이 방법으로 장기성장률을 구하여 우리 경제의 진짜 실력, 진짜 경제성장 능력을 측정해볼 수 있다. 그리고 이렇게 구한 장기성장률을 이용해 미래를 예측하고 적절한 미래 계획을 수립할 수 있다. 이 방법으로 장기성장률을 구할 때 필요한 지식은 오직 더하기와 나누기이고

$$2001년\ 장기성장률 = \frac{1996년\sim2006년\ 매년\ 연간성장률의\ 합}{11}$$

추가적인 전문적 지식이 필요 없다. 따라서 경제전문가가 아니라도 전 국민 누구나 이 방법을 이용해 우리 경제의 진짜 실력, 진짜 성장 능력을 스스로 계산해볼 수 있다.

주식이나 부동산 투자에 관심이 많은 독자들은 이렇게 계산한 장기성장률 추이에 입각하여 우리 산업과 기업들의 미래 성장 추이에 대해 예측한 후 이를 바탕으로 장기적 투자 전략을 수립하는 것이 큰 도움이 될 수도 있다. 예를 들어, 부동산이나 주식 가격이 크게 올라 시장이 활황인 경우에 빚을 내서 투자하기 전에 시장의 활황이 실물부문의 성장능력을 반영하는지 아니면 단기적 금융팽창 때문인지를 확인하고자 한다면 장기성장률 추이를 살펴보면 도움이 된다. 특히 부동산이나 주식시장 같은 금융부문에서의 수익률 움직임은 장기성장률로 대표되는 실물부문의 근본적인 움직임과 장기적으로는 크게 괴리될 수 없기 때문이다.

만약 외국 주식에 투자하고자 하는 독자들이라면, 투자하고자 하는 나라들의 장기성장률을 구해서 그 추이를 국가 간에 비교해봄으로써 어느 나라 주식시장의 성장 가능성이 더 높은지를 확인해보는 것도 큰 도움이 될 것이다.

취업을 한 근로자들이나 취업을 계획하고 있는 취업준비 청년 독자들은 이 장기성장률을 이용하여 본인이 향후 좋은 일자리를 얻을 가능성이 얼마나 되는지, 그에 따라 본인의 근로소득이 향후 어떠한 추이를 갖고 변할지를 예측하는 데 이용할 수도 있다. 그리고 이에 입각해 결혼, 육아, 자녀 교육 등에 대한 미래 계획도 제대로 세울 수 있다.

한국 경제의 장기성장률을 측정해보면 과연 우리는 무엇을 알 수 있을까? 10년 평균으로 계산한 장기성장률을 1995년에 대해 먼저 구해보자. 과거 1995년의 장기성장률은 당시 우리의 경제성장능력을 나타내는 자취, 발자국이다. 다음으로 1996년의 장기성장률을 구해보자. 1995년 다음으로 이어지는 우리 경제성장능력의 또 다른 발자국이다. 이렇게 다음으로는 1997년, 1998년 순으로 계속 추적해보자.

나는 경제학자로서 경제에 관한 데이터를 하나하나 추적하며 무엇인가 단서를 찾아 나설 때는 탐정과 같은 궁금증과 호기심을 갖고 찾아 나서게 된다. 독자들에게도 한국의 장기성장률의 지난 발자국을 한 번 추적해보라고 권하고 싶다. 어릴 적 손에 땀을 쥐며 읽은 영국 추리소설가 코난 도일의 소설 속 주인공 셜록 홈즈 같은 탐정이 된 느낌으로, 돋보기를 들고 발자국을 하나씩 하나씩 따라가보자.

1995년 이후 우리나라 장기성장률의 발자국을 쫓아가다 보면,

독자들도 내가 발견했던 놀라운 경제법칙을 하나 발견하게 될 것이다. 과연 어떤 법칙일까?

5년 1% 하락의 법칙

'법칙law'하면 사람들은 일반적으로 자연과학의 법칙을 주로 생각한다. 자연 현상은 사회 혹은 경제 현상에 비해 훨씬 더 규칙적인 경우가 많기 때문에 많은 법칙들이 존재한다. 그리고 자연에 존재하는 많은 법칙들이 여러 자연과학자들에 의해 발견되어왔고 그 중 많은 것들이 인류를 위해 이용되곤 했다.

아이작 뉴턴Isaac Newton이 발견한 만유인력의 법칙은 신기하게도 우리가 지구 밖으로 날아가지 않고 지구에 붙어 있게 해준다. 그레고어 멘델Gregor Mendel이 발견한 유전 법칙은 부모와 자식이 왜 닮는지를 이해하게 해준다. 알버트 아인슈타인Albert Einstein은 'E = mc²'이라는 유명한 식으로 표현되는 질량-에너지 등가의 법칙을 발견했다. 이 법칙은 작은 질량이라도 어머어마한 에너지로 바뀔 수 있음을 의미하기에, 원자력 발전의 토대가 되었다.

경제에도 자연과학만큼의 규칙성을 갖지는 않지만 상당히 규칙적인 현상들이 발견될 수 있다. 예를 들면, 19세기 독일의 통계학자였던 에른스트 엥겔Ernst Engel에 의해 소득이 증가할수록 음식비 비중이 줄어든다는 '엥겔의 법칙'이 발견되었다. 16세기 영국 정부의 재

경제에서도 상당히 규칙적인 현상들이 발견될 수 있다. 엥겔의 법칙을 발견한 독일의 통계학자 에른스트 엥겔(좌)과 오쿤의 법칙을 발견한 미국의 경제학자 아서 오쿤(우).

정관이었던 토마스 그레샴Thomas Gresham은 질이 나쁜 화폐, 즉 악화가 질이 좋은 화폐, 즉 양화를 쫓아낸다는 '그레샴의 법칙'을 발견했다. 미국의 경제학자 아서 오쿤Arthur Okun은 한 나라의 실업률이 자연실업률에서 1% 상승할 때마다 산출량이 2.5% 하락한다는 '오쿤의 법칙'을 발견했다.

한국 경제의 진짜 성장능력을 나타내주는 '장기성장률'의 발자국 추이를 탐정 셜록 홈즈처럼 따라가다 보면 우리도 그러한 법칙을 하나 발견하게 된다. 내가 2016년에 쓴 논문 김세직(2016)에서 보고한 '5년 1% 하락의 법칙'이 바로 그것이다.[6] 우리나라 장기성장률의 발자국이 이 법칙에 따라 매우 규칙적으로 일정한 보폭을 갖고 일정한 방향으로 직선으로 움직이고 있는 것이다.

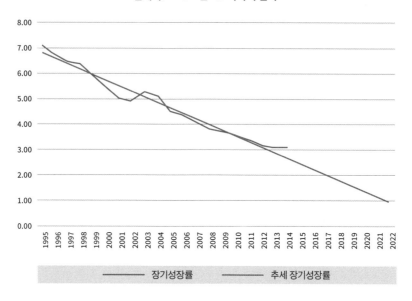

김세직(2016) '5년 1% 하락의 법칙'

장기성장률 ——— 추세 장기성장률

위 그래프에서 파란 선은 1995년부터 10년 평균으로 구한 우리 나라 장기성장률의 발자취를 나타낸다. 이를 통해 우리는 1990년대 이래 한국의 장기성장률이 매우 규칙적으로 하락해온 것을 알 수 있다. 특히 장기성장률은 5년에 1%포인트씩 하락하는 빨간색 직선 으로 매우 잘 근사된다. 이는 장기성장률이 거의 빨간선으로 표현 된 직선처럼 하락해왔다는 것을 의미한다.

즉, 경제의 진짜 성장능력을 나타내주는 장기성장률이 1990년대 초 이후 매 5년마다 1%포인트씩 또박또박 규칙적으로 하락해왔다. 장기성장률이 그림처럼 감속도 없이 미끄럼틀 타듯이 지속적으로 추락해온 것이다.

'5년 1% 하락의 법칙'은 자연과학적 법칙은 아니지만 우리 거시경제를 규정짓는 가장 중요한 경험적 법칙이다. 여기서 장기성장률은 단기적 변동요인들에 크게 영향받지 않는 '진짜 경제성장능력'을 나타내기 때문에, 우리나라의 진짜 성장능력이 규칙적으로 계속 추락하고 있음을 보여준다.

한국의 장기성장률이 5년마다 1%포인트씩 거의 규칙적으로 추락한다는 이 법칙은 지난 25년간 한국 거시경제 행로를 결정해온 가장 강력한 경제법칙이다. 이 법칙은 생명력이 매우 강하다. 2003년 사스중증급성호흡기증후군, 2015년 메르스중동호흡기증후군 등 전염병 사태가 있었지만 이 법칙은 이에 아랑곳하지 않고 유지되어왔다. 1997년에는 외환위기, 2008년에는 글로벌 금융위기 등 경제위기가 계속 발발했지만 이 위기들 이전과 이후 상관없이 이 법칙은 한국 경제를 주도해왔다.

이 강력한 법칙은 한국 경제가 최근 겪고 있는 거의 모든 경제 문제들의 근본적 원인으로 작동하고 있을 가능성이 높다. 예를 들어, 최근 한국 경제의 좋은 일자리가 점점 사라지면서 우리 청년들의 취업이 점점 어려워지고, 이 과정에서 '흙수저' 문제로 상징되는 젊은 청년들의 좌절과 분노가 급격히 커지고 있는 현상의 원인도 바로 5년 1% 하락의 법칙에 따른 성장 추락 때문이라고 할 수 있다.

5년 1% 하락의 법칙 때문에, 우리나라가 소득이 빨리 증가하는 좋은 일자리를 제공할 능력이 계속 하락하고 있다. 그 결과 우리나라는 현대적 의미의 유토피아에서 점점 멀어지고 있다. 이 법칙이 우리나라를 디스토피아로 몰아가고 있는 것이다.

정권 바뀌어도 변하지 않는 성장 추락

지난 30년간 이 암울한 경제법칙으로 인해 우리나라가 현대적 의미의 유토피아에서 점점 멀어져왔다. 이 기간 동안에 정치적으로는 이념 성향이 다른 정권들이 돌아가며 나라 경제를 움직여왔다. 그러나 5년 1% 하락의 법칙은 정권의 이념 성향보다 강력해 보수정부, 진보정부인지에 관계없이 강력하게 작동해왔다.

김영삼 정부 때 6%대에서, 김대중 정부 때 5%대, 노무현 정부 때 4%대, 이명박 정부 때 3%대로 매 정권마다 1%포인트씩 하락했다. 장기성장률이 그동안 워낙 강력한 추세에 따라 하락해왔기 때문에 이 추세를 벗어나기가 쉽지 않을 것이다. 이 법칙에 따라 선형 추세로 추정한 장기성장률은 박근혜 정부 때 2%대로 하락했다.

나는 정치인이나 정당 혹은 정치 집단은 기본적으로 '유토피아'를 생산하고 판매하는 기업이라 생각한다. 어떤 정치인, 정치세력이건 나름의 유토피아를 국민들에게 제시하여 국민들로 하여금 그 유토피아를 꿈꾸게 한다. 그리고 국민들이 그 유토피아를 믿고 투표나 지지 등의 행위로 구매를 하게 되면, 그 대가로 정권을 잡는다. 물론 정치인이 판매한 유토피아가 이를 구매한 소비자인 국민들에게 임기 동안 제대로 배달이 안 되는 일이 다반사로 벌어진다.

역대 정권이 선거에서 이긴 과정을 보면, 장기성장률을 단기간에 3%포인트씩 올린다는 것은 경제학이론에 비추어 볼 때 거의 불가능한 일이지만, 이런 공약을 걸고도 선거에서 이겨왔다.

정치인들이 판매하고자 선전하는 유토피아의 핵심에는 늘 경제성장률이 자리 잡고 있다. 높은 경제성장률은 선후진국을 막론하고 정치하는 사람들에는 국민들의 표나 지지를 유혹하기 위한 마법의 묘약 같은 존재인 것이다. 그 결과 많은 개발도상국들에서는 경제성장이 종종 독재체제를 정당화하는 수단으로까지 쓰여왔다.

우리나라에서도 5년 1% 하락의 법칙이 강력하게 작동해온 동안에도 경제성장률 공약이 선거에서 중요한 역할, 심지어 일등공신 역할까지 해왔다. 어떤 정부는 소위 '747정책'으로 성장률을 7%대로 올리겠다고 선거공약으로 제시했었다. 이 정부가 이 선거 공약을 내세울 때 장기성장률은 4%대였다. 당시 5년 1% 하락의 법칙을 알고 있었다면, 장기성장률이 4%대에서 오히려 3%대로 하락할 것으로 추정될 수 있었다. 따라서 7%로 올리는 것은 불가능에 가까운 일이었다.

장기성장률을 5년 만에 7%로 3%포인트나 올린다는 것은 경제학이론에 비추어 볼 때도 거의 불가능한 일이었는데, 이런 공약을 하고 선거에서 이겼다. 물론 이후 이 정부하의 장기성장률은 이 정부의 선거공약과 상관없이 전임 정부에 비해 1%포인트 하락한 3%대로 하락했다.

다른 정부들도 정도의 차이는 있지만 비슷했다. 그리고 공약한 높은 성장률과 상관없이 전임 정부보다 1%포인트 하락한 장기성장률을 성적표로 받은 점에서 동일했다.

지난 30년간 한국 경제와 정치를 돌아보면, 깨닫게 되는 진리 하나는 결국 경제법칙은 정치공약을 이긴다는 것이다. 표를 얻기 위해 만든 '신기루 경제성장'에 입각한 유토피아는 경제법칙이 작동하는 순간 언제나 신기루였음이 드러나게 된다.

정치하시는 분들이 국민들의 소득이 빠르게 증가하는 멋진 유토피아를 제시하는 것이 잘못은 아니다. 그러나 현실세계에서 실현시킬 방법에 대한 경제학적 근거 없이 제시된 '짝퉁 유토피아'를 만들어 파는 것은 옳은 일이 아니다. 물론 국민들에게 빠르게 성장하는 유토피아를 선물해주고 싶은 선의의 결과일 수 있다. 그러나 자신들의 선의가 실제로 실현 가능할지를 알기 위해 먼저 현실의 경제법칙을 엄밀히 확인하는 것은 이를 구매하는 국민들에 대한 최소한

"

나는 정치인이나 정당 혹은 정치 집단은 기본적으로 '유토피아'를 생산하고 판매하는 기업이라 생각한다. 어떤 정치인, 정치세력이건 나름의 유토피아를 국민들에게 제시하여 국민들로 하여금 그 유토피아를 꿈꾸게 한다. 그리고 국민들이 그 유토피아를 믿고 투표나 지지 등의 행위로 구매를 하게 되면, 그 대가로 정권을 잡는다. 물론 정치인이 판매한 유토피아가 이를 구매한 소비자인 국민들에게 임기 동안 제대로 배달이 안 되는 일이 다반사로 벌어진다.

"

의 예의일 것이라고 생각된다.

정치공약을 무력화시키는 이 5년 1% 하락의 법칙은 정부 경제정책보다도 강력하여, 역대 정부가 취한 어떤 경기부양정책과도 상관없이 작동해왔다. 지난 30년간 모든 정부가 투자를 GDP 대비 29% 이상으로 끌어올릴 만큼 강력한 투자부양책을 지속했다. 건설투자도 GDP 대비 14% 이상을 유지했다.

지난 20년간 한국은행도 실질금리 평균이 0.7%에 불과한 저금리정책을 지속해왔다. 그러나 이런 정책에 아랑곳하지 않고 장기성장률은 법칙에 따라 5년마다 1%포인트씩 추락해왔다. 확정적 재정정책이나 저금리정책 같은 경기부양책은 5년 1% 하락의 법칙을 저지하는 데 무력했던 것이다.

독자들 입장에서 이 법칙은 너무나 우려스러운 법칙이다. 그 이유는 이 법칙에 따라 성장이 추락하면 그에 따라 독자들이 일할 '좋은 일자리'가 급속히 사라지게 되기 때문이다. 우리나라는 1960년대 초 이후 30년은 GDP가 매년 평균적으로 8~9퍼센트씩 뛰는 '성장의 황금시대'를 구가했다. 8년 만 일해도 평균적으로 소득이 2배가 되는 이 시대에는 거의 모든 일자리가 매년 더 높은 소득을 제공하는 좋은 일자리였다.

그러나 1990년대 이후 성장패턴이 급변해 5년 1% 하락의 법칙에 따라 장기성장률이 매 5년마다 1%포인트씩 하락하는 성장추락기를 맞이했다. 그 결과 청년들이 취직하고 싶어 하는 좋은 일자리도 점점 메말라왔다. 최근 인천국제공항의 정규직 일자리를 놓고 벌어진 첨예한 사회적 갈등과 대립도 결국 현재 우리사회의 '좋은 일자리 고갈 현상'에 기인한다.

사라져가는 좋은 일자리를 독자들에게 다시 회복시켜주기 위해 정부가 제대로 일하도록 하기 위해서는, 독자들이 먼저 이 법칙을 확실히 알고 있어야만 한다. 이 법칙은 경제전문가가 아니더라도 국민 누구나 직접 장기성장률을 계산해보고 확인해 알 수 있는 법칙이다. 국민들이 이 법칙을 확실히 알고 있는 한, 만약 정부 혹은 정책을 담당하는 경제전문가가 이 법칙을 무시한 정책을 추진하는 경우에 이를 저지할 수 있기 때문이다.

사실 5년 1% 하락의 법칙과 관련하여, 내가 예전부터 갖고 있던 한국 정부의 경제정책 과정에 대한 미스터리가 하나 있다. 지난 30년간 이 강력한 법칙이 한국 거시경제의 운행을 좌지우지해왔다. 그럼에도 어느 역대 정부도 이 법칙에 대해 언급하거나 이의 극복을 경제정책의 최우선 과제로 삼지 않았다는 것은 미스터리다. 그 이유가 만약 역대 정부가 이 법칙을 인지하지 못한 까닭이라면, 누구나 장기성장률을 계산해보면 알 수 있는 이 법칙을 파악하지 못한 채 나라 경제를 이끌어왔다는 점에서 또 더더욱 미스터리다.

04

제로성장의
빙하기를 향해

신은 주사위를 던지지 않는다

한국 경제의 앞날, 독자들의 미래는 어떻게 될까? 독자들이 향후 좋은 일자리가 넘쳐나는 유토피아에서 살고 있을까? 우리는 이를 예측할 수 있을까?

'신은 주사위 놀이를 하지 않는다.' 아인슈타인이 한 유명한 말이다. 아인슈타인의 말처럼 자연현상들은 많은 경우 법칙성이 매우 강하다. 자연현상들은 주사위를 던지면 그때그때 1에서 6사이의 숫자 중에서 임의적으로 나오는 것처럼 확률적으로 일어나지 않는다.

정해진 법칙에 따라 결정론적으로 일어난다. 그리고 그 법칙은 시공에 상관없이 항상 적용된다. 오늘 아침 6시에 해가 떴는데, 내일 아침 그 시간에 해 대신 달이 뜨는 법은 없다.

이런 까닭에 자연현상에 관해서는 법칙만 알면 미래를 결정론적으로, 즉 100%의 확률로 예측하는 것이 어려운 일이 아닐 수 있다. 법칙만 정확히 알고 있으면 그 법칙에 따라 미래에 벌어질 일을 정확히 예측할 가능성이 높은 것이다. 물론 자연현상 중에서도 양자역학이 보여주는 것처럼 확률적으로 예측할 수밖에 없는 영역도 존재하지만 말이다.

자연현상과 달리, 우리 인간의 삶은 그 미래를 결정론적으로 예측하는 것이 매우 어려운 경우가 훨씬 일반적이다. 나 스스로도 늘 느끼는 것이지만, 우리의 삶은 하루하루 어떤 일이 벌어질지 수많은 불확실성 속에서 살아간다. 그런데 순간순간 불확실성 하에서도 우리는 선택을 해야 한다. 선택 후에는, 자신의 선택에 따른 불확실한 결과를 기다려야 한다. 그리고 많은 경우 이러한 불확실성 하의 선택 자체가 불확실성을 오히려 더 증폭시키기도 한다. 인간의 삶은 이렇게 불확실성이 크기 때문에 예측이 힘든 것이다.

기원전 49년 줄리어스 시저는 그를 무력화시키고자 하는 원로원의 권고를 무시하고 루비콘 강을 건넌다. 미래의 불확실성 하에서 전쟁이라는 어려운 선택을 한 것이다. 그 선택에 따라 군대를 이끌고 도강한 후 그는 '주사위는 이미 던져졌다'고 선언한다. 주사위가 던져졌다는 이 말은 자신의 선택에 대한 강한 의지를 나타내지

기원전 49년 줄리어스 시저가 루비콘 강을 건너며 '주사위는 이미 던져졌다'고 한 선언은 인간 삶의 불확실성과 예측의 어려움을 함축적으로 표현한다.

만 또 한편으로는 그 선택의 결과가 승리일지 패배일지 시저 본인도 정확히 예측할 수 없음을 의미한다. 결국 인간 삶의 불확실성과 예측의 어려움을 함축적으로 표현한 말인 것이다.

사람들의 삶이 어우러져 만들어내는 경제현상에 대해서도, 미래를 예측하는 것은 매우 어려운 일이다. 미래는 그 자체로 불확실하기 때문에 정확한 예측은 불가능하다. 그럼에도 미래에 닥칠 위험에 대비하기 위해서는 주어진 정보를 최대한 이용하여 불완전하더라도 확률적으로라도 예측해봐야 한다. 독자들의 입장에서도 과연 나의 미래가 안녕한지 스스로에게 물어봐야 한다.

'나의 미래는 안녕한가요?'

무엇보다도 내가 앞으로 좋은 일자리를 구해서 좋은 일자리에서 계속 일할 수 있을지, 아니면 소득이 계속 하락하는 나쁜 일자리에서 할 수 없이 일하게 될지 그 가능성을 제대로 예측해야 한다. 그래야 미래 인생 설계를 제대로 하고 암울한 장래에 대해서는 나름의 철저한 대비를 할 수 있다.

이를 위해서는 무엇보다도 독자들이 좋은 일자리를 얻을 수 있을지를 결정할 한국 경제의 장기성장률을 먼저 예측하는 것이 중요하다. 물론 경제에 대한 예측은 확률적 예측일 수밖에 없다. 확률적 예측은 주사위를 한 번 던졌을 때, 1에서 6까지 숫자 중에서 하나를 꼭 찍어서 그 숫자가 100%의 확률로 나올 것이라고 결정론적으로 예언하는 것과는 다르다. 확률적 예측은 주사위를 던졌을 때 1에서 6까지 숫자들이 각각 1/6씩의 확률로 나올 것이라고 예측하는 것이다.

그런데 경제현상에 관한 이런 확률적 예측도 그 정확도가 크게 증가할 수 있는 경우들이 있다. 특히 여러 해에 걸친 '평균'에 대해 예측하면 예측의 정확도가 크게 증가할 수 있다. 그 이유는 통계학에서 말하는 소위 '대수의 법칙' 때문이다. 대수의 법칙이란 쉽게 말해서 우리가 주사위를 한두 번 던져서 구한 평균보다 천 번 던져서 구한 평균이 훨씬 더 정확하다는 법칙이다.

한국 경제의 진짜 성장능력을 예측하기 위해 여러 해의 연간성장률을 평균 낸 장기성장률을 이용하는 것도 이런 까닭이다. 가변적인 단기적 요소들에 의해 크게 영향을 받는 한 해의 연간성장률로 나라의 진짜 성장능력을 측정하거나 예측하면 정확도가 크게 떨어질 수 있다. 그러나 10년에 걸친 연간성장률들의 평균인 장기성장률을 이용해 예측하는 경우 그 예측에 대한 신뢰도가 크게 높아진다.

따라서 우리 한국 경제의 미래를 예측함에 있어서 장기성장률을 이용하면 비록 확률적 예측이긴 하지만 상당히 정확한 예측을 할 수 있다. 이런 까닭에 독자들의 입장에서도 자신의 미래에 대한 보다 정확한 확률적 예측을 위해서는 무엇보다도 미래 한국 경제의 장기성장률을 먼저 예측하는 것이 중요하다.

그렇다면 독자들이 좋은 일자리를 얻을 가능성을 결정할 우리 경제의 향후 장기성장률은 어떻게 예측하면 좋을까? 경제현상에 관한 확률적 예측의 정확도가 크게 증가할 수 있는 또 다른 경우는 어떤 경제현상이 과거에 매우 규칙적인 패턴이나 추세를 보여준 경우다. 이 경우 과거의 패턴이나 추세를 미래에 투사하여 예측하면 예측의 정확도가 크게 높아질 수 있다. 그런데 앞에서도 이야기했듯이 지난 30년간 한국의 장기성장률은 5년 1% 하락의 법칙에 따라 강력한 선형 하락추세를 보여주었다.

따라서 향후 장기성장률을 예측하기 위한 가장 합리적인 방법은 5년 1% 하락의 법칙에 따른 과거 추세를 미래에 투사하여 예측하는 방법이다. 5년 1% 하락의 법칙에 따른 장기성장률 하락 추세가 그동안 워낙 강력했기 때문에 이 강력한 추세가 갑자기 사라질 가능성은 높아 보이지 않는다. 이런 까닭에 이 법칙을 이용해 향후 장기 성장률을 예측하는 것이 무엇보다도 합리적인 방법인 것이다.

물론 독자들은 신문이나 언론 등에서 종종 잠재성장률이라는 말도 들어보았을 것이다. 그리고 우리 경제의 미래 예측을 위해 이 잠재성장률 예측치를 경제 관련 기관들이 제시하는 것도 보았을 것이다. 그런데 이 잠재성장률은 우리 경제의 진짜 성장 능력을 측정하거나 예측함에 있어서 장기성장률보다 부정확하고 특히 과잉 추정될 가능성이 있기 때문에 그 해석에 주의를 요한다.

잠재성장률은 원래 한 나라가 주어진 생산요소를 모두 투입하여 경제에 무리를 주지 않고 최대로 생산하여 달성할 수 있는 경제성장률을 의미한다. 그래서 이 잠재성장률은 종종 정부나 중앙은행이 재정정책이나 통화정책을 이용하여 달성하고자 하는 목표 성장률의 의미도 갖게 된다.

그런데 이 잠재성장률을 실제로 계산하기 위해서는 전통적으로 '성장회계growth accounting'라는 방법을 사용하는데, 이 방법에 의한 계산이나 예측은 여러 가지 문제점들이 있다. 이 방법의 핵심은 경제성장률이 자본증가율, 노동증가율, 기술증가율의 합임을 이용하여, 이 세 가지 증가율을 먼저 추정하고 이를 더하여 잠재 경제성장률을 추정하는 것이다. 그리고 이때 기술증가율은 직접 추정하는 것이 불가능하기 때문에 경제성장률과 자본 및 노동증가율의 차이로 추정한다.

따라서 이 방법을 사용하기 위해서는 자본증가율과 기술증가율

성장률을 일시적으로 올리는 강력한 경기부양책을 쓰면, 연간 경제성장률이 경제의 진짜 실력인 장기성장률을 일시적으로 초과할 수 있지만 위기를 지연시키기만 하는 정책일 가능성이 높다.

을 정확히 추정할 믿을 만한 데이터가 있어야 한다. 그러나 우리나라에는 아직 그러한 데이터가 충분히 구축되어 있지 않다. 이런 까닭에 이를 추정하는 전문가나 기관이 충분한 근거가 부재한 상태에서 다양한 임의적 가정들을 더하여 추정할 수밖에 없다. 따라서 이때 어떤 가정들을 선택했느냐에 따라 이 잠재성장률의 추정값이 크게 달라진다. 또한 그 추정이나 예측이 매우 자의적일 가능성도 배제할 수 없게 된다.

특히 정부나 정책담당자는 자신의 재임기간 중에 경제성장률을 잠재성장률에 근접한 수준까지 증대시켰다는 것을 자신의 업적으로 말하고자 하는 인센티브가 있을 수 있다. 그리고 이를 잠재성장률 추정치를 통해 보여주고자 할 수 있다. 이 경우 잠재성장률 추정 시, 객관적 기준에 입각하기보다는 자신의 정책을 정당화시키기에 유리한 가정들을 채택해 잠재성장률을 자의적으로 추정할 가능성도 생긴다.

더해서 어떤 정부든 과잉 경기부양정책을 통해서라도 경제성장률을 최대한 높일 인센티브도 존재한다. 정부가 재정지출을 늘리거나 중앙은행이 금리를 낮추고 돈을 풀어 단기적으로 성장률을 증가시키려고 하는 정책을 경기부양정책이라고 하는데, 어떤 정부나 경기부양책을 과도하게 쓸 유혹이 있다는 것이다. 그 결과 과잉 경기부양이 이루어지면 연간 경제성장률이 경제의 진짜 실력인 장기성장률을 일시적으로 초과할 수 있다. 이 경우에도 정부는 과잉 경기부양을 반영한 연간 경제성장률과 비슷한 수준으로 잠재성장률을 추정할 인센티브가 생긴다. 그 결과 정부가 추정 혹은 예측하는 잠재성장률은 경제의 진짜 성장능력을 나타내는 장기성장률보다 훨씬 높은 수준으로 과잉 측정될 가능성도 있다.

2014년 이후 4~5년간 한국 경제는 2% 후반에서 3% 정도의 연간성장률을 보였다. 그리고 이러한 2014~2018년의 연간성장률과 거의 일치하는 2%대 중후반을 정부나 한국은행도 우리의 잠재성장률로 제시했다. 그렇지만 이 수준의 잠재성장률은 과도한 경기부양에 따라 과잉 추정되었을 가능성이 있다. 박근혜 정권에서 최경환 당시 경제부총리가 주도한 이른바 '초이노믹스'로 대표되는 강력한 경기부양책 및 일시적 무역수지 흑자에 따른 착시효과를 제거하면,

우리의 진짜 성장능력은 그보다 훨씬 낮은 1%대 중반까지 이미 내려왔을 가능성이 높은 것이다.

결론적으로 독자들의 미래를 예측하기 위해 이용할 수 있는 우리 경제의 진짜 성장능력을 나타내는 가장 유용한 척도는 장기성장률이다. 관심 있는 독자들은 누구나 직접 이 장기성장률 추세를 구해보고 이에 따라 자신의 미래를 스스로 예측해볼 수도 있다. 이 장기성장률 추세를 이용해 예측한 독자들의 미래는 과연 어떤 모습일까?

임박한 제로성장시대

미래를 예측해보자. 한국 경제는 과연 어디로 가고 있을까? 독자들이 좋은 일자리를 얻을 수 있을지 여부를 결정할 나라의 장기성장률은 향후 어디로 향해 갈 것인가?

5년 1% 하락의 법칙에 따라 예측된 추세 장기성장률은 그래프에 빨간선으로 표시되어 있다. 그래프에서 보듯이 추세 장기성장률은 박근혜 정부 때 2%대로 하락한 데 이어, 문재인 정부 하에서 이미 1%대로 진입하여 현재는 1% 중반을 통과하고 있을 것으로 추정된다.

이제 앞으로 1년 뒤, 2년 뒤, 5년 뒤, 그리고 10년 뒤 한국 경제의 성장능력을 나타내는 장기성장률은 어디로 갈 것인가?

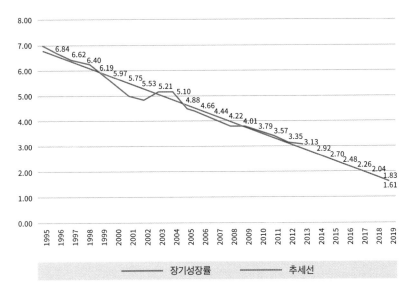

장기성장률과 추세선(1995~2019년)

앞 장에서도 이야기했지만, 한국 거시경제의 미래 예측은 당연히 과거 30년간 한국 경제를 좌우해온 5년 1% 하락의 법칙에서 출발해야 한다. 특히 감속 없는 하락 추세가 워낙 강력했기 때문에, 미끄럼틀처럼 직선형으로 추락하는 추세 장기성장률을 진짜 성장능력의 추정치로 사용하는 것이 가장 합리적일 수 있다.

2020년에는 신종코로나바이러스 감염증코로나19의 엄청난 충격이 있었다. 그리고 이 전염병이 지나면 또 어떤 충격이 올지도 모른다. 그러나 이 전염병이 진정된 후에도 그리고 또 어떤 다른 충격이 지난 뒤에도, 5년 1% 하락의 법칙에 따른 선형 추세 하락은 우리 경제의 운명을 계속 규정지을 가능성이 높다.

매우 안타깝지만, 이 선형 추세가 유지된다면 차기 정부 하에서 장기성장률 0%대의 제로성장시대로 곧 접어들 것으로 예상된다. 2020년 발발한 코로나 19사태가 진정된다 해도 머지않아 제로성장의 빙하기가 닥칠 수 있는 것이다.

만약 장기성장률 0%대의 제로성장이 현실화된다면 미래 한국 경제에는 어떤 일이 일어날까? 한마디로 이전에는 한 번도 경험하지 못했던 위기적 상황에 직면할 수 있다. 무엇보다 혁명적인 정책 변화를 통해 이 법칙을 저지하지 못하면 실물위기 가능성이 크게 증가할 수 있다.

이미 5년 1% 하락의 법칙에 따라 장기성장률이 2%대까지 하락했고 전임 박근혜 정부에서 우리의 주력 산업이던 해운업, 조선업 등이 크게 흔들렸다. 최근 자동차산업의 경쟁력도 약화되는 조짐을 보이는 것이 아닌지에 대한 우려도 종종 제기되고 있다. 결국 반도체를 제외한 주력 제조업들이 급속히 약화되는 모습을 보여왔다.

이제 머지않아 제로성장시대에까지 접어들면 안타깝게도 제조업을 중심으로 더욱 많은 산업과 기업들이 한계산업과 한계기업들로 드러나면서 부도기업들이 크게 증가할 수 있다. 그리고 그 결과 실물 부분 위기가 광범위하게 현실화될 수 있다. 더해서 그동안 경기부양정책으로 누적된 과잉투자가 부실투자로 현실화되면 은행 대출 부실화를 가져와 금융위기까지 불러올 수도 있다. 결국 실물위기는 물론 금융위기까지 수반되는 복합적 위기의 양상이 나타날 가능성도 배제할 수 없는 것이다.

제로성장시대의 위기 가능성은 연간성장률을 통해 확률적으로 예측될 수 있다. 장기성장률이 0%대에 진입하면 매년 결정되는 연간 경제성장률은 당시 상황에 따라 그보다 높게 혹은 그보다 낮게 확률적으로 결정될 수 있다. 연간성장률은 추세장기성장률을 중심으로 대략 50%의 확률로 그보다 높은 수준 그리고 50%의 확률로 그보다 낮은 수준에서 결정된다. 따라서 장기성장률이 0%가 되면, 연간 경제성장률이 마이너스가 되는 역성장은 50%의 확률로, 즉 2년에 한 번 꼴로 빈번하게 일어날 수 있게 된다.

1990년대 중반 이후 연간성장률은 단기적 변동요인에 따라 20%의 확률로 추세 장기성장률보다 1%포인트 이상 낮은 값에서 결정되어왔다. 따라서 장기성장률이 0%에 다다르면, 연간성장률이 −1% 이하로 떨어지는 실물위기가 20%정도의 확률로 발발할 수 있다.

우리나라 연간성장률은, 5%의 확률이기는 하지만, 추세 장기성장률보다 10%포인트 이상이나 낮은 값에서 결정되기도 했다. 따라서 향후 연간성장률이 마이너스 10% 이하가 되는 맘모스급 초대형 위기가 5% 정도의 확률로 일어날 수 있게 된다. 예를 들어 코로나19 같은 전염병에 대처를 잘하지 못한 상황에서 대규모 금융위기까지 일어나게 되어 −10%의 단기적 충격을 받게 된다면, 연간성장률이 마이너스 10%가 될 가능성도 배제할 수 없는 상황이 된 것이다.

최근 코로나19로 인해 연간 경제성장률이 마이너스가 될까 국민들의 위기감도 크게 증폭되었고, 2020년에는 실제로 우리 경제가 −1%의 역성장을 보였다. 그러나 연간성장률이 이미 마이너스가 될

2020년 우리나라 경제가 -1% 역성장했지만, 그 근본적 원인은 코로나19 때문이 아니다. 추세장기 성장률이 이미 1% 중반까지 하락했기 때문에 어느 정도의 단기적 충격만 가해져도 마이너스 성장 의 위기에 처할 수 있게 된 것이다.

수 있는 위기 상황에 처한 근본적 원인도 이 전염병 때문이 아니다. 5년 1% 하락의 법칙에 따라 추세 장기성장률이 이미 1% 중반까지 추락했기 때문이다. 우리의 추세장기성장률이 1% 중반까지 이미 하락했기 때문에 코로나19 같은 단기적 충격이 더해지면, 예를 들 어 -2.5%포인트의 단기적 충격만 가해져도, 마이너스 연간성장률 이 쉽게 일어날 수 있는 심각한 상황에 이른 것이다.

　5년 1% 하락의 법칙에 따라 저성장이 아니라 제로성장이 보다 높은 가능성으로 예측됨에도, 우리 경제에 대해 '저성장 고착화'라 는 진단을 내리는 일부 전문가들도 계속 있어왔다. 우리 경제의 성 장률이 더 이상 하락을 멈추고 2% 후반~3%대에서 앞으로 지속될 것이라는 낙관적 예측이다.

그러나 현대 경제성장이론이나 각국의 경험에 비추어 볼 때, 우리 경제성장률이 2% 후반~3%대에서 하락을 멈출 가능성은 매우 낮아 보인다. 2% 후반~3%대에서 멈추기보다는 그 밑으로 계속 추락하여 0%대로까지 추락할 가능성이 보다 높은 것이다.

경제학자들은 오랫동안 성장이 추락하는 경제에서 성장률이 어느 수준까지 떨어질지를 연구하고 이론화해왔다. 이러한 경제성장이론의 관점에서 볼 때, 장기성장률의 0%대 추락이 결코 놀라운 일이 아니다. 전통적인 경제성장이론에 따르면, 자본 축적에만 의존하는 경제에서는 투자하면 할수록 투자수익률이 점점 낮아져 결국 투자가 멈추게 된다. 그 결과 성장이 정지하면서 장기성장률이 0%가 된다. 즉 장기적으로 제로성장이 이론적으로 가능한 것이다. 더군다나 자본의 감가상각을 고려하면 심지어 성장률이 마이너스가 되는 역성장이 일어날 가능성도 이론적으로 배제할 수 없다.

내가 각국의 경험을 살펴본 바로는, 과거 6% 이상의 고도성장을 경험한 후 50년 이상 장기간 지속적 성장 추락을 경험한 나라가 여섯 나라가 있다. 이탈리아, 독일, 일본, 스페인, 포르투갈, 그리스가 그 나라들이다. 이들 중 일본과 스페인은 장기성장률이 0%대로 추락했다. 이탈리아, 포르투갈, 그리스는 장기성장률이 심지어 마이너스까지 추락했다. 이는 0%대 혹은 그 이하의 성장이 예외적 상황이 아니라, 여섯 나라 중 다섯 나라나 경험한 매우 가능성이 높은 현상일 수 있음을 의미한다.

이들 국가들과 비교할 때, 한국은 5년 1% 하락의 법칙에 따라 이들보다도 장기성장률이 훨씬 더 규칙적으로 하락해왔다. 특히 감속도 없이 훨씬 직선적으로 하락해왔다. 때문에, 혁명적 정책변화가 없이는 2% 후반~3%대에서의 지속적 성장보다는 제로성장을 마주할 각오를 해야 한다.

물론, 제로성장에 도달하는 시기가 차기 대통령 임기 후로 지연될 가능성도 배제할 수 없다. 차기 정부가 고통스러운 제로성장의 도래를 그 다음 정부로 떠넘기고자 마치 '폭탄 돌리기'처럼 임기 중 성장률을 일시적으로 올리는 강력한 경기부양책을 추진할 가능성이 있다. 정부가 지출을 크게 늘리고 건설경기를 부양하고 금리를 최대한 낮추고 돈을 풀어 강력한 경기부양책을 쓸 가능성이 높아진다는 것이다.

이에 따라, 겉보기 성장률인 연간 성장률이 경제의 진짜 성장능력인 추세 장기성장률보다 높은 기간이 지속되어 제로성장이 수년간 혹은 차차기 정부로 지연되는 듯한 모습을 보일 수도 있다. 이 과정에서 우리의 진짜 성장능력과 상관없이 주가와 집값도 계속 오를 수 있다. 이에 따라 많은 국민들이 '빚투'와 '영끌'에 더욱 몰입하고 이것이 주가와 집값의 추가적 상승을 부채질할 수도 있다.

그러나 경기부양책이 제로성장의 시기를 무한정 지연시킬 수는 없다. 경기부양에 따라 기업의 과도한 투자가 이루어지면 이는 결국 부실투자로 이어지고, '빚투'와 '영끌'을 통한 가계의 과도한 부동산 매입은 부동산 버블로 이어질 가능성이 높다.

한국의 가계부채는 이미 세계 1~2위를 다투는 수준이다. 우리나

단기적 경기부양에 의해 기업의 과잉 투자가 이루어지면 결국 부실투자로 이어지고 가계의 과도한 부동산 매입은 버블로 이어질 가능성이 높다.

라의 가계부채는 은행으로부터 가계가 빌린 '가계신용'만 있는 것이 아니다. 이에 더해, 가계가 다른 가계로부터 전세보증금 혹은 준전세보증금의 형태로 빌린 가계부채가 있다.[7]

이를 합한 우리나라의 가계부채 총액을 나와 고제헌 박사님이 공저한 논문에서 추정한 바에 따르면 2017년에 2200조에 이른다.[8] 이는 우리나라의 가계부채가 GDP 대비 120%를 넘어서는 세계 최고 수준에 있음을 의미한다. 이런 상황에서 경기부양에 따른 추가적인 가계부채 증가는 금융위기의 가능성을 더욱 증가시킨다.

결국 부실투자가 증가하고 버블이 커지면 은행의 부실채권이 누적되어 마침내 금융위기를 불러일으킬 수도 있다. 그 결과 위기가 발생하면서 연간성장률이 급격히 마이너스로 추락하면서 0%대 장기성장률의 시기가 오히려 급격히 도래할 수도 있게 된다.

버블과 좀비

정부가 경기부양을 통해 장기성장률의 추락을 무한정 지연시킬 수 없음을 보여주는 대표적 사례는 독자들도 잘 아는 일본의 1980년대다.

2003년 IMF 리서취국에 있던 나는 IMF의 일본 미션에 참여하게 되었다. IMF는 세계의 각국들과 협정을 맺어 '아티클 IV 협의 Article IV consultation'라는 이름의 정례 경제정책협의를 한다. 이러한 정책협의에 대비하여 IMF는 각 나라를 담당하는 지역 팀들을 구성해놓고 있다. 이 지역 팀들은 본부가 있는 워싱턴에서 각 나라의 경제상황과 정책에 대해 1년 내내 연구한다. 그리고 그 나라의 재무부나 중앙은행의 정책 결정자들과 경제정책에 대해 협의하기 위해 직접 그 나라를 방문하는데 이를 'IMF 미션'이라고 부른다. 나는 줄곧 IMF 리서취국에 있었지만 당시 IMF 아시아국의 요청으로 일본 미션팀에 합류하게 되었다.

당시 일본 미션팀은 나에게 일본 경제의 구조개혁에 대한 논문을 써서 일본 정책당국자들에게 발표해줄 것을 요청했다. 당시 일본은 1990년대 초 버블 붕괴 이후 이미 소위 '잃어버린 10년'을 막

보낸 시기였다. 그리고 이에 대한 반성으로 일본 경제의 구조개혁에 대한 목소리도 커지고 있던 시점이었다. 평소 일본 경제의 버블 붕괴 문제에 관심이 많던 나는 일본 미션을 떠나기 훨씬 전부터 '일본 경제는 과연 무엇이 문제였을까'에 대해 고민했다.

일단 일본 경제의 핵심적 문제는 버블과 좀비, 두 단어로 요약될 수 있을 것 같았다. 이 중 버블은 10년 전에 이미 터졌다. 버블을 터뜨리기 위해서는 중앙은행의 금리정책이 중요한데, 1980년대 말~1990년대 초의 금리인상으로 이미 버블은 터졌다.

그런데 버블 붕괴 이후 10년이 지난 시점에서도 소위 '좀비기업'들은 그대로 남아 있었다. 좀비기업이란 일본에서 생산성이 너무 낮아 이미 시장에서 퇴출되었어야 할 기업인데도 아직 살아남아 있는 기업들을 칭했다. 이들은 정부의 경기부양책에 따라 은행들이 구제금융을 통하여 살려놓기는 했지만 수익성이 마이너스이거나 너무 낮아 문 닫았어야 했을 기업들이었다. 나는 이 좀비기업 문제를 해결하는 구조개혁이 가장 시급한 정책이라고 생각했다. 그래서 일단 일본에 좀비기업이 도대체 얼마나 많은지를 확인할 필요성을 느꼈다.

이를 위해 일본 기업들의 대차대조표, 손익계산서 등의 재무제표에 대한 데이터를 구하고, 이러한 기업재무제표를 이용하여 각 기업들의 생산성을 계산하는 방법을 고안했다. 그리고 이 방법을 이용하여 각 기업들의 생산성을 구한 뒤 일본 기업들의 생산성 분포를 구해보았다. 이를 구해보니 생산성이 매우 낮은 좀비 기업들,

일본의 실패가 주는 커다란 교훈은 장기성장률의 추락을 경기부양책으로 막을 수 없고 과도한 경기부양정책은 오히려 더 큰 위기만 불러 올 수도 있다는 것이다.

심지어 생산성이 마이너스인 좀비 기업들이 너무나 많은 비율을 차지하고 있음을 확인할 수 있었다.

그렇다면 일본 경제에 왜 버블과 좀비기업들이 발생했을까? 이는 정부와 중앙은행의 경기부양정책이 중요한 요인이었을 수 있다. 특히 성장 추락을 저지하고자 혹은 지연하고자 하는 경기부양정책의 결과였을 가능성이 크다고 생각되었다.

실제로 일본은 1970년대부터 추세 장기성장률이 계속 하락하고 있었다. 그런데 일본은 이에 대응해 경기를 살려보고자 1980년대 중후반 저금리정책과 함께 부동산 경기부양을 포함한 강력한 경기부양정책을 실시한다. 특히 1985년 미국 등 선진 5개국이 미국 달러화 강세를 시정하기로 합의한 '플라자 합의' 이후 엔고에 따른 경기 하락을 우려한 일본 중앙은행이 경기를 부양하고자 재할인율을 5% 대에서 계속 인하하여 1987년 2.5%까지 인하하였다. 즉 금리를 크 게 하락시켰다.

이러한 금리인하와 부동산 경기부양으로 도쿄 등 6대 도시 상업 지구의 지가는 1983년에 비해 무려 5배까지 급등했다. 주가도 1983 년에 비해 4~5배나 올랐다. 저금리정책이 부동산과 주가를 엄청나 게 밀어 올린 것이다.

이에 따라 1980년 후반에는 연간 경제성장률이 추세 장기성장률 보다 훨씬 높은 5~6% 수준을 유지한다. GDP 대비 투자 수준을 나 타내는 투자율도 33~34%대의 매우 높은 수준을 유지한다. 이렇게 경기부양정책을 통해 과잉투자를 불러일으켜 연간 경제성장률을 인위적으로 높게 유지함으로써 제로성장으로의 추락을 일시적으 로 지연시키는 데는 성공하고 있었던 것이라고 할 수 있다.

그러나 이 수치들은 과도한 경기부양으로 인해 과잉투자가 위험 수준으로까지 누적되고 있음을 강력히 시사하고 있었다. 결국 과잉 경기부양의 결과로 1980년대 말 일본에 막대한 과잉투자와 부동산 버블이 형성된다. 신기루를 쌓은 것이다.

버블은 결국 터진다. 1991년 부동산 버블 붕괴가 일어나면서, 부 실투자에 따른 좀비기업들을 양산하고 연간 경제성장률이 0%대로 곤두박질치는 경제위기를 맞이하게 된다. 그 결과 1990년대를 잃어 버린 10년으로 보낸다. 경기부양이 성장 추락을 무한정 지연시킬 수 없음을 극명하게 보여준 예인 것이다.

이후 장기성장률은 결국 0%대로 하락했다. 그리고 많은 좀비기업들이 그대로 남았다. 나는 당시 IMF 미션팀의 일원으로서 논문을 통해 좀비기업에 고용되어 있는 근로자와 자본을 생산성이 높은 기업들로 이전시키는 구조개혁정책 방안을 제안했다. 그리고 이러한 구조개혁정책이 일본의 GDP를 20년에 걸쳐 15% 정도나 증가시키는 커다란 이익을 가져다줄 수 있음을 숫자로 증명해 보였다. 그리고 이 연구결과와 정책제안을 세미나 등을 통해 일본 정책담당자들에게 설명했다.[9]

그러나 일본은 경기부양정책으로 인해 버블과 좀비를 양산했음에도 고이즈미 정부 때를 제외하고는 진짜 성장능력을 증가시키는 구조개혁보다는 단기 경기부양정책에 정책의 우선순위를 두어왔다. 좀비기업에서 일하던 근로자들의 고통을 최대한 덜어주며 구조개혁을 추진하기보다는 단기적 경기하강을 우려하여 계속 경기부양책에 의존하고 좀비기업을 계속 살려주는 정책을 유지해왔다. 그결과, 장기성장률은 20년 넘게 0%대에 머물고 있다. 잃어버린 10년이 잃어버린 20년이 되더니, 이제는 결국 잃어버린 30년이 되어버리고 말았다.

30년 전 아픈 실패를 경험한 일본은 우리에게 더할 나위 없이 유용한 반면교사다. 일본의 실패를 타산지석으로 삼아야 한다. 일본의 실패가 주는 커다란 교훈은 장기성장률의 추락을 경기부양책으로 막을 수 없고 과도한 경기부양정책은 오히려 더 큰 위기만 불러

올 수도 있다는 것이다. 그러나
지난 30년간 우리는 일본의 실
패로부터 아무것도 배우지 않은
것 같다.

　5년 1% 하락의 법칙에 따라
장기성장률이 추락해온 지난 30
년간 우리 정부들도 지속적으로
경기부양정책으로 대응해왔다.
이러한 경기부양정책의 결과 투
자율이 GDP 대비 30%를 넘는
높은 수준을 계속 유지해왔다.

　그러나 과잉투자의 결과 김
영삼 정부 하에서는 1997년 소
위 'IMF위기'로 불리는 사상초

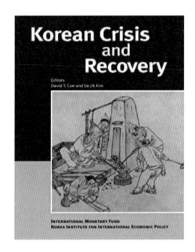

IMF 서울사무소 소장 데이비드 코 박사와
내가 공동으로 편저한 책. '위기대응의 교과
서'이자 '위기 예방의 지침서'를 목표로 하여
만든 책으로, 한국이 겪은 경제위기를 케이
스 스터디하여 위기의 원인부터 정책대응까
지 다양한 이슈들에 대해 다각적으로 연구
하고 정리 집대성한 책이다.

유의 경제위기까지 맞이했다.[10] 1997년 위기의 충격으로 다음 해인
1998년에는 경제성장률이 −5.5%로 전년도에 비해 10%포인트 이상
하락했다. 많은 회사원들과 은행원들이 직장을 잃고 길거리로 나앉
게 되면서 수많은 실업자가 양산되고 실업률은 2%대에서 거의 7%
대로 점프했다.

　1997년 위기 이후, 한국 정부는 IMF로부터 구제금융을 받게 됨
에 따라 경제정책을 IMF와의 협의 하에 결정하게 되었다. 이 과정
에서 이헌재 금융감독위원회 위원장 등이 강력한 기업 및 금융부문

의 구조조정을 추진했고, 3년간의 구조개혁 프로그램을 통해 한국 경제는 급락했던 대외신뢰도를 회복하고 IMF로부터 빌린 돈을 상환하게 되면서 'IMF 졸업'을 하게 되었다.[11] 그러나 IMF를 졸업하는 2001년부터는 정부의 정책 기조가 구조개혁정책에서 경기부양정책으로 급선회했다. 당시 한국은행도 정책금리를 급격히 낮추었다. 그리고 이후 20년 동안은 정권에 관계없이 경기부양정책 기조를 지속적으로 유지해왔다.

그러나 어느 정부도 5년 1%하락의 법칙에 따른 성장 추락을 저지하지 못하고 이제는 제로성장을 걱정해야만 하는 상황에까지 처하게 되었다.

결국 우리 경제가 향후 제로성장에 처할 수밖에 없다면, 그때 독자들의 일자리에는 어떤 일이 벌어질까? 과연 어디에서 무슨 일을 하며 자신의 생계를 꾸려나가고 있을까?

05

성장이 멈춘 대한민국
나의 미래 일자리

높은 소득에서 낮은 소득으로

내가 종종 즐겨 듣는 노래 중에 밴드 봄여름가을겨울의 노래 「브라보 마이 라이프Bravo my life」가 있다. 이 노래는 월급쟁이 샐러리맨들의 애환을 달래주는 묘한 힘이 있다고 생각했다. 그래서 그런지 퇴근길에 라디오를 틀면 이 노래가 종종 흘러나온다. 이 노래를 들으면 용기와 희망까지 북돋워 주는 가사가 고맙게 느껴지기도 한다. 가사의 일부는 다음과 같다.

해 저문 어느 오후

집으로 향한 걸음 뒤엔

서툴게 살아왔던

후회로 가득한 지난 날

그리 좋지는 않지만

그리 나쁜 것만도 아니었어

석양도 없는 저녁

내일 하루도 흐리겠지

힘든 일도 있지

드넓은 세상 살다 보면

하지만 앞으로 나가

내가 가는 곳이 길이다

Bravo, bravo my life 나의 인생아

지금껏 달려온 너의 용기를 위해

Bravo, bravo my life 나의 인생아

찬란한 우리의 미래를 위해

이 노래는 우리나라가 IMF위기에서 막 빠져 나오던 2002년에 나왔으니 그래도 희망이 있어 보이던 20년 전 당시의 한국 경제 상황을 반영한다. 그러나 이 노래가 나온 후 20년 동안에도 '5년 1% 하락의 법칙'은 계속 작동하여 지금은 이때에 비해 장기성장률이 거의 4%포인트나 낮아졌다. 그 결과 소득이 빠르게 증가하는 일자리도 당시에 비해 크게 줄어들었다.

그래서 요즈음 이 노래를 들으면, 노래가 나올 당시는 비록 경제 상황이 팍팍했지만 가사에 있는 것처럼 아직은 '찬란한 미래'를 꿈꿀 수 있는 때가 아니었나 하는 생각도 든다. 그런데 이제 장기성장률이 0%대까지 추락할 수 있는 이 시점에서는, 노래 가사처럼 찬란한 미래를 꿈꾸는 것이 과연 현실적인지에 대한 깊은 의문이 든다.

만약 장기성장률 0%대의 제로성장이 현실화된다면 미래 '나의 일자리'는 어떻게 될까? 장기성장률 0%대의 제로성장시대 진입은 결국 우리 경제의 좋은 일자리 창출 능력의 급격한 하락을 의미한다. 그 결과 독자들이 미래에 좋은 일자리를 구할 가능성도 더욱 사라지는 것이다.

사실 이미 오래 전부터 양질의 일자리를 제공할 제조업의 경쟁력이 약화되어오면서 일자리 부족과 청년실업 증가 등 많은 경제적 어려움이 전임 정부에서부터 현실화되기 시작했다. 이미 제조업에서의 일자리 부족으로 직장을 잃은 많은 근로자들이 소득이 훨씬 낮은 서비스 자영업으로 이동하면서 소득 감소를 경험해오고 있다.

이제 장기성장률이 0%대까지 하락하면 우리 경제의 좋은 일자리 창출 능력은 더욱 하락하여 청년, 중년, 노년 일자리 문제가 동시에 악화될 가능성이 높다. 제로성장시대에 접어들면 경쟁력을 잃은

우리나라는 이미 양질의 일자리를 제공할 제조업의 경쟁력이 약화되어오면서 일자리 부족과 청년 실업 증가 등 경제적 어려움이 현실화되고 있다.

한계산업과 한계기업 그리고 부도기업이 크게 증가할 수 있다. 특히 제로성장에 따른 실물위기 혹은 금융위기로 일자리를 제공할 제조업종의 기업들이 문을 닫거나 생산을 줄이면 이들의 노동에 대한 수요가 줄어든다. 이에 따라 제조업 부문에서의 좋은 일자리 공급이 급격히 줄어들면서 청년 일자리 문제와 중년 일자리 문제, 그리고 노인 일자리 문제가 동시에 악화될 가능성이 높다. 특히 제조업 중심으로 실업이 단기적으로 크게 증가할 수도 있다.

제조업에서 일자리를 잃은 근로자들이 새로 직장을 얻는다 해도, 상대적으로 생산성과 임금이 낮은 서비스업으로 직장을 옮기거나 치킨집 같은 자영업으로 이동하면서 결국 소득이 낮은 일자리로 할 수 없이 이동하게 될 것이다. 그 결과 소득이 증가하는 좋은 일자리에 남지 못하고, 일자리는 갖고 있더라도 소득감소를 감수해야만 하게 된다.

나와 서울대 안재빈 교수님이 공저한 논문에 따르면, 5년 1% 하락의 법칙에 따라 성장률이 추락해온 지난 30년간 제조업에서 일하는 근로자 비중이 감소하고 대신에 서비스업 근로자 비중이 증가했다.[12] 이는 사실 산업화가 된 나라들에서 일반적으로 관찰되는 현상이다. 시대 변화에 맞춰 새로이 등장하는 정보, 통신, 금융 등 고부가가치 서비스업으로 근로자들이 이동해간다면 바람직하기까지 하다.

그러나 우리나라는 다른 나라들과 달리 제조업 근로자의 비중 감소가 서비스업 중에서도 노동생산성이 낮은 음식업 및 도소매업 근로자의 비중 증가를 수반해왔다. 그 결과 임금이 상대적으로 높은 제조업 근로자의 비중이 줄고 임금이 상대적으로 낮은 음식업 및 도소매업 근로자 비중이 증가해온 것이다. 이는 이미 지난 30년간 많은 근로자들이 소득이 낮은 일자리로 지속적으로 이동해왔음을 의미한다.

소득이 낮은 직업으로 이동하는 이유는 자명하다. 월급이 낮은 직업으로 이동한다는 것은 본인이 좋아서 이동하는 것이 아니라 할 수 없이 이동하는 것을 의미한다. 높은 임금을 제공할 수 있는 제조업의 경쟁력이 약화되면서 제조업의 노동수요가 줄어들자 제조업에서 일하던 근로자들이 할 수 없이 음식 및 도소매업 부문으로 이동하는 것이다. 대학을 졸업한 청년층은 높은 임금을 주는 제조업이나 고부가가치 서비스업에 취업을 원하지만 이 분야의 노동수요는 오히려 줄어들고 있기 때문에 취업에 어려움을 겪는다. 반면에, 제조업종 기업에서 은퇴한 샐러리맨들은 아무데서도 안 받아주기 때문에 스스로 자영업을 할 수밖에 없게 된다. 그런데 자영업자로서 상대적으로 쉽게 뛰어들 수 있는 분야가 음식 및 도소매업이다. 따라서 소득감소에도 불구하고 음식 및 도소매업 부문 자영업자로 나설 수밖에 없는 것이다.

사실「브라보 마이 라이프」의 주인공인 우리 샐러리맨 혹은 취업준비생 독자들의 평균적인 일생은 상당히 예측 가능하다. 나의 아래 예측과 독자들의 예측이 크게 다르지 않을 것이다.

대학은 군대 빼고 4년 만에 졸업하는 것이 아니라 5~6년 걸려서 졸업한다. 4년 만에 졸업하지 못하는 이유는 취업이 점점 더 어려워짐에 따라 그동안 취업을 위한 스펙을 쌓는 등 취업 준비를 해야 하기 때문이다. 취업에 시간이 걸려 기껏해야 20대 중후반에 취업하게 된다. 제조업이나 서비스업 관련 기업에 취직하여 그 기업이 망하지 않으면, 그 직장에서 계속 샐러리맨 생활을 하다가 50대 초반에 은퇴를 한다. 기껏해야 25년 정도 직장에 근무하는 셈이다.

만약 25년 동안의 평균 연봉이 4000~5000만 원이었다면, 이 기간 동안 번 임금 총액은 10억 원에서 12억 5000만 원 정도다. 최근 서울 아파트 평균매매가격이 11억 원을 돌파했다. 평생 굶으며 소득을 모두 저축해야만 서울에서 아파트를 장만할 수 있는 것이다.

그런데 이 소득을 자녀 교육비, 특히 사교육비 등에 쓰고 나면 실제로 저축할 돈도 얼마 남지 않는다. 이런 상황에서 부자 부모님 만난 금수저 출신 아니면 월급을 꼬박꼬박 저축하여 집을 산다는 것은 언감생심이다.

평생 근로소득이 뻔하니, 큰돈을 벌어보고자 주식이나 부동산 투자에도 눈을 돌려볼 수밖에 없다. 가상화폐도 투자해본다. 정부의 과도한 경기부양이나 저금리정책으로 돈이 많이 풀리면서 주변에 부동산이나 주식, 가상화폐로 큰돈을 벌었다는 사람들이 많아지는 시기에는 이들을 따라할 유혹을 참기 어렵다. 그래서 어떻게라도 은행에서 대출을 받아 요즈음 말로 소위 '영끌'과 '빚투'에도 참여하게 된다. 그러나 버블로 인해 부동산, 주식 값이 오른 경우에는 결국 버블이 터지기 때문에, 투자는 결국 참담한 실패로 끝나 월급의 상당 부분을 대출이자 갚는 데 쓰게 될 위험도 있다.

그런데 한창 나이인 50대 초반에 다다르면, 직장에서 자의반 타의반 은퇴하게 된다. 이때 아직 자녀들은 중고등학교에 다니고 있어 교육비 등 한창 돈 들어갈 데가 많으니, 돈을 벌기 위해 음식업 혹은 소매업종에 자영업자로 진출할 수밖에 없다.

결국 은퇴 후 치킨집으로 상징되는 요식업 내지 소매업을 운영하는 자영업자가 될 가능성이 높다. 저축해놓은 돈이 많지 않으니 사업을 하기 위해 은행에서 다시 대출을 받을 수밖에 없다. 그런데 '한 집 건너 한 집이 치킨집'이라는 말이 있을 정도로 너도 나도 치킨집을 열다 보니 경쟁이 심해서 이윤 남기기도 쉽지 않다.

높은 임금을 제공할 수 있는 제조업의 경쟁력이 약화되면서 제조업의 노동수요가 줄어들자 제조업에서 일하던 근로자들이 할 수 없이 음식 및 도소매업 부문으로 이동한다.

우리나라에서 치킨집의 경쟁이 극심한 것은 잘 알려져 있지만, 다른 요식업이나 소매업도 자영업자 간 경쟁이 심한 것은 매한가지다. 내가 사는 동네에도 인테리어에 돈을 많이 들여 개업했는데 손님이 없어 몇 달 만에 문을 닫는 음식점들을 종종 보게 된다. 심지어 일부 자영업자들은 심한 경쟁 탓에 빚만 지고 문을 닫는다.

안타깝게도, 제로성장시대에 독자들의 평균적인 미래는 봄여름가울겨울의 노래처럼 '브라보!'를 외칠 만큼 행복한 인생은 아닐 가능성도 커지는 것이다.

아홉 켤레의 구두로 남은 사내

장기성장률 0%대의 제로성장시대에 진입한 상태에서 마이너스의 단기적 충격이 오면 평균적으로는 모든 사람들의 소득이 감소하게 된다. 국민들이 평균적으로 운이 나쁜 상황이 되는 것이다.

그런데 운 나쁜 국민 중에서 '운이 더 나쁜' 국민들이 생긴다. 마이너스 성장의 충격에 따라 국민들의 소득이 평균적으로 줄게 되지만, 모든 국민들의 소득이 평균 소득 감소와 동일하게 줄지는 않는다. 한 나라의 경제가 나빠지면 그로부터 받는 충격은 '상대적'이다. 어떤 사람들은 소득이 −1%만큼만 줄 수 있지만, 어떤 사람들은 −100%만큼 나빠질 수도 있다. 그리고 이러한 −100%의 소득 감소에 처한 운이 더 나쁜 사람들은 극단적인 상황에 빠질 수 있다.

윤흥길의 소설 『아홉 켤레의 구두로 남은 사내』를 보면, 바로 이렇게 '운이 더 나쁜' 주인공이 등장한다. 평범한 소시민이지만 잘못된 정책에 의해 희생되어 가난에 빠진 뒤 직장까지 잃어버린 '권 씨'이다. 내 집 마련의 꿈으로 큰돈 빌려 철거민 입주권을 구입했던 평범했던 사내. 정부정책으로 인해 집을 뺏길 상황에 이르자, 자신도 모르게 주민들의 선두에 서서 시위하다가 전과자까지 되어버린 사내. 다니던 출판사 직장마저 잃어버린 뒤 처자식 부양을 위해 공사판 막일을 전전해야 했던 사내. 탯줄을 목에 감은 아이를 임신해 위험에 처한 부인의 병원비를 구하기 위해 강도가 되었지만 마음 약한 천성으로 인해 그것마저 미수에 그치고 사라진 사내. 자신의 자

뭉크의 「비명」

존심 같은 열 켤레 반짝이는 구두 중 아홉 켤레나 남겨놓고 사라진 불행했던 사내.

다섯 식구의 생계를 책임져야 하는 그가 부인의 병원비도 구할 방법이 없어 경제적으로 극한의 상황에 내몰려 있을 때 그의 감정 은 어땠을까? 나는 권 씨의 절망과 당혹감을 상상하면, 노르웨이 화 가 에드바르 뭉크Edvard Munch의 그림 「비명The Scream of Nature」이 연상된 다.[13] 핏빛의 하늘이라는 배경 속 비명을 지르고 있는 얼굴이 '권 씨' 와 겹쳐 보이는 것이다. 향후 장기성장률이 0%대까지 하락하게 되 면, 권 씨가 느꼈을 절망과 불행이 이 가상인물에만 국한되지 않고

모방과 창조

우리 주위의 많은 실존인물들에게서 실제로 발생하는 상황이 연출될 위험이 증가한다는 점이 우려스럽다.

물론 우리 경제의 '좋은 일자리' 창출 능력이 더욱 하락함에도, 소득이 매년 증가하는 좋은 일자리에 오랫동안 남는 근로자들도 있을 것이다. 그러나 50대 혹은 그 이전에 조기은퇴와 이직 등을 통해 소득 감소를 경험해야만 하는 근로자들이 더욱 많아질 것이다. 특히 향후 장기성장률이 0%까지 떨어지면, 취업인구 2700만 명 중에 나라 전체의 평균성장률인 0%에 못 미치는 절반 이상이 실질소득이 매년 줄어드는 일자리에서 일할 수밖에 없을 가능성이 높다.

결국 독자들 두 명 중 한 명은 일자리가 있다 해도 소득이 계속 감소하는 일자리에서 일하고 있을 가능성이 매우 높다. 이렇게 소득 감소를 경험하는 국민들 중에서 또 상당수는 다니던 회사가 문 닫는 등의 이유로 인해 실업 상황에 처할 수도 있다. 이렇게 직장을 잃은 '운이 더 나쁜' 사람들 중 일부는 아홉 켤레의 구두로 남은 사내와 같이 지극히 안타까운 상황에 놓일 가능성도 배제할 수 없다.

이에 따라 저소득층을 중심으로 소득취약계층의 경제적 어려움이 크게 가중되어 소득 분배 문제도 더욱 악화될 가능성이 높다. 서울대 정혁 교수님은 직종별 임금실태조사 자료를 이용하여 1980년 이후 2015년까지 지니계수, 소득 상위 10% 그룹의 소득비중 등 다양한 소득분배 지표의 추이를 계산했다.[14] 이 분석에 따르면 1990년대 초중반 이후 우리나라의 소득분배 지표들이 모두 악화되어왔다. 이는 지난 30년간 5년 1% 하락의 법칙에 따른 장기성장률 하락이 소득분배 악화까지 동반해왔음을 의미할 수 있다. 더 나아가, 법칙에 따라 제로성장까지 다다르면 소득분배가 더욱 악화될 수 있음을 시사한다.

한마디로 독자들의 '좋은 일자리'가 위태한 상황이 점점 더 다가오고 있다고 할 수 있다. 나라 전체 일자리의 평균 소득이 변하지 않더라도, 각 개인의 입장에서는 소득이 크게 감소하는 일자리에 있을 위험이 점점 더 증가하는 것이다. 만약에 인간의 행복 혹은 효용이 '습관 형성 이론'이 상정하는 것처럼 작년에 비해 올해 소비가 얼마나 늘어났는지에 주로 의거해서 결정된다면, 성장률 하락과 이에 따른 좋은 일자리 고갈로 인해 독자들의 행복도 크게 감소할 수 있는 상황인 것이다.

운이 더 나빠 만에 하나 직장까지 잃어 소득성장률이 마이너스가 되면 그에 따른 행복 감소폭은 충격적으로 클 것이다. 그런데 어느 독자도 향후 자신이 이러한 '운이 더 나쁜' 사람들 중 하나가 되지 말라는 보장도 없다.

다시 한 번 강조하자면, 제로성장시대에 접어들게 되면서 좋은 일자리 고갈과 커다란 소득 감소 위험 증가로 인해 디스토피아로 역행할 수도 있는 상황이 다가올 가능성을 배제할 수 없다. 많은 사람들이 「브라보 마이 라이프」 가사에 나오는 '찬란한 미래'보다는, 안타깝게도 뭉크의 「비명」에 나오는 상황에 처할까 우려된다.

누가 이 비를 멈출 수 있을까?

앞에서 언급한 C.C.R.의 히트곡 중에는 '비'가 주제인 노래들이 있는데, 그 중 대표적인 곡이 「누가 이 비를 멈추리Who'll stop the rain」이다.

이 노래에 나오는 비는 중의적인 의미를 갖고 있다. 자연현상으로의 비만을 의미하지 않는다. 그것은 무력한 개인들을 짓누르는 나쁜 사회, 경제적 구조나 상황 또한 은유하고 있다. 혹은 나쁜 정부 정책을 의미하고 있었다. 한마디로 한 사회가 유토피아로부터 멀어지게 하는 많은 것들을 상징하고 있다.

내가 요즈음 이 노래 가사를 한국 경제에 대입해보면, 마치 한국 경제의 현 상황을 예언한 노래같이도 들린다. 내가 번역한 이 노래 1절과 2절의 가사는 다음과 같다.

기억만큼 오랫동안 비가 줄기차게 내리고 있네
Long as I remember the rain been comin' down

정체를 알 수 없는 먹구름이 비를 퍼부어 이 땅에 혼동을 일으키네
Clouds of mystery pourin' confusion on the ground

수많은 시대를 거치면서 현자들이 태양을 찾고자 노력했었지
Good men through the ages tryin' to find the sun

그러나 나는 궁금하네, 아직도 궁금하네, 과연 누가 비를 멈춰 줄 수 있을까?
And I wonder, still I wonder, who'll stop the rain?

폭풍우로부터 피난처를 찾아 버지니아로 떠났지

I went down Virginia, seekin' shelter from the storm

우화 같은 이야기에 끌린 채 신기루 같은 탑이 만들어져 가는 것을 보았지

Caught up in the fable, I watched the tower grow

5개년 경제계획들과 뉴딜들이 금사슬로 겉만 화려하게 포장되어 있었지

Five Year Plans and New Deals, wrapped in golden chains

그러나 나는 궁금하네, 아직도 궁금하네, 과연 누가 비를 멈춰줄 수 있을까?

And I wonder, still I wonder, who'll stop the rain?

이 노래 가사의 비처럼 한국 경제의 장기성장률은 5년 1% 하락의 법칙에 따라 30년 동안이나 계속 떨어지고 있다. 왜 이 법칙에 따라 떨어지는지도 모르는 채. 이제는 이 법칙이 제로성장과 좋은 일자리 고갈 현상을 일으켜 이 땅에 많은 사람들의 고통을 불러올 가능성이 높다. 만약 혁명적인 정책변화를 통해 이 법칙을 저지하지 못하면 차기 정부 하에서 장기성장률이 0%대로 진입해 폭풍우 같은 위기에 처할 가능성도 크게 증가하고 있다. 그리고 그에 따른 커다란 국민적 고통을 수반할 가능성도 높다.

멈추지 않고 계속 떨어지는 비처럼 계속 추락하는 장기성장률을 멈춰줄 누군가가 절실하게 필요하다. 디스토피아로 역행하게 하는

이 비를 누가 멈출 수 있을 것인가?

과연 정부와 정부의 경제정책이 그 역할을 해줄 것인가? 노래의 가사를 보면 C.C.R.은 이 점에서 정부에 크게 기대를 걸고 있지 않은 것 같다. 5개년 계획으로 경제를 운용한 당시 구소련이나 뉴딜을 시행한 미국이나 정부가 비를 멈추는 것이 아니라 겉으로 비를 멈추는 시늉만 한다고 생각한 것 같다.

우리의 경우에도, 제로성장의 위협에 처하게 된 것은 지난 30년간 한국 경제 운행을 지배해온 5년 1% 하락의 법칙 때문임에도 지난 30년 동안 어느 정부에서도 이를 인지하고 국민들에게 알리지 않았다. 정부가 이를 저지하기 위한 어떤 정책도 추진하지 않았다. 경기변동 대응 수단인 경기부양책만 지속적으로 시행해왔다. 그 결과 성장 추락에 대한 해결책 없이 성장 추락이 방치되어왔다.

그렇다면 이 암울한 법칙을 과연 누가 멈출 수 있을까? 이육사의 시 「광야」에서와 같은 특별한 '초인'이 나와 이를 멈춰줄 것인가?

나는 이를 멈춰줄 사람은 우리 국민들, 이 책을 읽는 독자들이라고 기대한다. 5년 1% 하락의 법칙이 매우 강력하지만 자연과학의 법칙 같은 필연적 법칙은 결코 아니다. 따라서 이 법칙에 따라 독자들의 운명이 제로성장과 그에 따른 고통을 경험하는 것으로 반드시 정해져 있는 것은 아니다. 국민들이 나서기만 하면 이 법칙을 저지할 가능성도 없지 않다.

그러기 위해서는 국민들이 이 무서운 법칙을 알고 이 법칙이 가져다줄 심대한 고통에 대해 제대로 인식하는 것이 중요하다. 국민

제로성장의 위협에 처하게 된 것은 지난 30년간 한
국 경제 운행을 지배해온 5년 1% 하락의 법칙 때문
임에도 지난 30년 동안 어느 정부에서도 이를 인지
하고 국민들에게 알리지 않았다. 정부가 이를 저지
하기 위한 어떤 정책도 추진하지 않았다. 경기변동
대응 수단인 경기부양책만 지속적으로 시행해왔다.
그 결과 성장 추락에 대한 해결책 없이 성장 추락이
방치되어왔다. 그렇다면 이 암울한 법칙을 과연 누
가 멈출 수 있을까?

들이 이런 인식을 갖게 되기만 한다면, 정부나 정치인들이 더 이상 이를 무시할 수 없을 것이다. 정부 혹은 지도자들이 이를 국가적 과제로 추진하지 않을 경우, 독자들을 포함한 국민들이 직접 나서서 이 퇴행의 법칙을 막아내는 것을 국가 정책의 지상명제로 삼도록 이들에게 요구해야 한다. 국민들이 위기의식을 느끼고 이 법칙을 깨기로 뜻을 모으고 그 방법을 찾아내기만 한다면, 이 강력한 법칙도 깨질 수 있다.

지금 나라 경제의 운명 그리고 독자들의 운명이 갈림길에 서있다. 미끄럼틀을 타고 0% 성장률까지 하락할지, 처절한 노력을 통해 성장률을 반등시켜 좋은 일자리의 풍요를 확보할지 선택의 기로에 있다. 소득이 계속 증가하는 좋은 일자리로 가득 찬 유토피아에 살지, 소득이 계속 감소하는 디스토피아에 살 지 선택의 기로에 있다.

과연 우리 국민들은 우리 독자들은 이 비를, 이 폭풍우를 멈출 것인가?

2부

잃어버린
성장 법칙을 찾아서

: 30년 성장과 30년 추락의 비밀들

IMITATION AND CREATION

01

비법을 찾아 나선
현자들

경제성장의 마이클 조던

한국 경제에 어두운 비구름이 계속 몰려오고 있다. 지난 30년간 5년 1% 하락의 법칙에 따라 성장률이 비처럼 계속 떨어져왔다. 이제는 소득이 성장을 멈춰버리는 제로성장을 향해 근접해가고 있다. 경제 위기의 폭풍우가 몰아칠 가능성도 점점 더 높아지고 있다.

이 폭풍우를 어떻게 멈출 것인가? 이 암울한 성장 추락의 법칙을 어떻게 저지할 것인가? 경제성장을 회복해 좋은 일자리를 확보하기 위해서 어떻게 해야 할까?

이를 위해서는 유토피아의 핵심 요소인 경제성장이 무엇에 의해 결정되는지를 먼저 아는 것이 필수적이다. 이에 입각해 5년 1% 하락의 법칙에 따른 성장 추락의 근본적 원인을 찾아내야만 한다. 한마디로 '경제성장의 원리'를 알아내야 한다. 이 경제성장의 원리만 제대로 찾아내면, 이를 이용하여 우리는 경제성장을 재점화할 수 있기 때문이다. 경제성장의 원리는 어떻게 찾아낼 수 있을까?

스포츠 경기마다 슈퍼스타들이 있다. 운동경기 중 그들의 몸 동작 하나하나에도 많은 팬들이 열광한다. 나도 어려서부터 좋아하던 많은 슈퍼스타들이 있다. 이들이 좋아서 친구들과 이들의 기술을 흉내도 내보았었다. 독자들도 좋아하는 스포츠 종목마다 자신이 좋아하는 슈퍼스타들이 있을 것이다. 예를 들어, 축구를 좋아하는 독자들이라면 우리나라 선수로는 연배에 따라 1970~1980년대의 차범근, 2000년대의 박지성, 최근의 손흥민 선수가 떠오르는 분들도 많을 것이다. 외국 선수로는 1000골을 기록한 브라질의 펠레, 그리고 아르헨티나의 디에고 마라도나와 라이오넬 메시 등이 떠오를 것이다.

해외 스포츠에 관심 있는 독자들이라면 아시겠지만, 농구 역사에 있어서 역대 최고의 슈퍼스타는 마이클 조던Michael Jordan이다. 1990년대 시카고 불스에서 농구선수로 활약한 마이클 조던은 보통의 슈퍼스타들과 한 차원 다른 선수였다. 농구의 신으로 불린 조던은 게임당 무려 평균 30점을 득점하여 역대 1위를 기록했다. 미국프로농구협회NBA 결승 최우수선수MVP만도 6번이나 수상하여 역시 역대 1위다. 뛰어다니며 농구를 하는 것이 아니라 마치 날아다니며 농구하는 듯해서 '에어 조던'이란 별명까지 붙은 전무후무한 농구선수였다. 기자가 마이클 조던에게 "당신은 날 수 있나요?"라고 질문하자 "조금은 날아요"라고 답하기도 했다.

이 마이클 조던은 수많은 스포츠 잡지들의 소재만이 아니라 유명한 경제학 논문의 소재까지 되었다. 1995년 노벨경제학상을 수상한 시카고 대학의 로버트 루카스Robert Lucas 교수가 쓴 「기적 만들기 Making a Miracle」라는 논문의 머리말에도 이 전무후무한 슈퍼스타가 잠시 등장한다.[1]

어떤 스포츠도 마찬가지만 농구라는 운동을 잘하려면 '농구의 원리'를 알아야 한다. 농구의 원리를 배우기 위한 효과적인 방법은 농구 잘하는 사람이 어떻게 하는지를 열심히 보고 분석하여 배우는 것이다. 특히 농구를 가장 잘하는 사람을 보고 그 원리를 배워야 한다. 농구에 있어서 그러한 전설 같은 슈퍼스타가 바로 마이클 조던이었다.

경제성장을 빨리하여 조금이라도 유토피아에 가까운 나라가 되기 위한 방법도 동일하다. 농구를 잘하기 위해서 마이클 조던으로부터 농구의 원리를 배워야 하듯이 경제성장을 빨리 하기 위해서는 경제성장의 마이클 조던으로부터 경제성장의 원리를 찾아내야 한다. 이러한 경제성장의 마이클 조던으로 루카스 교수는 한 나라를 지목했다.

과연 그가 지목한 경제성장의 마이클 조던은 누구일까? 국민들

전무후무한 스포츠계의 슈퍼스타 마이클 조던. 경제학자 로버트 루카스가 경제성장의 마이클 조던으로 꼽은 국가가 있었으니, 고도성장기의 한국이었다.

의 소득이 매년 8~9퍼센트씩 뛰는 나라가 있었다. 이 나라는 8년만 일해도 소득이 두 배가 된다. 30년 정도 일하면 소득이 무려 15배나 된다. 타임머신을 타고 과거로 돌아가면 지구상에 이런 전설 같은 나라, 즉 경제성장의 마이클 조던이 존재했다. 그 나라는 어딜까? 다름 아닌 60년 전 대한민국이 바로 그 주인공이다.

1960년대 초반 이후 30년간 한국 경제는 초고속 장기성장률을 매년 지속적으로 구가했다. 이 시기 우리나라는 한마디로 '고도성장의 황금시대'였다. 이 성장의 황금시대 동안에 장기성장률이 하락 추세 없이 8%이상 지속되었다. 조만간 닥칠지 모를 제로성장을 걱정해야 하는 오늘 우리의 입장에서는, 과연 그런 시절이 있었나 싶을 정도의 신화 같은 30년이었다.

비슷한 시기에 홍콩, 싱가포르, 대만도 우리와 비슷하게 빠른 경제성장률을 보여주어 동아시아의 네 마리 용 혹은 네 마리 호랑이로 불리기도 했다. 그러나 한국처럼 인구 4000~5000만이 넘는 큰 나라가 8%이상 경이적인 성장률을 30년간 하락 추세 없이 지속한

모방과 창조

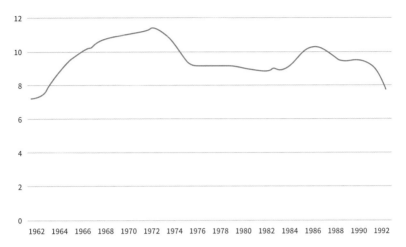

고도성장기 한국의 장기성장률

1960년대 초반 이후 30년간 우리나라 장기성장률이 하락추세 없이 8%를 넘는 수준에서 횡보했다.

경우는 인류 역사에 전례가 없던 일이다. 가히 경제성장의 마이클 조던이라 불릴 만한 일이었다.

국가들 간에는 사실 어느 나라 경제가 더 빠르게 성장하는지를 두고 치열하게 경쟁한다. 나는 이를 올림픽에 출전한 나라들끼리 '경제성장 경기'에서 경쟁을 하고 있는 것에 비유하곤 한다. 이 경제성장 올림픽 경기에서 전에 없던 마이클 조던 같은 슈퍼스타가 나타났으니 그것이 바로 1960년대 이후 고도성장기의 한국이었던 것이다.

이런 까닭에 로버트 루카스 교수도 「기적 만들기」 논문에서 고도성장기의 한국을 마이클 조던에 비유했다. 그리고 마이클 조던으로부터 농구를 잘하기 위한 원리를 배우듯이, 고도성장기 한국이 어떻게 고도성장했는지로부터 경제성장의 원리를 배워야 한다고 했던 것이다.

우리는 지금 과거의 성장 비법을 잃어버리고 5년 1% 하락의 암울한 법칙에 처했다. 우리나라도 장기성장률의 직활강을 반등시킬 비법을 경제성장의 마이클 조던으로부터 배워야 한다. 과거로 돌아가 과거 고도성장기의 우리나라, 경제성장의 마이클 조던의 경험으로부터 '경제성장의 원리'를 알아내야 한다. 잃어버린 성장의 원리, 성장의 비법을 되찾아야 한다.

과연 우리는 고도성장기의 한국으로부터 어떠한 경제성장의 원리를 되찾을 수 있을까? 어떤 경제성장의 원리를 배워서 한국 경제를 성장 추락에서 건져낼 수 있을까?

맬서스: 우울한 과학

경제성장의 마이클 조던이라 할 수 있는 한국이 등장하기 이전에도 오랫동안 사람들은 경제성장의 원리를 찾고자 애써왔었다. 마치 1부 마지막에서 언급한 C.C.R.의 예언자적인 노래 「누가 비를 멈추리 Who'll stop the rain」의 다음 구절과 같다.

정체를 알 수 없는 먹구름이 비를 퍼부어 이 땅에 혼동을 일으키네

Clouds of mystery pourin' confusion on the ground

수많은 시대를 거치면서 현자들이 태양을 찾고자 노력했었지

Good men through the ages tryin' to find the sun

이 노래 가사에 나오는 '태양을 찾는 현자'들처럼 실제로 많은 사람들이 난관에 빠진 경제를 구해줄 경제성장의 원리가 무엇인지 찾고자 노력했다. 바로 경제학자들이다.

경제를 유토피아로 이끌 경제성장의 원리를 이들 경제학자들은 200년 넘게 찾아왔다. 18세기 말 경제학의 등장 이후 두 세기에 걸쳐서 이들은 경제성장의 원동력이 무엇인지 고민하고 나름 그 답을 찾아 이론으로 정립해왔다.

그러나 1960년대 이후 30년에 걸친 성장 황금시대에 한국이 보여준 고도성장은 기존 경제학계에 커다란 충격을 주었다. 1980년대 당시까지의 기존 경제학으로는 설명하기 힘든 놀라운 현상이었기 때문이다. 8% 이상의 고속성장을 30년 이상 지속한 한국의 경험은 경제성장의 원리에 대한 당시 기존 경제학의 이론들로는 전혀 설명할 수 없는 신기한 현상이었다.

1980년대 이전의 경제학 이론들이 말하는 경제성장의 원리는 무엇이었을까? 이들 경제학자들이 발견한 태양들은, 경제성장의 원동력들은 무엇이었을까? 그런데 이러한 이론들로는 왜 한국의 고도성장을 설명할 수 없었을까?

경제학은 1700년대 말 그 학문이 출발할 때부터 유토피아에 관

한국 성장황금시대의 마지막 시기인 1988년에 개최된 서울 올림픽. 한국 경제가 1960년대 이후 30년간의 성장황금시대에 보여준 고도성장은 기존 경제학계에 커다란 충격을 주었다.

한 학문이었다. 특히 유토피아의 가장 중요한 조건일 수 있는 사람들의 물질적 행복에 대한 학문이었다. 그래서 초창기부터 경제학자들은 사람들이 물질적으로 최대의 행복을 누릴 수 있는 나라 혹은 제도는 어떤 것인지에 대해 탐구했다. 한 나라의 '부'가 어떻게 결정되는지에 대한 연구인 『국부론』을 쓴 경제학의 아버지 아담 스미스가 그랬고, 그의 한 세대 후배들인 토마스 맬서스Thomas Malthus와 데이비드 리카르도David Ricardo가 그랬다.

경제학이 유토피아에 관한 학문인만큼, 경제학자들도 유토피아를 늘 꿈꾸는 유토피안utopian들이다. 내가 그동안 보아온 경제학자들이 그랬다. 서울대 경제학과에 들어가서 뵌 교수님들이 그랬고, 미국 시카고대 박사 과정에서 뵌 교수님들이 그랬고, IMF에서 같이 일한 동료들이 그랬다. 아직 경제학자는 아니지만 경제학자를 꿈꾸며 1979년 나와 함께 서울대에 입학하여 경제학과에 들어온 친구들도 유토피안들이기는 마찬가지였다.

그러나 이들 경제학자들은 경제학에 입각하지 않은 유토피아 사상가들과는 명백한 차이가 있다. 경제학자들은 유토피아의 달성 가능성에 대해서 보다 현실적이고 냉철했다. 경제학자는 '뜨거운 가슴'뿐만 아니라 '냉철한 이성'을 동시에 갖추어야 한다고 19세기의 위대한 경제학자 알프레드 마샬Alfred Marshall이 말했듯이. 이런 점에서 경제학자들은 이상주의자이면서도 지극히 현실주의자들이다. 경제학자들은 유토피아에 대해 연구하되 언제나 그 현실 가능성에 대한 엄밀한 분석이 선행되어야 한다고 생각했다. 이런 점에서 경제학자들에게 경제학은 '과학'이었다.

그래서 경제학자는 모든 사람이 잘살고 행복한 이상향을 꿈꾸되, 그러한 이상향을 이루기 위한 현실적 제약조건에 대해 누구보다도 냉철한 고민을 하는 사람들이었다. 그리고 둘이 충돌할 때 이상보다는 오히려 현실 혹은 사실을 선택하는 현자들이었다.

그러다 보니 경제학자들은 오히려 디스토피아를 예언하기도 한다. 토마스 맬서스가 바로 그 대표적인 예였다. 그가 제시한 디스토피아적인 경제성장의 원리는 무엇이었을까?

맬서스는 원래 성직자였다가 역사상 최초의 경제학 교수가 된

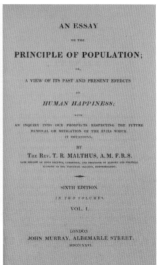

역사상 최초의 경제학 교수가 된 경제학자 토마스 맬서스와 그의 저서 『인구론』의 1826년 판 표지.

경제학자다. 그는 국부론이 출간된 뒤 20년 정도 지난 1798년에 『인구론An Essay on the Principle of Population』이라는 책의 초판을 출간했다. 이 책은 냉철한 현실 분석에 입각하여 소득이 계속 증가하는 유토피아에 우리가 들어갈 수 없음을 예언했다고 볼 수 있다. 이 책에서 맬서스는 기존의 유토피아 사상가들의 주장을 비판하고, 우리가 아무리 소득이 증가하는 이상향을 만들고 싶어도, 경제 내에는 결국 지속적 소득 성장을 불가능하게 하는 강력한 현실 제약조건이 존재함을 강조했다.

맬서스가 제시한 지속적 성장의 현실 제약요인은 급속한 인구 증가였다. 맬서스에 따르면, 식량 생산(소득)이 증가한다고 해도 이

모방과 창조

는 산술급수적으로 증가하는 데 비해, 인구 증가의 힘은 매우 강력하여 인구는 기하급수적으로 더 빨리 증가한다는 것이다. 그 결과 한 사람이 먹을 수 있는 분량은 결국 사람이 겨우 먹고 살 수 있는 생존 수준에 머무르고 말 것이라는 것이다. 결국 인구 증가로 인해 장기적으로 사람들은 겨우 생존할 수 있을 만큼 소량의 식량(소득) 수준인 생존소득subsistence level of income만을 벌어 먹고살 것이라 주장했다. 따라서 이러한 경제는 1인당 소득 성장률이 장기적으로는 0이 될 것이다. 또한 1인당 소득도 겨우 생존을 유지할 수 있는 매우 낮은 수준에 머물러 있게 될 것이다.

유토피아의 밝은 미래 가능성을 부정하는 맬서스의 이러한 주장으로 인해 그 후 경제학은 '우울한 과학dismal science'이라는 별명을 얻게 되었다. 사람들이 모두 다 희망의 유토피아에 대해 듣고 싶어 할 때 냉철한 현실 분석을 통해 현실에서 유토피아 달성이 불가능함을 보여줬기 때문이다. 어찌 보면 토머스 모어가 이상향을 '세상에 존재하지 않는 장소'라는 의미로 유토피아라고 부른 것을 토마스 맬서스가 경제학적 논리로 증명을 했다고도 볼 수 있다.

맬서스는 1798년 익명으로 초판을 발행했던 『인구론』을 그 후 20년간 계속 수정하여 새로운 개정판을 내면서 주장을 강화했다. 그리고 그 주장의 강력함 때문에 당시 일종의 예언으로도 받아들여졌다. 그런데 이후 특히 1800년대 중반 이후 산업혁명의 결과 영국과 미국 경제가 맬서스의 예언과는 달리 1인당 소득의 지속적 성장을 경험하기 시작했다. 이에 그의 예언이 틀렸다는 비판들이 제기되었다.

그러나 경제성장의 원리에 대한 맬서스의 이론은 그가 살던 시대까지의 데이터만을 가지고 보면, 당시의 현실을 설명하는 데에 매우 설득력 있는 이론이었다고 판단된다. 실제 영국과 미국을 중심으로 세계가 지속적 성장을 시작한 것은 1800년대 초중반 산업혁명이 본격적으로 진전된 이후부터라고 할 수 있기 때문이다.

사실 맬서스의 『인구론』이 처음 출간된 1700년대 말까지 인류는 1000년 이상 경제성장이 정체된 소위 '정지 상태stationary state'를 유지해왔다고 볼 수 있다. 영국 경제학자 앵거스 매디슨Angus Maddison의 연구에 따르면, 기원후 1000년에서 1800년까지는 서유럽 국가들이 평균적으로 1년에 0.1% 수준의 성장률을 보였다.[2] 이 정도 속도의 경제성장이면 10년에 겨우 1% 성장하는 수준이었기에 사람들이 경제성장을 피부로 전혀 느낄 수 없는 거의 정지 상태나 다름없었다. 즉 거의 0%의 성장률을 보였다고 할 수 있다.

따라서 맬서스뿐만 아니라 경제학 초창기 시절의 소위 고전파 경제학자들은 모두 경제가 장기적으로는 성장 정지 상태에 빠져 있을 것이라고 생각했다. 이런 점에서 아담 스미스와 데이비드 리카르도도 마찬가지였다고 할 수 있다.

물론 고전파 경제학자 중에서도 맬서스가 가장 비관적이었다. 이는 맬서스 이론이 산업혁명 이전 가장 중요한 생산 부문이었던 농업 부문에 주목했기 때문이라고 생각된다. 경제성장의 원리에 대한 맬서스 이론의 핵심은 식량 증가와 인구 증가의 관계인데, 이는 사실 본격적인 산업혁명 이전의 농업기반 사회의 생산 양식을 반영하고 있었다고 볼 수 있다.

이렇게 산업혁명 이전 거의 1000년에 걸쳐 성장이 정지되었던 농업사회를 설명하기 위해 만들어진 경제성장 원리에 대한 맬서스의 이론이 8% 넘는 한국의 고도성장을 설명하기는 불가능에 가까웠다.

신고전파: 기계가 만드는 세상

1700년대 후반 시작된 산업혁명이 맬서스 사후 더욱 진전됨에 따라 생산양식의 커다란 변화가 수반되었다. 무엇보다도 산업혁명의 진전으로 전래의 농업과는 완전히 다른 '제조업'이라는 새로운 산업이 경제의 핵심 산업으로 떠올랐다.

그리고 이 새로운 산업은 '기계'라는 새로운 생산요소의 등장으로 특징지어진다. 산업혁명은 1700년대 후반 이후에 발명된 솜으로 실을 만드는 방직기, 실로 옷감을 짜는 직조기, 기계에 동력을 제공하는 증기기관, 증기기관을 이용한 증기기관차 등 새로운 기계들의 출현 및 이들의 보급과 궤를 같이 했다.

당시 자본주의의 새로운 주력 산업으로 등장한 제조업에서는 인간의 노동과 기계가 결합하여 생산이 이루어졌다. 물론 이후 발전한 서비스업에서도 마찬가지다. 이는 독자들이 자신이 지금 직장에서 하고 있는 일이 어떻게 이루어지고 있는지를 생각해보면 바로 확인할 수 있다. 그리고 이때 기계가 인간 노동의 생산성을 크게 향상시킴을 알 수 있다.

예를 들어, 지금 이 순간 나도 책을 쓰는 생산 활동을 하고 있다고 할 수 있는데, 이 생산은 나라는 사람과 컴퓨터라는 기계의 결합으로 일어나고 있다. 만약에 지금 컴퓨터가 없다면 내가 책을 쓰는 속도와 생산성이 급격히 떨어지리라는 것은 자명하다. 컴퓨터가 나의 노동생산성을 크게 향상시켜주고 있는 것이다.

기계를 이용한 이러한 생산방식의 도입은 노동의 생산성을 크게 향상시켜줌으로써 생산 및 소득의 증가가 인구 증가를 앞설 수 있게 해주었다. 그 결과 1인당 소득이 맬서스가 생각한 것처럼 겨우 생존을 가능하게 해주는 수준에 머물지 않고 그보다 훨씬 높은 수준까지 올라갈 수 있게 되었다.

기계의 이런 역할에 주목하여, 오랫동안 경제학자들은 경제성장의 원동력으로 '자본capital'의 축적을 무엇보다 중시했다. 이때 자본은 생산에 투입되는 기계나 건물을 의미한다. 경제학자들은 경제의 총생산이 증가하는 경제성장을 이루려면 무엇보다 자본이 늘어나야 한다고 생각했다. 특히 사람들의 생활수준을 나타내는 1인당 GDP가 늘기 위해서 1인당 기계수가 늘어야 한다고 생각했다.

따라서 오랫동안 경제학자들은 경제성장의 핵심은 기계 증가 즉 자본 축적에 있다고 생각했다. 특히 산업혁명 이후 1900년대 중반까지 영국과 미국에서 경제성장이 이루어지는 과정에서 기계의 증

산업혁명 이후 경제성장이 이루어지는 과정에서 기계의 증가와 축적이 이루어지는 것을 목도하면서 당시 경제학자들은 성장의 원동력으로 자본 축적의 가능성에 주목했다.

가와 축적이 이루어지는 것을 목도하면서 당시 경제학자들은 성장의 원동력으로서 자본 축적의 가능성에 가장 주목했다.

경제성장을 위해 자본 축적 내지 투자 증가가 중요하다는 생각은 현대에까지도 경제정책을 수행하는 정치가나 관료들에 의해 이어져 오고 있다. 우리나라만 해도 성장률을 높이기 위해 여러 정부에 걸쳐 투자 촉진을 위해 다양한 정책들을 실시하고 심지어 정부가 재벌 총수들을 모아놓고 투자를 독려하는 일까지 한다. 이는 기계(투자) 증가가 성장의 원동력이라는 오랜 아이디어에 기초해 있을 가능성이 높은 것이다.

기계의 역할에 주목한 경제학자들은 1인당 소득에 대해서 맬서스보다는 낙관적인 생각을 갖고 있었다. 기계가 근로자들의 생산성을 높여주기 때문에, 사람들은 겨우 생존하는 수준보다 높은 수준의 소득을 얻고 이를 소비하여 물질적 행복을 누릴 수 있다고 생각한 것이다.

그러나 지속적 경제성장이 이루어질지에 대해서는 고전학파 이후 1950년대까지의 많은 경제학자들은 맬서스와 비슷한 생각을 갖고 있었다. 경제가 시간이 지나면 결국 성장 정지 상태에 도달할 것이라는 것이다. 즉 1인당 소득 성장률은 장기적으로 0일 것이라는 것이다.

단, 이들은 그 이유를 맬서스와는 달리 인구보다 이윤에서 찾았다. 기계를 소유한 자본가들은 생산에 기계를 투입하고 노동자를 고용하여 생산을 한다. 그리고 생산물을 팔아서 얻은 수입 중에서 근로자들에게 임금을 지불하고 남는 이윤을 얻게 된다. 그런데 특히 아담 스미스를 비롯한 고전파 경제학자들은 경제에 자본이 축적됨에 따라, 달리 표현하면 기계수가 증가함에 따라, 경쟁이 심해지면서 이윤이 줄어들게 된다고 생각했다. 경쟁의 결과 이윤이 너무 낮은 수준으로 줄어들게 되면 자본가들이 더 이상 자본을 증가시키지 않게 될 것이고, 그 결과 생산도 늘어나지 않게 된다고 생각했다. 경제가 장기적으로는 정지 상태, 즉 성장률이 0인 상태에 있게 된다는 것이다.

그런데 자본축적이 경제성장에 어떤 역할을 하는지를 보다 명

신고전파는 아담스미스(좌) 등 고전학파 경제학자들의 전통을 계승하고 발전시킨 주류 경제학을 말한다. 특히 알프레드 마샬(우)는 아담 스미스의 '보이지 않는 손' 개념을 더욱 발전시켰다.

확히 밝히는 매우 통찰력 있는 논문이 하나 1950년대 중반에 발표된다. 경제성장의 원리를 찾아 나선 MIT 대학의 로버트 솔로우Robert Solow교수가 쓴 「경제성장이론에의 기여」라는 논문이다.[3] 이 논문에서 제시한 그의 이론은 '솔로우 성장이론'이라는 이름으로 불리는 대표적인 경제성장 이론의 하나가 되고, 솔로우 교수는 이 논문으로 노벨경제학상을 수상한다.

이러한 솔로우 성장이론은 '신고전파 성장이론'으로도 불리게 되는데, 이때 신고전파라고 함은 19세기 이후에 아담 스미스 등 고전학파 경제학자들의 전통을 계승하고 이를 한 단계 더 발전시킨 주류경제학을 말한다.

특히 이 신고전파의 대표적 경제학자라 할 수 있는 영국 경제학자 알프레드 마샬은 아담 스미스의 '보이지 않는 손'의 개념을 더욱 발전시켰다. 아담 스미스가 말한 자본주의 시장경제의 효율성을 보장해주는 '보이지 않는 손'은 결국 시장에서 자원배분을 조정하는 '가격'을 의미한다. 그런데 마샬은 이 가격이 수요와 공급의 두 가지 힘에 의해 결정됨을 보여주었다. 특히 수요와 공급이 같아지는 점에서 결정됨을 보였다.

더해서 신고전파는 수요와 공급의 결정에 있어서 '한계'의 중요성에 주목했다. 경제학에서 한계라는 말은 효용, 생산, 비용 등의 말 앞에 붙는 접두어로, 추가적으로 한 단위를 더 투입할 때 그에 따른 효용, 생산, 비용의 증가분을 의미한다. 예를 들어, 한계효용은 내가 추가적으로 소비를 한 단위 더 했을 때 느끼는 나의 효용(행복) 증가분을 의미한다. 한계생산은 내가 추가적으로 자원을 한 단위 더 투입했을 때 이에 따른 생산 증가분을 의미한다.

이러한 신고전파적 접근 방법에 따르면, 기업가가 자본에 대해 얼마나 투자할지를 결정하는 것은 투자에 따른 한계생산과 한계비용이다. 기계를 한 대 더 투입하면 생산이 증가한다. 기계 한 대를 추가적으로 투입함에 따라 늘어나는 이 생산 증가분이 한계생산이다. 한편 기계를 한 대 더 투입하면 이에 따라 비용도 증가하는데 그 비용 증가분이 한계비용이다.

만약 기계를 추가적으로 한 대 더 투입할 때의 한계생산이 그 한계비용보다 작으면 기계를 추가적으로 투입하면 손해이기 때문에 기계를 더 투입하지 말아야 한다. 그러나 기계를 추가적으로 한 대 더 투입할 때 얻게 되는 한계생산이 한계비용보다 크면 기계를 투입할수록 이익이기 때문에 기계를 더 투입해야 한다. 그렇다면 기계를 몇 대까지 생산에 투입해야 할까? 한계생산과 한계비용이 같아질 때까지 투입해야 가장 이익이다. 따라서 기업의 투자량을 결정하는 것이 바로 한계생산과 한계이익인 것이다.

솔로우 교수는 논문을 통해 이러한 신고전파적 접근법에 입각하여 자본축적은 지속적 경제성장의 원동력이 될 수 없음을 명쾌하게 증명했다. 자본(기계) 축적을 통해서 단기적으로는 경제가 성장할 수 있지만 시간이 지나면 결국 경제성장이 멈춘다는 것이다.

그 이유는 바로 신고전파 경제학자들이 '한계생산체감의 법칙'이라 부르는 것 때문이다. 이 법칙은 기계를 생산에 많이 투입할수록 새로 추가한 기계로 인해 추가적으로 생산되는 양, 즉 한계생산이 줄어든다는 것이다.

예를 들어, 컴퓨터를 이용해서 생산 작업을 하는 사람이 컴퓨터가 하나도 없다가 컴퓨터를 하나 처음 장만해서 이를 이용해 작업하면 생산물이 크게 늘어난다. 이제 컴퓨터를 한 대 더 추가적으로 장만해 처음 컴퓨터와 같이 쓰면 추가적으로 생산이 늘어난다. 그렇지만 이때 추가적으로 늘어난 생산량은 처음 컴퓨터 살 때 늘어난 생산량보다는 적다. 이런 식으로 컴퓨터 수를 늘려가다가 이제 컴퓨터를 100대 째 장만해 작업하면, 이때 추가적으로 늘어나는 생산량은 거의 0이 될 것이다.

이러한 한계생산체감의 법칙 때문에 사람들은 생산을 위해 기계 수를 늘리다가 어느 수준이 되면 더 이상 기계수를 늘리지 않는다. 왜냐하면 기계를 추가적으로 한 대 더 늘리려면 그 기계 구입비용(한계비용) 이상으로 수익(한계생산)이 나와 줘야 되는데 그만큼 안 나오게 되면 손해가 되기 때문이다. 한계생산체감의 법칙 때문에, 사람들은 기계를 어느 정도까지는 늘려 생산을 증가시키다가 결국 어느 순간이 되면 기계를 더 이상 늘리지 않게 된다.

이런 까닭에 기계(자본) 축적에만 경제성장을 의존하는 경우에 경제성장이 지속적으로 이루어지지 못한다. 즉 '자본축적만으로는 지속적 경제성장이 불가능하다'. 이것이 솔로우 교수와 신고전파 성장이론가들이 찾아낸 중요한 경제성장의 원리였다.

여기서 한 가지 유념할 것은 신고전파 성장 이론이 자본축적으로 인해 경제성장이 일시적으로 이루어지는 것까지 부정하는 것이 아니라는 점이다. 신고전파 성장이론은 어떤 나라가 자본이 부족한 경우에 일시적으로는 고도성장을 보여줄 수도 있다고 생각한다. 그러나 자본이 축적될수록 수익률이 점점 낮아지는 '한계생산 체감의 법칙' 때문에 자본 축적과 경제성장도 점점 느려지다가 결국 멈춘다는 것이다.

이러한 신고전파 성장이론에 따르면 자본이 부족한 발전초기 단계 국가들에서는 자본의 수익률이 높기 때문에 자본축적이 빠르게 일어나 빠른 성장이 이루어질 수 있다. 그러나 성장률이 잠시 높은 수준을 유지할 수는 있지만 기계증가 즉 자본축적이 이루어짐에 따라 투자속도가 줄어들기 때문에 성장률은 계속 하락한다고 이 이론은 예측한다. 따라서 1970년대까지 지배적인 경제성장 이론이었던 이 신고전파 성장이론에 따르면 경제성장률이 높은 수준에서 장기간 유지되는 것은 불가능한 일이었다.

60년 넘은 신고전파 이론의 주장이 우리나라 일부 경제전문가들에게 지금도 남아 있다. 한국의 성장률이 1990년대 이후 5년 1% 하락의 법칙에 따라 계속 추락하는 현상을 보고 우리 경제가 발전했으니 성장률이 낮아지는 것이 당연하지 않느냐고 생각하는 경제전문가들도 있다. 이러한 생각은 경제성장률은 높은 상태를 계속 유지할 수 없고 잠시 높아도 곧 하락한다는 반세기 이전 성장이론의 아이디어에서 아직 벗어나지 못한 것이다.

성장률이 높은 수준에서 계속 유지될 수 없다는 전통적인 경제성장 이론의 주장은 결코 옳은 주장이 아니다. 이를 다른 나라도 아닌 바로 한국이 고도성장의 황금시대를 통해 일찍이 증명해 보였다.

60년 지난 '신고전파 성장이론'의 예측에 따르면 한국이 1960년대 초에 높은 성장을 보였더라도 그것은 잠시이고 그 후에 예를 들어 1960년대 후반부터는 성장률이 하락해야 한다. 그러나 이때 한국의 성장률은 하락하지 않았다. 그렇다면 1970년대 초에라도 하락해야 한다. 그러나 1970년대 초에도 성장률은 하락 없이 높은 수준을 유지했다. 그러면 1970년대 후반에라도 하락을 시작해야 했다. 그러나 1970년대 후반에도 하락하지 않았다. 막상 1980년대에도 또 똑같은 일이 벌어졌다. 한국의 성장률은 이 시기에도 하락하지 않고 계속 높은 수준을 유지했다. 한국 성장률은 1960년대를 거쳐, 1970년대에도 1980년대에도 계속 높은 수준을 유지했다.

전통적 신고전파 성장이론의 예측이 번번이 틀려버린 것이다. 이는 마치 마이클 조던이 한 게임에서 30점 이상을 득점하자 다음 게임에서는 그만큼 득점하지 못한다고 한 예측이 보기 좋게 틀리고 더 높은 득점을 기록했을 뿐만 아니라, 다음 번 경기들에서도 같은 예측을 계속 다시 뒤엎는 것과 유사하다.

결국 경제성장의 마이클 조던으로서 한국이 30년에 걸쳐 하락 추세 없이 고속성장을 보여준 것은 한 나라가 잠시 고도성장할 수는 있지만 자본이 늘면서 성장률이 하락한다는 당시 주류 신고전파 성장이론의 예측을 깨는 일대 사건이었다.

솔로우: 기술 운명론

경제성장의 원리를 찾아 나섰던 로버트 솔로우 교수는 자본 축적이 지속적 성장의 원동력이 될 수 없음을 밝혀냈다. 그러나 그는 여기서 그치지 않고 지속적 경제성장의 새로운 원동력을 찾아 나선다. 그리고 1956년 논문을 통해 솔로우 교수는 자본축적 대신 새로운 성장의 원동력으로 '기술 진보technological progress'를 제시했다.

기술진보가 지속적 성장의 원동력임을 솔로우 교수가 경제 모형과 데이터를 이용해 제시하자 곧 당시 경제학계의 정설이 되었

"

60년 넘은 신고전파 이론의 주장이 우리나라 일부 경제전문가들에게 지금도 남아 있다. 한국의 성장률이 1990년대 이후 5년 1% 하락의 법칙에 따라 계속 추락하는 현상을 보고 우리 경제가 발전했으니 성장률이 낮아지는 것이 당연하지 않느냐고 생각하는 경제전문가들도 있다. 이러한 생각은 경제성장률은 높은 상태를 계속 유지할 수 없고 잠시 높아도 곧 하락한다는 반세기 이전 성장이론의 아이디어에서 아직 벗어나지 못한 것이다.

"

최초의 실용적 전화를 개발한 그레이엄 벨
(Graham Bell)이 1892년 뉴욕-시카고 장거
리 전화 노선 개통 시 이를 시연하는 모습

다. 그 결과 1950년대 중반에서 1980년대 중반까지만 해도 주류 경제성장이론은 기술진보를 지속적 경제성장의 가장 중요한 원동력으로 꼽았다.

솔로우는 왜 기술진보를 경제성장의 원동력으로 제시했을까? 솔로우 교수가 그의 성장이론을 통해 결국 설명하고 싶은 것은 미국의 경제성장이었다. 만약 기계 축적 혹은 투자가 경제성장의 원동력이라면 한계생산체감의 법칙 때문에 미국의 경제성장률은 계속 하락하여 결국 0%로 갔어야 한다.

그런데 미국은 경제성장률이 1800년대 중후반부터 솔로우가 경제성장이론을 제시했던 1950년대까지 거의 100년의 기간에 걸쳐 1인당 소득기준으로 2%대 성장을 지속적으로 유지했다. 그리고 그 이후에도 50년에 걸쳐 미국은 2~3%대에서 경제성장을 지속했다.

그래서 솔로우는 미국이 2%대에서 오랫동안 지속적인 성장을 한 것에 대해, 그 이유를 자본 축적만으로는 설명할 수 없었기에 그것 이외의 원인을 찾아야 했다. 그리고 그는 그것을 기술진보에서 찾았던 것이다.

미국은 1800년대 말부터 1950년대까지 세계에서 기술진보의 최

기술진보의 최선전에 있었던 1913년 당시 미국 포드 자동차 생산 라인

전선에 있었다. 이는 토마스 에디슨의 백열전구, 축음기, 영사기, 그레이엄 벨의 전화기, 헨리 포드의 자동차 등으로 상징된다. 따라서, 기술진보가 경제성장을 이끈다는 솔로우의 생각은 아마 많은 미국 사람들이 공유하고 있었을 것이다. 솔로우는 그러한 아이디어를 경제학적 모델로 만들어서 이론화했고, 이후 이 이론이 신고전파 성장이론이라는 이름으로 경제학계 내에서 지배적인 이론이 되었다.

그의 이론을 미국에 적용하면, 미국이 100여년에 걸쳐 지속적으로 2%대의 1인당 성장률을 지속한 이유는 미국이 이 기간 매년 2% 수준의 기술진보를 지속해왔기 때문이다.

단, 솔로우는 한 나라의 기술진보율이 어떻게 결정되는지는 설명하지 못하고, 그냥 '외생적으로' 주어진다고 가정했다. 경제학자들이 어떤 것에 대해 '외생적으로' 주어진다고 가정하는 것은 그것이 어떻게 결정되는지 잘 모르겠다고 말하는 것과 같다. 따라서 솔로우는 기술진보가 어떻게 결정되는지는 잘 모르겠다고 한 것과 같다. 기술진보가 어떻게 일어나는지는 사실 경제학자들도 정확히 이해하지 못하고 있어서 당시 블랙박스로 남겨둔 영역이었다.

기술진보를 중시하는 솔로우의 이론이 과연 우리나라 황금시대의 고도성장도 잘 설명할 수 있을까? 솔로우는 기술진보에 입각하여 미국이 오랫동안 보여준 2%의 지속적 성장을 설명했지만, 우리나라가 보여준 8% 이상의 지속적인 고도성장이나 '가난의 덫poverty trap'에 빠진 많은 개발도상국들이 오랫동안 보여준 0~1% 수준의 저성장도 기술진보로 설명할 수 있을까?

세계 각국을 비교해보면 나라들 간에 경제성장률이 크게 차이가 난다. 일시적으로 차이가 날 뿐만 아니라 장기적으로 큰 차이가 난다. 예를 들어, 한국이 성장황금기 중에 8% 이상 장기성장률을 지속했다. 이에 비해 상당기간 장기성장률이 0~1%대를 지속한 개발도상국들도 많다.

이러한 국가 간 지속적 성장률 차이를 솔로우 이론에 따라 기술진보로 설명할 수 있는 방법은 기술진보율이 미국, 한국, 가난의 덫에 빠진 개도국이 각각, 2%, 8%, 0%로 다르게 주어졌다고 설명하는 것이다. 그러나 기술진보율이 왜 미국은 2%이고, 한국은 8%이며, 가난한 개도국은 0%인지 물어보면 이에 대해 솔로우는 대답하기가 어렵다. 한 나라의 기술진보율은 그냥 외생적으로 주어진다고 가정

모방과 창조

했기 때문이다.

이렇게 외생적으로 주어진 기술진보율 차이로 국가 간 성장률 차이를 설명하는 것은 마치 각 나라의 경제성장이 '운'에 달렸다고 말하는 것과 같다. 어떤 나라는 운이 좋아 기술진보율이 높고 어떤 나라는 운이 나빠 기술진보율이 낮다고 이야기하는 것과 비슷하다.

예를 들어 1961~1980년의 기간 동안 한국과 방글라데시의 장기 성장률을 비교해보면 각각 8.5%와 1.5%로 크게 차이가 난다. 그런데 그 이유를 결국 한국은 운이 좋아 기술진보율이 8.5%로 높았고 방글라데시는 운이 나빠 기술진보율이 1.5%에 불과했다고 주장하는 것과 같다.

결국 기술진보를 성장의 주엔진으로 생각하는 솔로우 이론을 국가 간 성장률 차이를 설명하는 데 적용하면 일종의 '운명론'이 되어버린다. 따라서 우리나라 황금시대의 고도성장도 결국 운이 너무나 좋았기 때문이라고 말하는 것과 비슷해진다. 농구의 세계적 슈퍼스타 마이클 조던이 이 세상 그 누구보다도 농구를 잘하는 이유를 단순히 마이클 조던이 운이 좋았기 때문이라고 말하는 것과 같다.

따라서 미국이나 아프리카의 여러 나라들에 비해 훨씬 높은 고도성장을 지속한 한국의 황금시대를 기술진보에 입각한 솔로우 이론으로는 설명하기 어렵다. 그리고 운명론에 가까운 솔로우의 성장 이론으로부터 성장정책을 도출할 의미 있는 성장법칙을, 즉 '경제성장의 원리'를 찾아낼 수가 없다.

더해서, 기술진보의 최첨단에 있지도 않은 개발도상국에서 '새로운 기술'을 계속 만들어내는 기술진보가 성장의 원동력이 된다는 것은 설득력이 약하다. 기술진보에 있어서 제일 앞선 나라인 미국의 기술진보율이 2% 수준이라면, 기술개발 능력도 없고 기술 개발에 별로 투자도 하지 않는 개발도상국의 기술진보율이 미국의 2%를 넘을 가능성은 매우 낮아 보인다.

이 이론에 따르면, 한국이 8% 이상 고도성장을 달성한 것도 한국이 8% 이상의 속도로 기술을 진보시켜왔기 때문이라고 설명해야 한다. 그러나 기술진보의 최전선에 있는 미국의 기술진보율이 2%에 불과한데, 한국의 기술진보율이 8%라고 하는 것은 설득력이 약하다. 한국이 기술진보의 최전선에 있던 미국의 기술진보율인 2%보다도 훨씬 높은 8%의 속도로 '이 세상에 없던' 새로운 기술을 계속 개발했다는 비현실적 가정을 해야만 하는 커다란 난점이 있었던 것이다.

이런 관점에서 볼 때, 솔로우 이론에 따라 기계축적이나 기술진보를 성장의 원동력으로 이해해서는 우리나라 황금시대의 30년에 걸친 지속적 고도성장을 설명하기 어렵다는 것이 명백하다. 우리나라 고도성장의 황금시대를 가져온 주 원동력이 자본축적이나 기술진보가 아닌 것이다.

루카스: 인적자본이 성장의 엔진

1980년대 중반 시카고대의 로버트 루카스Robert Lucas 교수는 마이클 조던처럼 경이적인 한국 경제성장에 주목한다. 그리고 그 고도성장의 비법을 찾아 나선다.

앞에서 설명했듯이 솔로우와 신고전파 성장이론가들이 성장의 원동력으로 제시한 자본축적 혹은 기술진보가 한국 황금시대의 고도성장을 설명하기에는 여러 난점이 있었다. 이에 루카스 교수는 황금시대 한국 고도성장의 원동력이 될 제3의 요인을 찾아 나선 것이다.

루카스 교수는 1970년대에 이미 합리적 기대가설 혁명을 이끌며 거시경제학의 패러다임을 바꿔놓은 당대 최고의 대가였다. 이 업적으로 1995년 노벨경제학상을 수상했다. 당시로서는 최연소라할 수 있는 50대 중반에 노벨상을 받았지만, 많은 경제학자들이 그의 업적에 비해 너무 늦게 수상했다고 했을 정도였다. 훗날 노벨경제학상을 수상한 토마스 사전트 교수가 1979년에 『거시경제학 이론Macroeconomic Theory』이라는 대학원생들을 위한 유명한 교과서를 썼는데, 이 교과서에 나오는 경제이론의 핵심들도 결국 루카스 교수가 새로 만들어낸 경제학이었다. 루카스 교수는 이미 1970년대 말에 거시경제학을 평정했던 것이다.

1983년 내가 경제학과 대학원에 들어갔을 때 거시강의에서 사용한 교과서도 사전트 교수의 책이었다. 학부에서 공부할 때는 경제

사전트 교수가 쓴 『거시경제학 이론』

학이 온통 1930년대에 『일반이론』을 쓴 존 메이나드 케인즈와 그의 이론의 발자취뿐이었다. 그런데 대학원에 들어가서 사전트 교수의 교과서로 공부하면서 현대 경제학의 최고봉이 루카스 교수라는 것을 알게 되었고, 이분이 시카고대학에 있다는 것도 알게 되었다. 당시는 내가 시카고대학에 유학 가서 루카스 교수님 밑에서 논문을 쓰게 될지는 전혀 상상도 해보지 못했었지만.

1986년 시카고 대학 박사과정에 유학을 간 첫 학기에 수강한 거시경제학 수업의 기억이 생생하다. 이 수업은 젊은 조교수인 존 코크레인John Cochrane 교수가 강의했다. 나를 포함하여 동급생들에게 코크레인 교수는 너무나 대단해 보였다. 방대한 지식과 총명함으로 무장되어 있어 마치 모든 것을 다 알고 있을 것 같아 보였다. 지식에 있어서는 마치 전지한 절대자처럼 보였다.

그런데 코크레인 교수는 그의 강의에서 계속 한 사람의 경제학자를 언급하며 마치 신에 대해 언급하듯 마음에서 우러나오는 존경심과 경외심을 계속 드러냈다. 우리 대학원생들에게 절대적인 존재 같아 보이던 교수들이 절대자처럼 우러러 보는 경제학자, 마치 절대자 중의 절대자 같은 경제학자가 있다니 놀라웠다. 그가 바로 루카스 교수였다.

이런 루카스 교수가 성장황금시대 한국의 고도성장의 원동력을 찾아 나섰다. 그리고 자신이 발견한 고도성장의 엔진을 설명하는 논문을 1988년 출간한다. 「경제발전의 기제On the Mechanics of Economic Development」라는 제목의 이 논문은 곧 경제학계에 커다란 파장을 일으킨다.[4]

그의 연구에 자극을 받은 많은 동료 경제학자들도 한국과 동아시아 국가들의 지속적 고도성장을 설명하기 위한 연구로 달려든다. 그 결과 소위 '내생적 성장이론'이라는 새로운 경제성장이론이 1980년대 말에서 1990년대 초에 걸쳐 탄생하게 된다. 이렇게 1960~1980년대 한국의 고도 성장은 세계 경제학계에도 큰 영향을 미쳐 새로운 경제학, 새로운 경제성장 이론의 등장까지 유발했던 것이다.

1989년 가을 어느 날이었다. 루카스 교수님을 그의 연구실에서 뵈었다. 그 자리에서 교수님은 내게 한국이 고도성장을 한 원인을 탐구하는 논문을 써볼 것을 권하셨다. 당시 나는 금융 분야에 관한 주제로 박사학위 논문을 쓰고 싶은 생각이 있었다. 특히 주식을 포함한 금융자산의 가격이 어떻게 결정되는지에 관한 고민들을 오랫동안 하고 있었다. 그런데 루카스 교수님은 경제에 있어서 금융의 중요성은 생각만큼 크지 않다고 말씀하시면서 나에게 경제성장의 중요성을 강조하셨다.

루카스 교수님 생각에 가장 중요한 경제 문제는 '경제성장'이었

다. 따라서 본인도 1970년대에 경기변동이나 인플레이션 같은 거시
경제학의 전통적인 주제를 연구하시고 이 분야에서 놀라운 업적을
이루셨지만, 지금은 경제성장 연구에 온 힘을 집중하고 계셨다.

경제성장이 무엇보다 중요한 이유는 경제성장을 하면 보다 많
은 사람들이 더 많은 소득을 얻고 더 많은 행복을 누릴 가능성이 커
지기 때문이다. 즉 경제성장은 유토피아로의 지름길이기 때문이다.
특히 루카스 교수는 경제성장을 증대시키는 것으로부터 오는 행복
의 증가분이 경기변동의 진폭을 줄이는 것으로부터 얻는 행복의 증
가분보다도 훨씬 클 수 있다고 생각했다. 그리고 이를 1987년 쓴 한
논문을 통해 증명했다.[5] 케인즈가 1936년 『일반이론』이란 책을 발
표한 이후 수많은 경제학자들이 경기변동의 진폭을 줄이는 경제정
책 연구에 집중해왔었지만, 사람들의 행복 증진을 위해서는 경제성
장 문제가 더 중요하다는 것이다. 이런 점에서 유토피아에 가까운
나라를 만들기 위해 경제학자들이 연구해야 할 가장 중요한 주제는
바로 경제성장이었던 것이다.

경제학자가 모든 경제현상을 다 연구할 수는 없기에, 가장 중요
한 경제 문제에 집중해서 연구해야 함은 너무도 당연했다. 이에 교
수님을 만나고 나와 도서관에 도착한 바로 그 순간부터 경제성장에
대해 연구하기 시작하면서, 나도 루카스 교수님 밑에서 내생적 성
장이론을 개발하는 데 참여하게 되었다. 그리고 이 새로운 이론을
이용하여 한국의 고도성장을 설명하는 논문들을 쓰게 되면서, 이
후 경제성장은 내게도 평생의 주제가 되었다.

루카스 교수는 한국을 고도성장으로 이끈 주 엔진은 인적자본이라고 보았다. 교육 등을 통한 인적자본의 축적이 하락추세 없는 고속성장을 가져올 수 있음을 루카스와 내생적 성장이론가들이 이론적으로 증명했다.

루카스 교수와 새로운 성장이론가들이 밝힌 한국 고도성장의 비밀은 무엇이었을까? 한마디로 '경제성장의 엔진은 바로 인적자본'이라는 것이다. '인적자본$_{human\ capital}$'이란 근로자나 기업가에 체화된 지식이나 기술을 의미한다. 인적자본이란 원래 시카고 대학의 시어도어 슐츠$_{Theodore\ Schultz}$, 게리 베커$_{Gary\ Becker}$ 교수 등이 근로자의 지적 능력을 나타내기 위해 만든 개념이다.

그런데 루카스 교수가 이를 한국의 고도성장을 설명하기 위한 핵심 개념으로 도입했다. 루카스는 사람(근로자나 기업가)의 머릿속에 내재된 지식이나 기술을 인적자본이라고 부르고, 이러한 인적자본이 경제성장의 원동력임을 이론적으로 증명했다.

인적자본이 도대체 왜 경제성장에 중요한 역할을 할까? 주지하다시피, 경제성장이란 국민들이 생산한 GDP가 지속적으로 늘어나는 현상이다. GDP가 증가하는 경제성장이 어떻게 결정되는지를 이해하려면 물건이 어떻게 생산되어 나오는지를 알아야 한다. 물건은 사람이 기계를 가지고 만든다. 즉 생산은 자본과 노동, 즉 기계와 사람을 투입해서 이루어지는 것이다.

따라서, 경제학자들은 전통적으로 기계(자본)와 사람(노동)이 결합하여 물건이 만들어진다, 즉 생산이 이루어진다고 생각했다. 그리고 기계 양과 노동 양이 늘면 생산이 증가한다고 생각했다. 이때 노동 양은 일반적으로 근로자수 혹은 그들의 근로시간을 의미했다. 따라서 나라의 총생산인 GDP가 증가하는 경제성장이 이루어지기 위해서는 기계 숫자의 증가와 함께 사람 숫자가 증가해야 된다고 생각했다.

그런데 생산을 위해서 우리는 단순히 육체노동만 투입할까? 아니다. 물건을 만들 때 육체노동만 이용하는 것이 아니라 머리에 들어 있는 지식을 이용한다. 이는 독자들이 지금 자신이 어떻게 일하고 있는지를 돌아보면 금방 확인할 수 있다. 독자들이 지금 하고 있는 노동이 단순히 육체만을 쓰는 것이 아닐 것이다. 노동하는 중에 끊임없이 생각하고 또 학교에서 배운 혹은 스스로 터득한 지식과 노하우를 이용하고 있을 것이다.

그래서 농업사회에서 산업사회로 넘어가면서, 노동의 개념은 단순한 육체노동에서 정신노동 혹은 지적 노동으로 확장된다. 따라서 사람이 지적 노동을 할 수 있는 지적 능력이 생산에 있어서 결정적으로 중요한 요소가 된다. 루카스 교수는 이를 반영하여 사람의 머릿속에 든 지식 혹은 기술인 인적자본을 기계와 함께 핵심적인 생산요소로 도입하고 이를 경제성장의 원동력으로 제시한 것이다.

이러한 인적자본은 매우 중요한 특징이 하나 있다. 교육이나 경험 등을 통해 지속적으로 증가하고 축적될 수 있다는 점이다. 인적자본이란 근로자나 기업가에 체화된 지식이나 기술을 의미하는데, 기술이나 지식은 만유인력의 법칙처럼 많은 경우 누구의 소유도 아니다. 따라서 누구나 그것을 배워 자기 머릿속에 체화하면 그 사람의 것이 될 수 있다.

그런데 사람이 머릿속에 집어넣어 자신의 것으로 만든 지식은 그냥 100으로 고정되어 있는 것이 아니다. 배우면 배울수록 사람의 머릿속 지식은 200, 300, 1000으로 계속 늘어날 수 있다. 그 결과 인적자본의 축적이 일어날 수 있다. 자본(기계)처럼 이렇게 축적이 될 수 있다는 의미에서, 인적자본이라는 이름을 붙였던 것이다.

인적자본을 많이 축적한 사람은 그렇지 못한 사람에 비해 인적자본이 2배, 3배, 10배가 될 수도 있다. 한 나라의 인적자본의 크기를 계산할 때도, 그 나라 근로자수를 단순히 더하면 안 되고 각 근로자들의 인적자본을 전부 더해야 한다.

이런 까닭에 한 나라의 인구가 변하지 않아도 교육 등을 통해 그 나라의 인적자본의 크기는 지속적으로 증가할 수 있다. 결국 개개인의 인적자본이 축적됨에 따라 근로자와 기업가의 머릿속에 들어 있는 지식과 기술이 증가하면 나라 전체의 인적자본이 증가한다. 이렇게 인적자본이 늘어나면 그 자체로 생산을 증가시키기 때문에, 경제성장이 촉진된다.

루카스 교수는 이에 착안하여 인적자본의 축적이 경제성장을 이 끄는 새로운 경제성장이론을 제시하고 이를 이용하여 한국의 고도 성장을 설명했다. 루카스에 따르면 한국의 고도성장을 이끈 경제성 장의 주 엔진은 한마디로 인적자본이다.

교육 등을 통한 이러한 인적자본의 축적이 이루어지면 하락추세 없는 고속성장을 가져올 수 있음을 루카스 교수와 내생적 성장이 론가들이 이론적으로 증명했다. 한국 사람들이 막연하게나마 추측 했던 '교육이 국가 백년지대계'라는 생각이 내생적 성장이론가들에 의해 정교한 경제이론으로 재탄생한 것이다.

경제성장의 쌍발엔진: 인적자본과 물적자본

1980년대 말 이후 인적자본은 내생적 경제성장이론에 의해 '성장 엔진'의 왕위에 오르게 된다. 루카스와 내생적 성장이론들이 찾아 낸 가장 중요한 경제성장의 원리는 인적자본이 성장의 원동력이라 는 것이다. 이러한 인적자본의 축적은 그 자체로 성장을 증가시킨 다. 생산에 투입되는 생산요소인 인적자본이 증가하면 당연히 그 결과물인 생산이 증가하기 때문이다.

내생적 성장이론가들이 주목한 또 다른 경제성장의 원리는 인적자본의 증가는 그 자체 증가만이 아니라 또 다른 생산요소인 기계(자본)의 축적까지 유발하여 경제성장을 촉진한다는 것이다. 왜 그럴까?

인적자본이 증가하면 기계에 대한 투자로부터의 수익률이 증가한다. 기계를 이용하는 사람의 인적자본이 증가할수록 기계로부터의 한계생산 혹은 수익이 증가하기 때문이다. 예를 들어, 컴퓨터에 대한 지식이 없는 사람이 컴퓨터라는 기계를 사용할 때에 비해, 컴퓨터에 대한 지식이 많은 사람이 컴퓨터를 사용하면 컴퓨터가 훨씬 많은 일을 해 내 그로부터의 수익이 증가하게 되는 것이다.

인적자본의 증가가 이렇게 기계의 수익률을 증가시키게 됨에 따라, 사람들은 기계(자본)까지 증가시킬 인센티브가 커진다. 그 결과 인적자본 축적에 더해 자본축적의 증가가 수반되면서 성장이 더 빨라지는 것이다.

새로운 경제성장이론가들은 기계와 같이 전통적으로 자본이라고 불리던 것을 인적자본과 구별하기 위해 '물적자본physical capital'이라고 부른다. 인적자본이 증가하면 중요한 부수적인 현상이 하나 따라오는데, 바로 기계와 같은 물적자본이 따라서 증가하는 것이다.

인적자본 축적은 결국 기계와 같은 물적자본이 멈춤 없이 지속적으로 축적되는 것을 가능하게 해준다. 경제학적으로 보면, 기계 축적만으로는 경제성장이 지속될 수 없다. 그 이유는 앞서도 설명했듯이 사람 수는 고정되어 있는데 기계 수만 늘리면 기계 투자의 수익률이 점점 떨어지기 때문이다. 소위 한계생산 체감의 법칙이 작동하게 되기 때문에 사람들은 기계 수가 어느 수준에 도달하면 더 이상 기계를 늘리지 않게 된다. 그 결과 생산도 늘지 않게 되어 성장률이 0이 되는 것이다.

예를 들어, 원래 사람이 기계 하나만 제대로 다룰 수 있는 지식과 기술을 갖고 있었다고 하자. 이런 상황에서 기계 수를 두 대, 세 대로 늘리면 늘릴수록 새로 늘린 기계가 점점 더 별 역할을 못한다. 즉 기계의 수익률이 떨어진다. 이런 상황에서 기계 수가 어떤 값 이상이 되면 이제는 기계를 더 구입하는 것이 손해가 된다. 따라서 그 사람은 더 이상 기계 수를 늘리지 않을 것이다.

그런데, 사람의 지식이 늘면 (즉 인적자본이 증가하면) 기계 한 대만 운영할 수 있는 능력이 두 대 운영할 수 있는 능력이 되고 그 다음에 더 증가하면 기계 세 대를 운영할 수 있는 능력이 될 수 있다. 결국 이렇게 사람의 인적자본이 증가하면 기계(물적자본)에 대해 '한계생산 체감의 법칙'이 일어나지 않게 된다. 따라서 인적자본을 증가시키면 이에 따라 기계의 숫자도 같이 증가시킬 수 있게 된다.

즉 인적자본의 증가가 자본의 한계생산체감을 막아주기 때문에 자본도 같이 빠르게 그리고 지속적으로 증가하게 된다. 결국 사람 머릿속에 든 지식과 머리 밖의 기계 수가 같이 증가한다. 경제성장의 원동력인 인적자본의 성장이 이루어지면 인적자본만 증가하는 것이 아니라 물적자본이 같이 증가해서 경제성장을 빠르게 해주는

모방과 창조

고공을 날기 위해 비행기가 쌍발엔진을 가동하는 것처럼, 한쪽에 인적자본과 다른 한쪽에 물적자본 엔진을 달면 경제도 고공성장을 지속할 수 있다.

것이다. 즉 인적자본 축적은 기계(물적자본)의 동시 축적을 통해 경제성장을 견인하는 것이다.[6] 그 결과 경제성장이 성장률의 하락 없이 지속적으로 이루어지게 되어, 황금시대에 한국이 경험했던 것과 같이 30년이나 지속되는 고도성장이 가능하게 된다.

나는 이를 종종 비행기가 고공을 날기 위해서 좌우에 쌍발엔진을 달고 나는 것에 비유한다. 쌍발엔진 비행기처럼 한쪽에 인적자본과 다른 한쪽에 물적자본 엔진을 달고 나는 것과 같다. 이렇게 두 개의 성장 엔진이 같이 작동하면서, 경제도 고공성장을 지속할 수 있다.

신고전파 성장이론이 보여주었듯이 물적자본이 그 자체의 축적만으로는 성장의 원동력이 될 수 없다. 그렇지만, 성장의 주 엔진인 인적자본이 증가하면 물적자본도 같이 따라 증가하면서 인적자본에 의한 성장을 뒷받침하는 보조 엔진의 역할을 할 수 있는 것이다.

물론 두 개의 쌍발 엔진인 인적자본과 물적자본 중에 보다 중요한 성장의 주 엔진은 인적자본 축적이다. 인적자본은 기본적으로 사람에 체화되어 있는데, 인적자본이 뛰어난 어떤 인재가 있으면 그 인재는 자기가 살고 싶은 나라가 있을 때 그 나라에 그냥 머물러 살 가능성이 크다. 이에 비해 물적자본은 금융 자본의 형태로 인적자본보다 훨씬 쉽게 국경을 넘어 왔다 갔다 할 수 있다. 특히 물적자본은 인적자본 증가가 빠른 나라로 움직이게 된다.

따라서 인적자본 증가가 빠른 나라는 물적자본 증가도 빠르다. 물적자본 증가도 빨라지는 이유 중 하나는 그 나라에서 자본축적이 많이 일어나기 때문이고, 또 다른 이유는 외국에서 돈(물적자본)이 이 나라의 인적자본을 찾아 들어오기 때문이다. 그래서 물적자본과 인적자본 중에 인적자본이 주 엔진의 역할을 하고 물적자본은 수동적 역할, 혹은 보조엔진의 역할을 한다고 할 수 있다.

우리나라에서도 황금시대의 초기에서 중기까지 인적자본 축적에 따라 국민들이 빠르게 국내 저축을 증가시켜 물적자본을 증대시켰다. 당시 인적자본이 축적됨에 따라 자본에 투자할 때의 수익률이 매우 높았다. 이에 물적자본에 투자하기 위해 국민들의 저축이 급격히 늘었다. 이에 따라 1960년 초 GDP 대비 8% 수준에 불과하던 국내 저축도 1970년대 말 32%까지 급속하게 증가했다.

그러나 인적자본 축적 속도가 워낙 빠르다 보니, 이 속도에 따라 빠르게 증가하는 물적자본에 대한 투자 수요를 국내 저축 증가만으로 충분히 충족시켜주지 못했다. 인적자본 증가에 발 맞춰 GDP 대비 총 투자가 1960년대 초 10%대에서 1970년대 말 37%까지 증가하는 가운데, GDP 대비 국내 저축도 빠르게 증가했지만 투자수요 증가를 쫓아가지는 못했던 것이다.

그렇지만 국내 저축만으로 충족시키지 못하는 이 투자-저축 갭은 외국 자본이 들어와서 메꿔주었다. 이런 점에서 한국 고도성장을 위해 외자가 일정 기간 나름의 역할을 수행했음을 확인할 수 있다. 이 기간 동안 투자-저축 갭이 GDP 대비 2~5%포인트 수준을 보였는데 이를 메꿔주는 역할을 외자가 수행했다.

대학시절에 친구들과 외국자본의 폐해에 대해 격렬히 토론했던 기억들이 난다. 이와 관련해 소위 '종속이론'과 관련된 책들을 친구에게서 빌려보기도 했다. 종속이론을 간단히 말하자면, 경제적으로 변방인 개발도상국이 세계 경제의 중심국인 선진국으로부터 외국 자본을 도입하면 결국 선진국 경제에 종속되어 착취를 당하고 그 결과 빈곤을 벗어나지 못한다는 이론이었다. 당시 우리의 경각심을 높여 준 이론이기는 했지만, 지금 돌아보면 우리나라의 고도성장기에 물적자본과 외자가 한 역할을 제대로 예측하지 못한 이론이었다.

물론, 여기서도 주의할 것은 한국 고도성장에 있어서 외자가 일부 역할을 했지만 그 역할은 매우 제한적이었다는 점이다. 외자가 1960년대 초에는 나름의 역할을 하기도 했지만 한국 고도성장의 주

한국은 고도성장기에 산업구조가 빠르게 변환했다. 1960년대 가발, 합판, 섬유 등의 제품을 만들어 수출하던 한국은 1970년대에는 선박과 철강을 만들기 시작했다.

엔진으로 주체적 역할을 한 것이 전혀 아니라, 인적자본 증가라는 주 엔진을 뒷받침해주는 보조적, 수동적 역할을 제한적으로 수행했다.

인적자본이 경제성장을 촉진하는 또 다른 방법은 부가가치가 높은 새로운 제품의 생산 촉진을 통해서다. 루카스 교수와 함께 내생적 성장이론을 이끈 시카고 대학의 낸시 스토키Nancy Stokey 교수는 1991년 쓴 논문을 통해 이를 이론적으로 증명했다.[7]

경제성장은 일반적으로 산업구조와 생산구조의 고도화를 수반한다. 계속 새로운 산업으로 이동하고 계속 부가가치가 높은 새로운 제품을 생산해야 경제가 성장한다. 고도성장기 한국도 산업구조

모방과 창조

이어서 1980년대에는 자동차, 반도체를 생산하기 시작하는 등 빠른 속도로 부가가치가 높은 새로운 제품들을 도입, 생산했다.

와 생산구조가 빠르게 변환했다. 1960년대 경공업 중심의 산업구조 아래 가발, 합판, 섬유 등의 제품을 만들어 수출하던 한국은 1970년대에는 선박과 철강을 만들기 시작하고, 1980년대에는 자동차, 반도체와 전자제품을 만들어 파는 등 빠른 속도로 부가가치가 높은 새로운 제품들을 도입·생산했다.

스토키 교수는 고도성장 과정에서 이루어진 이러한 신제품의 빠른 도입과 산업구조 변화도 결국 한국이 인적자본을 빨리 축적했기 때문에 가능했음을 밝혔다. 스토키 교수에 따르면, 보다 고급제품일수록 이를 생산하기 위해서는 보다 높은 수준의 인적자본을 요한다. 따라서 근로자들이 인적자본을 보다 많이 축적해야 보다 고급

제품을 생산할 수 있다. 실제로 고도성장기 한국은 근로자들이 인적자본을 빠르게 축적함에 따라 보다 고급화된 제품을 빠른 속도로 새로이 생산할 수 있게 되었고, 그 결과 경제성장도 빠르게 이루어졌다.[8]

결론적으로 루카스, 스토키 같은 당대 최고의 현자들이 경제성장의 마이클 조던인 한국으로부터 찾아낸 가장 중요한 경제성장의 원리는 '인적자본이 경제성장의 주 엔진main engine of economic growth'이라는 것이다.

과연 경제성장의 황금시대에 한국은 성장의 주 엔진인 인적자본을 어떻게 가동했기에 고도성장을 이룰 수 있었을까?

02

고도성장을 이끈
황금시대의 비밀들

예정론 vs. 자유의지

그리스 신화에 나오는 가장 비극적 인물 중 하나가 오이디푸스다. 그의 아버지인 테베의 왕 라이어스는 태어나는 아이가 커서 장차 자신의 목숨과 왕위를 빼앗아갈 운명이라는 신탁을 받는다. 이 예언을 막기 위해 왕은 아이가 태어나자마자 양치기에게 아이를 몰래 죽이라고 맡긴다. 그러나 아이를 불쌍히 여긴 양치기는 차마 죽이지 못했고, 그 뒤 아이는 코린트의 왕 폴리버스의 양자가 되어 그 밑에서 성장하게 된다.

앤서니 브로도스키(Antoni Brodowski)가
그린 1823년 작 「오이디푸스와 안티고네
(Oedipus and Antigone)」

젊은이가 된 오이디푸스는 자신이 아버지를 죽일 것이라는 신탁을 듣고 이를 피하기 위해 코린트를 떠나 테베로 향한다. 가는 중에 우연히 길에서 마주친 라이오스 왕을 시비 끝에 자신의 진짜 아버지인지도 모르고 죽인다. 그리고 스핑크스라는 괴물의 수수께끼를 풀어 테베 사람들을 구하게 되어 테베의 왕으로 옹립된다. 그러나 훗날 자신이 아버지를 죽인 것을 알게 된 오이디푸스는 자신의 눈을 뽑고 비참한 방랑의 길을 떠났다가 생을 마감한다.

이 유명한 이야기는 과연 각 사람의 인생이 운명에 의해 미리 결정되어 있는 것인지, 자신의 노력과 선택에 의해 운명이 변할 수 있는 것인지를 생각하게 한다. 과연 예정론과 자유의지론 중에서 어느 것이 맞을까?

한 인간의 삶이 이미 결정되어 있는 것인지 아니면 자유의지에 의해 스스로 결정할 수 있는 것인지에 관한 논의는 한 나라의 경제성장 문제에도 적용해볼 수 있다. 한 나라의 경제성장률은 그 나라 정부와 국민들이 무엇을 하는지와 상관없이 이미 결정되어 있는 것일까? 아니면 정부와 국민들이 여하한 노력을 하느냐에 따라 달라질 수 있는 것일까?

달리 표현하면, 가난과 저성장의 디스토피아에 빠진 나라들은 정부가 어떤 정책을 쓰느냐와 상관없이 그 굴레를 결코 벗어날 수 없는 것일까? 아니면 정부정책에 의해 그 굴레를 벗어나 빠른 성장을 통해 유토피아에 가까운 나라를 만들어나갈 수 있는 것일까?

이 질문은 사실 경제학자들도 오랫동안 고민해온 어려운 질문이었다. 정부가 과연 '성장 해결사'로서의 능력이 있는지에 대해서 경제학자들은 1980년대 중반 이전까지만 해도 회의적이었다.

1950년대 중반 신고전파 성장이론을 창시한 솔로우 교수에게 경제성장을 빨리 하려면 어떻게 해야 할까 물어봤다고 하자. 앞에서도 살펴봤듯이, 그에 대해 솔로우는 기술을 늘려야 한다고 답했을 것이다. 그렇다면 기술을 늘리려면 어떻게 해야 할까 물어보면 더 이상 아무 답을 하지 못했을 것이다. 솔로우는 기술이 그냥 운처럼 '외생적으로' 주어졌다고 가정할 뿐이었기 때문이다.

따라서 솔로우의 성장이론에 따르면 가난한 나라들은 수세기에 걸친 가난과 저성장을 그저 이미 결정된 운명으로 받아들일 수밖에 없다. 정부가 나서서 바꿀 수가 없는 것이다. 이러한 운명론적인 솔로우의 성장이론에 따르면 정부가 성장 촉진을 위해 할 수 있는 것이 아무것도 없다.

그러나 1980년대 루카스 교수와 동료들이 창도한 내생적 성장이론은 어떤 나라든 '정책을 통해 경제성장률을 높일 수 있다'고 새로운 가능성을 제시했다. 신고전파 성장이론과 달리 내생적 성장이론가들은 '내생적으로' 결정되는 인적자본을 성장의 원동력으로 보았다. 따라서 경제성장을 빨리 하려면 어떻게 해야 할까 물어보면 이들은 인적자본을 늘려야 한다고 말한다. 그렇다면 인적자본을 늘리려면 어떻게 해야 하는지 물어보면 솔로우처럼 더 이상 아무 답을 못하는 것이 아니라 인적자본을 늘리기 위한 다양한 방법을 제시한다. 이 새로운 성장이론은 특히 정부정책을 통해 인적자본을 늘릴 수 있는 방법이 있음을 밝혔다. 정부정책이 인적자본에 영향을 미치는 경로를 이론화하여 정부정책의 성장효과를 증명한 것이다. 과연 정부정책은 어떤 경로를 통해 인적자본을 증가시킬 수 있을까?

내생적 성장이론에 따르면 성장의 원동력인 인적자본이 얼마나 빠르게 증가할지는 내생적으로, 즉 상황에 따라 다르게 결정된다. 인적자본이 내생적으로 결정되는 이유는 인적자본에 얼마만큼 투자할지를 국민 한 사람 한 사람이 상황에 따라 얼마든지 달리 결정할 수 있기 때문이다.

얼마만큼 공부할지, 얼마만큼 인적자본에 투자할지를 국민들은 어떻게 결정할까? 우리가 이 결정을 할 때 고려하는 요소 중 하나는 인적자본을 축적한 후 미래에 직업을 가졌을 때 그 직업으로부터 나오는 수입이다. 다른 하나는 공부를 위해 현재 투입하는 시간과 자원의 비용이다. 이 둘을 비교하여, 공부를 위해 현재 지불하는 비용에 비해 축적한 인적자본에 따른 미래 수익이 얼마나 될지에 따라, 지금 얼마나 투자할지를 결정한다. 특히 현재 비용에 대비해서

모방과 창조

미래에 수익이 많으면 많을수록 인적자본에 대해 보다 많은 투자를 한다.

결국 우리가 얼마나 교육을 받을지, 즉 얼마나 인적자본에 투자할지를 결정하는 것은 인적자본 투자에 대한 수익률이다. 수익률이 높을수록 인적자본에 많이 투자할 것이고, 수익률이 낮을수록 적게 투자할 것이다. 따라서 인적자본의 수익률에 영향을 미치는 요소들이 인적자본 증가율에 영향을 미치고 이것이 결국은 경제성장률에 영향을 미치게 되는 것이다.

내생적 성장이론에 따르면, 이런 까닭에 정부정책도 인적자본의 수익률에 영향을 미치는 경우 이를 통해 경제성장에 영향을 미칠 수 있게 된다. 정부가 인적자본 수익률을 증가시키는 정책을 쓰면 사람들은 이에 따라 인적자본 투자를 더욱 증가시키기 때문에, 정부정책이 장기성장률을 증가시킬 수 있게 되는 것이다.

내생적 성장이론은 이렇게 인적자본 수익률을 높이는 정부정책이 성장을 촉진함을 밝힘으로써, 정부의 '성장 해결사'로서의 역할을 이론적으로 증명했다.

이러한 까닭에 내생적 성장이론은 오랜 가난에서 벗어나지 못하고 있던 아프리카와 아시아의 가난한 나라들에게는 '복음' 같은 성장이론이 되었다. 이 이론은 개도국들이 낮은 성장률에 처해 있는 것이 결코 미리 결정되어 있는 운명이 아님을 깨우쳐줬다. 정부정책을 통해 그들도 오랜 가난과 저성장의 덫에서 벗어날 수도 있다는 희망을 밝혀줬다. 마치 칠흑 같은 깊은 어둠 속에 비친 한 줄기

빛처럼!

물론 정부정책이라고 해서 모두 인적자본 수익률을 증가시키는 것이 아니다. 인적자본 수익률을 감소시키는 정책도 있다. 거의 아무 영향을 미치지 않은 정책도 많다. 따라서 정부가 경제성장을 촉진하고자 한다면, 인적자본 수익률을 증가시킬 수 있는 정책을 구분해내는 것이 무엇보다도 중요하다.

이런 관점에서 보면, 성장촉진 효과가 있는 정책이나 제도와 그렇지 않은 정책을 가려내는 것이 그렇게 어렵지 않다. 인적자본 수익률을 증가시키는지 여부를 살펴보면 된다.

예를 들어, 고도성장 기간 중 우리나라의 정치체제를 이루었던 권위주의적 독재체제가 고도성장에 기여했는지를 평가하고 싶다면 당시의 독재체제가 인적자본 수익률을 높여 인적자본 축적을 촉진했는지를 확인해보면 된다. 인적자본 수익률을 크게 높여주는 방향으로 작동했다면 독재체제가 우리 경제성장에 기여했다고 평가할 수 있다. 반대로 인적자본 수익률을 낮추는 방향으로 작동했다면 비록 독재체제 시기에 경제성장을 빨리 했지만, 그 당시 민주화가 되어 있었다면 성장률이 오히려 더 빨랐을 것이라고 추정할 수도 있는 것이다.

결론적으로, 내생적 성장이론은 한 나라가 자신의 의지와 노력에 의해 유토피아에 가까운 나라를 스스로 만들 수 있을지에 관해 너무나 중요한 함의를 던져주었다. 인적자본 축적을 촉진할 수 있는 정책과 제도를 제대로 도입하기만 하면 빠르게 성장하는 이상향

모방과 창조

을 건설할 수 있음을 시사하고 있기 때문이다. 그리고 성장황금시대의 한국이 이를 웅변적으로 보여주었다.

과연 경제성장의 마이클 조던이었던 성장황금시대 우리나라가 인적자본 수익률을 증가시키고 인적자본 축적을 촉진하기 위해 사용한 비법들은 무엇이었을까?

인적자본 세금과 보조금

한 나라의 경제성장률이 미리 결정되어 있는 것이 아니라 정부정책에 따라 변할 수 있음을 밝힌 루카스와 내생적성장 이론가들이 가장 중요하게 생각한 정부정책은 인적자본 투자 수익률에 직접 영향을 미치는 조세와 보조금정책이었다.

우리가 직장에 취직하면 학교 다니면서 축적해놓은 인적자본을 이용하여 생산에 참여하여 일을 하고 임금을 받는다. 임금은 결국 인적자본에 대한 대가인 것이다. 그런데 직장에서 일하고 그 대가로 받은 임금 중 일부는 정부가 세금으로 떼어간다. 따라서 인적자본에 대한 대가로 우리가 손에 쥐는 순수익은 임금 중 세금을 떼어가고 남은 부분, 즉 세후 임금after-tax wage이다.

이제 임금에 대한 세율이 올라가면 어떤 일이 벌어질까? 우리가 투자한 인적자본에 대한 순수익이 줄어든다. 예를 들어 정부가 세율을 100%로 올려서 내 월급을 모두 세금으로 다 떼어가면 투자의 순수익은 0이 되어 나에게 돌아오는 것이 아무것도 없게 된다. 당연히 이 경우 아무도 인적자본에 투자하지 않을 것이다.

그러나 정부가 임금에 대한 근로소득세율을 낮추면 순수익률이 증가하여 내게 돌아오는 몫이 커진다. 그 결과 인적자본에 대한 투자가 늘어나고 성장률이 높아질 것이다.

따라서 사람들이 인적자본에 얼마나 투자할지를 결정함에 있어서 세금의 영향이 너무나 중요하다. 이런 까닭에 루카스 교수와 내생적 성장 이론가들은 인적자본 수익률에 영향을 미치는 요소들 중 특히 조세정책의 역할에 주목했다. 그래서 인적자본이나 물적자본에 대한 조세율 변화가 경제성장률에 커다란 영향을 미칠 수 있음을 논증하고자 한 것이다.

나도 시카고대 박사과정 당시 루카스 교수님 지도하에 경제 내에 존재하는 다양한 조세 및 보조금정책이 경제성장에 어떻게 영향을 미칠 수 있는지를 이론적으로 증명하는 연구에 참여하게 되었다. 나는 이 연구를 통해 경제성장을 촉진하는 다양한 성장정책들을 식별해낼 수 있었다. 특히 근로소득세, 법인세, 이자소득세, 배당소득세, 부가가치세 등의 세율인하정책과 정부의 교육보조금 인상정책이 성장촉진 효과가 있음을 이론적으로 증명해 보였다. 이에 더해 인적자본 축적의 효율성을 결정하는 교육 제도도 성장에 중요한 영향을 미칠 수 있음을 밝혔다.

당시 루카스 교수를 비롯한 경제성장이론가들이 무엇보다 궁금해 했던 이슈는 국가 간 성장률 차이였다. 특히 미국을 포함한 많은 나라들과 한국의 성장률 격차가 왜 그렇게 크게 나느냐 하는 것이 이슈의 핵심이었다. 이 질문에 대한 대답으로 내생적 성장이론가들은 국가 간 성장률 차이가 인적자본 축적률 차이에 영향을 미치는 조세정책 차이에 기인할 수 있음을 이론적으로 증명했다.

그러나 실제 데이터로도 국가 간 조세정책 차이가 국가 간 성장률 차이의 상당 부분을 설명해줄 수 있을지는 당시에 커다란 의문으로 남아 있었다. 특히 경제성장의 마이클 조던 같은 한국과 다른 나라들 간의 장기성장률 차이의 상당 부분을 한국과 다른 나라 간의 조세정책 차이에 의해 설명할 수 있는지가 커다란 의문부호로 남아 있었다.

이에 과연 내생적 성장이론이 이론뿐만 아니라 실제 데이터 상으로도 국가 간 성장률 차이를 잘 설명할 수 있는지를 나는 논문을 통해 보여주고자 했다. 그래서 한국과 미국의 정부정책 특히 조세정책에 대한 데이터를 모아 두 나라 간의 조세율 차이가 두 나라 경제성장률 차이 중 얼마를 설명할 수 있는지를 분석해보았다.

1965년부터 1988년까지 두 나라의 데이터를 모아 분석해본 결과, 이 시기에 5%포인트 정도나 벌어진 한국과 미국의 장기성장률 차이의 30% 정도를 두 나라 간 조세제도 차이가 설명하고 있는 것으로 나타났다. 이를 통해 한국이 고도성장을 구가한 원인의 상당 부분이 실제로 한국의 조세정책에 기인함이 이론적인 가능성을 넘어서 경험적인 사실로 증명된 것이었다.

특히 고도성장기의 한국은 무엇보다도 인적자본 투자에 대한 세율이 미국에 비해 현저하게 낮았음을 확인할 수 있었다. 미국의 경우 이 시기 인적자본에 대한 유효세율을 추정해보니 17%였다. 여기서 유효세율이란 인적자본의 대가인 임금에 부과하는 근로소득세의 세율에서 정부의 교육보조금 비율을 뺀 개념이라고 보면 된다. 한국은 몇 %였을까? 한국은 인적자본에 대한 유효세율이 마이너스 9%였다. 이는 미국의 17%에 비해 월등히 낮은 수준으로, 이런 낮은 실효세율이 국민들의 인적자본 투자에 강력한 인센티브로 작동한 것이다.

무엇보다 한국 정부는 인적자본 투자의 대가인 근로소득에 대한 세율을 오랫동안 굉장히 낮게 유지했다. 다른 한편, 정부예산 중 상당한 비중을 교육비로 지출하여 인적자본을 축적하고자 하는 국민들에게 상당한 수준의 교육 보조금을 지급하는 효과를 낳았다. 특히 실효세율이 마이너스였다는 것은 정부가 민간으로부터 세금으로 떼어가는 것에 비해 민간에게 보조금으로 오히려 더 많이 주었다는 것을 의미한다.

성장촉진정책의 핵심은 결국 인적자본 축적 인센티브를 국민들에게 제공하는 것인데, 고도성장기의 한국은 강력한 인적자본 투자 인센티브를 제공하는 조세/보조금정책을 취했음이 이 연구를 통해 밝혀진 것이다.[9] 한마디로, 낮은 인적자본 세금과 높은 인적자본 보조금이 한국 성장황금시대의 감춰진 비법이었던 것이다.

콩나물 교실과 입시 로또

국가 간 성장률 차이를 설명하는 나의 연구에서 또 하나의 중요한 발견은 성장황금시대 한국은 교육 즉 인적자본 투자의 효율성이 매우 높았다는 것이다. 이 연구에서 사람들이 교육에 돈을 투자했을 때 그에 따라 인적자본이 얼마나 증가하는지를 추정해본 결과, 한국은 그 수치가 0.12로 미국의 0.05에 비해 2배 이상 높게 나왔다.

이는 고도성장기의 한국은 미국보다 훨씬 효율성이 높은 교육제도를 갖고 있었음을 의미하는 결과였다. 그렇다면 과연 당시 한국 교육제도의 어떤 측면이 미국보다 2배 이상 앞서는 높은 효율성을 가져다줄 수 있었을까?

인적자본을 증가시키기 위해서는 두 가지가 필요하다. 하나는 공부에 시간을 투입하는 것이고, 또 하나는 돈을 투입하는 것이다. 1960년대 당시를 생각해보면 대한민국 국민 모두가 가난했다. 그래서 대부분의 국민들 입장에서는 교육에 투자할 돈이 거의 없었다. 국가 전체의 입장에서도 정부가 다른 분야에 비해 가능한 한 교육에 많이 투자했지만, 나라가 가난하다 보니 정부가 교육에 투자할 예산이 충분치 않았다.

나라 전체적으로 가난하여 교육에 투자할 돈이 충분하지 않은 상황에서, 우리나라는 이러한 자원 부족의 핸디캡을 극복하기 위해 매우 효율적인 시간집약형 교육시스템을 만들었다. 돈 대신 시간을 대체 투입한 것이다. 대표적인 것이 소위 '콩나물 교실'이다. 콩나물

1960년대 초등학교 모습. 교실에 빼곡하게 아이들이 들어앉은 모습을 시루 속의 콩나물에 비유하여 콩나물 교실이라 불렸다.

교실이 무엇일까?

　1960년대 1970년대 가난하던 시절 국민들의 주요한 단백질 공급원은 콩나물이었다. 돼지고기나 생선은 고사하고 콩나물을 시장에서 사다 먹는 것도 비싸서 많은 집에서 콩나물을 직접 키워 먹었다. 나도 어머니가 집에서 기르시던 콩나물시루에 물을 주던 기억이 난다. 넓은 대야 위에 올려놓은 떡시루의 바닥에다가 콩을 먼저 깔고 물을 부어주기 시작한다. 그러면 콩들에서 신기하게도 하얀 뿌리들이 나오기 시작한다. 매일 물을 주면 점점 더 하얀 뿌리들이 길어지면서 기다란 콩나물로 자란다. 콩나물이 자라면 서로 빽빽하게 온 몸을 맞대고 시루 안을 촘촘히 가득 채운다.

당시 학생들이 교실에 빼곡히 들어서 있는 모양을 콩나물이 시루에서 서로 비좁게 밀착해서 자라는 모양에 비유해서 콩나물 교실이라고 불렀다.

나는 중학교 2학년 때 전학을 갔었는데, 전학 간 학교의 새로운 반에 들어가자 선생님께서 나의 반 번호를 알려주셨다. 69번이었다. 맨 뒤에 앉았는데 교실이 좁아 내 의자는 거의 교실 뒷벽에 닿아 있었다. 이후에 우리 반에 전학 온 친구들이 세 명 정도 더 있었는데 이 친구들의 번호가 70번, 71번, 72번이 될 정도로 학생들이 많았다.

1960~1970년대는 교실 부족 문제를 해결하기 위해 조그마한 교실에 이렇게 60명에서 70명이나 되는 인원을 시루 속 콩나물처럼 몰아넣었다. 요즈음 초중고에서는 한 반의 학생 수가 20명대로까지 줄어들고 있는데 과거 콩나물 교실을 생각하면 격세지감이다.

또한 부족한 교실(자원) 문제를 해결하기 위해 초등학교에서는 오전반, 오후반으로 나누어 수업이 실시되었다. 아침 내내 신나게 놀다가 오후반으로 학교에 가 의자에 앉아 있으면, 선생님 말씀은 귀에 들어오지 않고 아침부터 재미있게 놀던 생각만 머릿속에 맴돌던 기억이 난다.

한국은 이렇게 콩나물교실로 상징되는 자원절약형 교육제도를 통해 자원 부족에 따른 핸디캡을 극복할 수 있었다. 물론 이러한 자원절약형 수업 하에서는 교육의 효율성이 떨어질 수도 있다. 그럼에도 불구하고 높은 교육 효율성을 달성할 수 있었던 것은 결국 인

"

성장촉진정책의 핵심은 결국 인적자본 축적 인센티브를 국민들에게 제공하는 것이다. 고도성장기의 한국은 강력한 인적자본 투자 인센티브를 제공하는 조세/보조금정책을 취했다. 한마디로 낮은 인적자본 세금과 높은 인적자본 보조금이 한국 성장황금시대의 감춰진 비법이었던 것이다.

"

적자본 투자에 대한 강력한 인센티브 시스템이 존재했기 때문이다. 무엇보다도 낮은 근로소득세와 높은 교육보조금(정부의 교육지출)이 콩나물 교실 아래서도 열심히 시간을 투자해 공부하도록 촉진하는 강력한 보상시스템 역할을 했다.

이와 함께 입시제도가 중요한 역할을 했다. 중학교, 고등학교에서 대학까지 이어지는 입시는 인적자본을 열심히 축적한 학생들을 가려내고 이들에게 합격이라는 보상을 선사했다. 명문 중고등학교, 더 나아가 명문대학에까지 합격하면 일생에 걸친 보상이 주어졌다.

일단 명문대에 합격하기만 하면 인생 팔자를 한 방에 바꿀 수도 있을 만큼 큰 보상이 주어졌다. 그래서 나는 이를 '입시 로또'라고 부른다. 일단 합격하면 주어지는 평생에 걸친 보상이 로또 맞았을 때의 보상만큼 클 수도 있기 때문이다. 물론 입시에 따른 보상시스템은 로또와는 큰 차이가 있다. 로또 당첨은 오로지 운에 달려 있지만, 입시 로또에 당첨되기 위해서는 엄청난 노력이 요구된다.

입시에서의 합격이 로또 같은 보상을 줄 수 있다고 인지했다면 독자 여러분이라면 어떻게 했을까? 자신에게 주어진 모든 시간을 투자해서 잠 안 자고 공부했을 가능성이 높다. 그래서 당시 '4당 5락'이라는 유명한 말이 유행했다. 4당 5락이 무슨 뜻일까? 4시간 자며 공부하면 붙고 5시간 자면서 공부하면 떨어진다는 말이다.

입시는 상대평가다. 많게는 몇 십 대 일까지 되는 경쟁률 속에, 지원자끼리 성적을 비교하여 성적이 높은 순으로 줄을 세운 뒤 주어진 정원까지만 뽑는다. 따라서 남들에 비해 상대적으로 더 열심

1989년 12월 서울대 대운동장 합격자 발표장에 몰린 응시생들

히 공부하는 것이 관건이었다.

만약 4당 5락이란 무시무시한 말대로 4시간만 자고 공부하면 붙는다고 모두가 믿었다고 하자. 그래서 모두가 4시간만 자고 공부했다고 하자. 그러나 이 경우에 경쟁률 때문에 모두가 붙을 수는 없다. 높은 경쟁률 속에 남들이 모두 4시간 자고 공부할 때, 내가 붙을 확률을 높이려면 나는 4시간보다도 적게 자고 공부해야 한다. 그런데 나만 그렇게 생각하는 것이 아니라 남들도 그렇게 생각할 것이고 따라서 4시간보다 적게 잘 것이다. 이러다 보면 서로 엄청난 시간 투입 경쟁을 하게 된다.

입시 특히 대학입시가 로또처럼 인생을 바꿀 수 있는 시험이었기 때문에, 입시에 학생들이 인생을 걸고 경쟁했다. 결국 한국의 수

모방과 창조

많은 학생들이 할 수 있는 한 최대로 시간을 투자해 공부했다. 그 결과 극도의 시간집약형 교육이 자연스럽게 이루어졌다. 자원 부족하에서도 수많은 학생들이 경쟁적으로 인적자본에 최대한 시간 투자를 하게 됨에 따라 나라 전체적으로 인적자본의 투자가 급격히 늘어났다.

당시 입시는 특히 외우기 중심 입시제도였다. 얼마나 많은 지식을 외웠는지를 중심으로 평가하는 입시제도이기 때문에, 학생들은 최대한 시간을 투자하여 수많은 지식들을 끊임없이 반복하여 외우고 또 외워 머릿속에 집어넣었다. 그 결과 학생들은 외국의 선진기술을 급속도로 익힐 수 있었다. 그래서 전혀 교육을 받지 않았던 부모님, 조부모님 세대에 비해 그 다음 세대인 1960~1980년대 태어난 세대들은 외국의 무수한 선진 지식과 기술을 도저히 전 세대에선 상상할 수 없었을 만큼 급속도로 머릿속에 집어넣었다. 그리고 이렇게 익힌 지식을 이용하여 전 세대에 비해 급속한 생산 증가를 이룰 수 있었던 것이다.

경쟁적 입시와 결합된 자원절약형, 시간집약형 교육제도를 택한 결과 교육의 효율성이 크게 높아질 수 있었음은 1990년대에 이루어진 국제 학력비교 평가 결과들에 의해서도 확인할 수 있다. 아직 국민들의 소득수준이 낮았음에도 불구하고 당시 학생들이 TIMSS 같은 국제 학력 평가에서 최상위를 차지하곤 했다. 예를 들어 1995년 실시된 TIMSS의 경우 우리나라는 수학에서 세계 3위, 과학에서 세계 4위를 기록했다. 국가 간 학력 비교 평가에서 우리보다 교육에 훨씬 많은 돈을 투자하는 선진국에 비해서 수학과 과학의 평균 점수가 늘 더 높게 나왔다.

누구에게나 등용문

고도성장기 우리 교육제도의 또 다른 특징 중 하나는 보편교육이었다. 보편교육은 무엇일까? 한마디로 모든 국민들에게 교육의 기회가 개방된 제도다. 더 나아가 교육을 통해 누구에게나 용이 될 수 있는 가능성이 개방되어 있는 제도다.

내가 IMF에서 일할 때 가난한 나라들이 교육정책에 대해 깊은 고민을 하는 것을 많이 보았다. 가난한 나라들이 늘 고민하는 이슈 중 하나는 교육에 지원할 나라의 자원이 한정되어 있는 상황에서 이 자원을 어디에다 쓸 것이냐 하는 것이었다.

특히 이 한정된 자원을 처음부터 일부 엘리트들 교육에 집중해서 쓸 것인지 아니면 모든 국민들을 대상으로 쓸 것인지가 중요한 이슈였다. 엘리트 교육에 자원을 집중하는 경우의 장점이 있을 수 있다. 주어진 자원이 한정되어 있는 상황에서 일부 엘리트들에게 교육을 집중시키고, 많은 교육을 받은 이들 엘리트가 나라 경제를 이끌면 나라 경제가 더 잘 움직일 것이라는 주장들도 제기되곤 했다.

그러나 우리나라가 택한 정책은 엘리트교육정책이라기보다는 보편교육정책에 가까웠다. 무엇보다도 초등학교 의무교육이 보편

1953년 '의무교육완성 6개년 계획'이 수립되어 1954년부터 1959년까지 6년에 걸쳐 실시되었다.
사진은 1961년 '의무교육 정상화' 공청회.

교육의 초석이었다. 보편교육을 통해 기본적으로 모든 학생들에게
적어도 초등학교의 경우 동등하게 교육의 기회가 제공되었다.

나는 엘리트 교육에 비해 이러한 보편교육의 장점이 훨씬 크다
고 생각했다. 무엇보다 보편교육의 장점 중 하나는 보다 많은 국민
들이 교육을 받게 됨에 따라 나라 전체의 인적자본이 빨리 증가할
수 있다는 점이다. 나라 전체의 인적자본은 국민 한 사람 한 사람의
인적자본들의 합이기 때문에 보다 많은 국민들이 교육을 받게 됨에
따라 나라의 인적자본이 빨리 증가하는 것이다. 특히 각 개인들 차
원에서 교육자원 투자에 대한 인적자본의 한계생산체감이 작동할
경우 한정된 나라 전체의 교육자원을 가능한 한 많은 학생들에게

나누어주는 것이 나라 전체의 인적자본을 빠르게 증가시키는 방법이다.

이와 함께 보편교육 하에서는 보다 우수한 인재들이 배출될 가능성도 높아진다. 일부 국민들에게만 교육의 기회가 주어질 때 그중에서 상대적으로 우수한 것으로 판명이 난 학생에 비해 전 국민 중에서 우수한 것으로 판명이 난 학생이 더 우수하기 때문이다.

보편교육이 이뤄지면, 어떤 특정 지역에서만, 이를테면 대구에 사는 아이들만 학교에 가는 것이 아니다. 대구, 광주, 전주, 대전, 청주, 춘천에 사는 아이들도 모두 학교에 간다. 그리고 도시에 사는 아이들만 교육을 받는 것이 아니라 시골에 사는 아이들도 교육을 받는다. 그리고 부잣집 아이들만 학교에 가는 것이 아니라 가난한 집 아이들도 다 학교에 들어간다.

어린 시절 초등학교 때를 돌이켜보면, 이러한 초등학교 의무교육의 결과 같은 반 친구들 중에는 극도로 가난한 아이들도 많았다. 점심 도시락으로 고구마 하나를 싸 오는 친구도 있었고, 아예 아무것도 못 싸오고 굶는 친구들도 있었다. 그래도 극도로 가난한 친구들도 무조건 학교에 왔다. 집안 사정으로 친구가 학교에 안 나오고 계속 빠지면 그 친구를 찾으러 반 아이들이 함께 그 집을 찾아 가기도 했다. 당시 모든 아이들이 학교에 나오는 것이 국민으로서의 의무였다.

이러한 보편교육제도 아래서는 적어도 초등학교 교육의 기회는 지역이나 계층에 관계없이 모든 아이들에게 열려 있었다. 그리고

모방과 창조

당시 경기중학교나 경기고등학교를 포함한 명문 중고등학교 입시, 그리고 명문대 입시에 지원할 자격도 모든 학생에게 열려 있었다.

그래서 아무리 가난해도 공부를 잘해서 입학시험을 성공적으로 통과하면, 가령 명문대에 들어가고, 고시에 합격하면 용이 될 수 있었다. 그 결과 보편교육이 제대로 보급되지 않았었다면 교육을 못 받고 국가적으로는 사장되어버렸을 많은 인재들이 실제로 용이 되어 나라 경제에도 큰 기여를 할 수 있었다.

보편교육이 개천에서 용 나는 시스템, 누구나 용이 될 수 있는 시스템을 작동시켰던 것이다. 그리고 이렇게 보편 교육을 통해 전국의 수많은 개천에서 용이 나는 시스템이 작동하게 됨에 따라, 나라 전체적으로는 인적자본 축적의 효율성이 크게 증가했다.

중국의 황하 상류에 용문이라 불리는 물살이 거센 계곡 폭포가 있다고 한다. 이 폭포를 물고기들이 거슬러 올라가 통과하기만 하면 용이 된다고 한다. '등용문'이란 이 폭포를 통과하여 용이 된다는 뜻으로 시험 등

조선시대 약리도(躍鯉圖), 커다란 물고기가 물살이 센 중국의 용문에 뛰어올라 용이 되었다는 등용문의 고사에서 유래되었다.

을 통해 훌륭한 인재로 발탁됨을 의미하는데, 이 말이 고도성장기 한국 사회에서 널리 회자되었다. 심지어 학원 이름으로도 등용문이 많이 쓰였다. 이는 공부를 열심히 해서 시험을 통과하기만 하면 누구나 용이 될 수 있는 당시의 보편교육 시스템을 상징적으로 보여준다.

이륙기의 풍경들

경제가 오랜 기간의 정지 상태에서 벗어나 성장하기 시작하는 것을 미국 경제학자 월트 로스토우Walt Rostow는 '이륙take off'이라고 불렀다. 비행기가 지상에 머물러 있다가 활주로를 박차고 하늘로 날아오르는 모양과 비슷하다고 이에 비유한 것이다. 이러한 이륙 과정은 1700년대 후반에서 1800년대 초중반 산업혁명을 통해 세계에서 제일 먼저 이륙에 성공한 영국이 처음 경험했다. 이후 미국 그리고 서유럽, 일본 등으로 이륙 경험이 전파되었다.

한국도 이러한 이륙 과정을 1960년대 초에 경험했다. 단 한국은 이들 선진국들에 비해 이륙 시 훨씬 빠르게 급상승을 했다. 마치 전투기의 급상승처럼. 경제성장을 오랫동안 공부하다 보니 비행기를 타고 이륙할 때도 경제성장을 위한 이륙과정이 자꾸 비교 연상된다.

1999년 IMF의 중국미션 팀과 베이징을 방문했을 때 비행기 급상승의 독특한 경험을 했다. 베이징에서 중앙정부 관리들과 정책

협의를 한 후 지방정부 방문을 위해 흑룡강성의 수도인 하얼빈으로 향하는 중국 민간항공기를 탔다. 당시 중국 민간항공기 파일럿은 전투기 조종사 출신이 많아서 이륙 시 급상승을 한다는 말을 듣기는 했었다. 그런데 실제로 이륙하자마자 비행기는 급상승을 했고 몸이 완전히 뒤로 쏠려 등을 땅에 대고 팔다리는 하늘로 뻗은 느낌이었다. 완만하게 상승하는 일반 비행기와는 완전히 달랐다. 고도성장을 향해 이륙하던 시기에 한국이 보여준 이륙 과정도 전투기처럼 급상승하는 모양새였다.

이륙할 때의 상승각도와 상관없이 성장을 위한 이륙 과정은 일반적인 공통점을 갖고 있다. 그것은 산업화industrialization다. 산업화란 고용과 생산의 축이 전통적인 농업에서 제조업으로 전환함을 의미한다. 즉 이륙과정은 산업화, 즉 농업에서 제조업으로의 전환을 통해 이루어진다.

전통적인 농업과 제조업은 생산방식에 있어서 커다란 차이가 난다. 전통적인 농업은 농사를 지을 땅과 사람의 육체노동이 주요한 생산요소인 생산 방식이었다. 이에 비해 제조업은 기계가 중요한 역할을 한다. 그리고 사람의 노동 중 단순 육체노동이 아니라 지식에 입각한 노동이 중요한 역할을 한다. 즉 인적자본이 중요한 생산요소 역할을 한다.

따라서 빠른 산업화는 인적자본 축적의 선행을 요구한다. 1960년대 초반 시작된 빠른 산업화를 통한 우리 경제의 이륙은 결국 그 이전에 이루어진 인적자본 축적이 밑받침되었기 때문에 일어난 것이

한국전쟁 당시 임시로 마련된 곳에서 아이들이 교육을 받고 있다. 대한민국을 경제성장으로 이끈 주요한 요소 중 잘 알려져 있지 않은 것 중 하나가 1950년대 초등의무교육의 역할이다.

다. 이것은 인적자본의 역할에 주목한 내생적 성장이론의 교훈이다.

그렇다면 우리 경제의 이륙기인 1960년대 이전에 과연 인적자본 축적과 관련하여 어떤 일이 일어났을까? 내가 이와 관련하여 주목 하는 것은 이륙기 이전에 이루어진 남녀 차별 없는 초등학교 의무 교육이다. 6.25 전쟁이 끝난 후 1950년대에 초등의무교육이 강력히 추진되었다. 그 결과 1950년대 후반에 초등학교 진학률이 96%까지 달했다. 나는 우리나라 경제성장에 기여한 중요한 요소 중 잘 알려 져 있지 않은 것 중 하나가 바로 이 1950년대 초등의무교육의 역할 이라고 생각한다.

초등학교에서는 무엇을 배우나? 초등학교에서는 무엇보다 한 글을 배운다. 이에 더해 글 읽는 능력을 배우기 때문에 지식을 머릿속에 쌓을 수 있는 기본적인 수단을 획득하게 된다. 더해서 구구단을 위시한 산수를 배운다. 이를 통해 합리적 경제활동의 바탕이 되는 숫자 개념과 기본적인 계산 능력을 키운다. 인적자본 축적의 가장 기본적인 도구들을 머릿속에 갖추게 되는 것이다. 그리고 이 도구들을 이용하여 많은 지식들을 머릿속에 집어넣기 시작한다. 따라서 초등교육을 받았느냐 안 받았느냐는 인적자본의 질적 도약을 하는 데 있어서 매우 중요하다.

1950년대 추진된 초등학교 의무교육으로 인해 글 읽기와 산수 등을 익혀 인적자본을 크게 늘린 노동력이 1950년대 후반 새로 형성되었다. 이 노동력은 서울 등 도시 지역에만 형성된 것이 아니다. 당시 인구가 더 많던 농촌과 시골 전국 각지에서 형성되었다. 더욱이 전쟁 이후 베이비붐이 일어나면서 초등학교를 졸업한 노동력이 수적으로 크게 증가했기에, 나라 전체적으로 새로운 인적자본을 갖춘 노동력의 공급이 크게 늘었다.

초등학교에서 6년 동안 교육을 받고 새로이 인적자본을 획득한 이들이 1960년대부터 도시를 기반으로 한 제조업에 대거 공급되기 시작했다. 그 결과 한국의 산업화가 시작되었다.

제조업은 농업과 달리 넓은 땅이 필요하지 않을뿐더러, 소비자가 많은 지역에 가까이 있는 것이 입지적으로 유리하여 도시를 중심으로 발달한다. 따라서 우리의 산업화도 자연스럽게 도시화

urbanization를 동반했다. 1950년대부터 농촌 지역에서 인적자본을 축적한 청년층이 대거 제조업이 모여 있는 도시로 이동하면서 산업화가 시동을 걸은 것이다.

당시 한국의 산업화는 제조업 중에서도 경공업, 그 중에서도 섬유산업으로부터 시작했다. 이는 영국의 산업혁명이 맨체스터의 섬유산업으로부터 시작한 것과 유사하다. 가수 한명숙이 불러 1960년대 초에 크게 유행한 노래 「노란 샤쓰의 사나이」는 샤쓰(셔츠)가 중요한 소재였다. 어찌 보면 저고리 같은 전통적 의복에서 샤쓰 같은 서양 의복으로의 의생활의 변화와 이를 생산으로 뒷받침하는 한국 섬유산업의 부상을 알리는 신호탄 같은 노래였다.

특히 섬유산업에서는 상대적으로 임금이 싼 여성근로자에 대한 수요가 컸기 때문에 농촌 지역에서 초등학교 의무교육을 마친 여성 인력들이 대거 도시의 섬유산업에 투입되었다. 이들 여성인력들이 공장노동자로 섬유산업 같은 경공업 산업에 투입되는 등 초등교육을 마친 인적자본이 대거 산업에 투입된 결과 1960년대 초부터 성장률이 8%대로 급격히 증가했다. 마치 활주로를 박차고 날아오르는 전투기처럼 대한민국 경제가 고도성장을 위해 높은 각도로 이륙한 것이다.

내가 어린 시절을 보낸 안양에는 한국 섬유산업의 핵심 공장이 위치해 있었다. 금성방직이라는 당시로서는 전국에서 가장 손꼽히는 방직공장이었다. 이 방직공장에는 3000명에 달하는 여성근로자들이 일했다. 이들은 일자리를 찾아 충청도, 전라도, 경상도 등 전국

각지의 시골에서부터 올라왔다. 이들은 이곳에서 월급을 받고 작은 월급이지만 열심히 저축했다. 이 공장에서 일한 여성노동자들 중에는 시골에서 올라온 친척 누나도 있었다.

금성방직에서 일한 여성노동자들은 많은 경우 이곳에서 결혼하여 가정을 이루고 또 시골에 있는 형제 등을 이곳으로 불러오기도 했다. 이 과정에서 안양의 인구는 1949년 2만 명에서 1979년에는 22만 명으로 11배나 증가했다. 산업화가 도시화를 동반한 것이다.

물론 전국적으로 보았을 때 당시 근로자들의 근로조건이 매우 열악한 경우도 많았다. 각 공장들은 자본 부족을 극복하기 위해 고도로 노동집약적인 생산방식을 택했다. 비싼 기계 한 대를 하루 종일 돌리기 위해 근로자들이 2교대, 3교대로 일했다.

따라서 고통스러운 야간 근무나 장시간 근무가 일상화되었다. 당시 우리나라 최고의 인기 가수는 이미자 씨였다. 구성지고 구슬프게 부르는 노래가 사람들의 고단한 마음을 달래주었다. 가수 이미자 씨가 불러 크게 유행했던 노래 중에 「울어라 열풍아」라는 노래가 있었다. 이 노래의 후렴구의 원래 가사는 '울어라 열풍아, 밤이 새도록'인데, 야간근무를 밥 먹듯이 하던 여성 노동자 누나들이 이를 '울어라 미싱아, 밤이 새도록'이라고 자신의 감정을 이입하여 개사해 부르는 것을 어렸을 때 들었던 기억이 있다.

이들 여성노동자들은 고생해서 번 월급의 일부를 고향에 부쳤다. 그리고 그 돈으로 고향에 있는 동생들은 초등학교 의무교육을 마친 뒤, 중학교 혹은 고등학교까지 다닐 수 있었다. 중등 혹은 고등

어린 시절 안양에서 보았던 그 여공 누나들이야말로 한국 경제성장의 이름 없는 주역이었다.

학교까지 교육을 받은 동생들은 더 많은 인적자본을 축적했기에 더 높은 소득을 벌고, 후에 이를 더 밑에 동생 혹은 조카의 교육에 투자하여 그 동생 혹은 조카는 심지어 대학교육까지 받을 수도 있게 되었다.

인적자본이 소득을 창출하고 그 소득이 새로운 인적자본 축적을 만들어내고 그것이 다시 소득을 창출하여 더 많은 인적자본을 축적하는 '인적자본 축적의 선순환 구조'가 생기게 된 것이다. 그리고 가족 내에서의 이러한 인적자본 재투자 구조가 1960년대 이륙기 이후 1970년대 1980년대까지 우리 경제의 고속성장을 견인했다.

인적자본의 역할을 중시하는 내생적 성장이론의 견지에서 보면,

모방과 창조

1960년대 초 시작된 고도성장이 당시 정부 혹은 정치지도자 때문만이라기보다는 그 이전에 보편교육을 통해 인적자본을 축적한 국민들 덕분임을 강력히 시사한다. 1960년대에 이루어진 고도성장이 당시 군인 출신 정부의 출발시기와 겹쳐 마치 전적으로 군인출신 정권과 대통령의 업적으로만 오해하는 사람도 많다.

그러나 현대 경제성장이론의 입장에서 보면 1960년대의 고도성장은 군사정부 이전에 이루어진 교육개혁과 인적자본 축적의 결과라고 보는 것이 보다 경험적 사실에 부합된다고 할 수 있다. 특히 초등학교에서 열심히 공부하고 산업전선에 뛰어든 이름 없는 수많은 근로자들의 역할이 지대했다고 할 수 있다. 지금 돌이켜보면 어린 시절 안양에서 보았던 그 '여공' 누나들이야말로 한국 경제성장의 이름 없는 주역이었다고 할 수 있다.

03

대한민국의
잃어버린 30년

1990년 시카고대 세미나실

1990년 봄 어느 화요일 오후. 한편으로는 흥분되고 또 한편으로는
매우 긴장되었다. 영어도 서툴고 아직 대학원생이었던 내가 곧 2시
부터 시카고대학 경제학과 401호실에서 열릴 세미나에서 논문을
발표해야 했기 때문이다.

경제학과 401호실은 유명한 교수님들에게도 무시무시한 장소였
다. 경제학과 401호실은 시카고대 경제학과의 세미나가 열리는 장
소인데, 이 세미나는 참석한 시카고대 교수들이 발표자에게 인정사

정 보지 않고 송곳같이 예리한 질문들을 퍼붓는 것으로 유명했다. 아무 제한 없이 던지는 방어하기 힘든 날카로운 질문들의 폭격으로 발표자들이 큰 곤욕을 치루기도 한다. 그래서 이 세미나는 종종 피바다bloodbath로 표현될 정도였다.

물론 이런 날카로운 질문들을 통해 발표자는 자신의 아이디어를 발전시키는 데 오히려 천만금을 주고도 살 수 없는 큰 도움을 받는 것으로 정평이 나 있다. 그래서 1992년 노벨경제학상을 수상한 게리 베커Gary Becker 교수도 시카고 대학의 세미나 시스템은 경제학 연구를 위한 대혁신이었다고 말할 정도였다.[10]

나도 이 세미나에 종종 참석해서 논문으로만 명성을 듣던 타 대학의 유명한 교수 분들이 직접 발표하는 것을 보았었다. 청중으로 참석한 시카고대 교수들의 질문이 너무나 예리하고 공격적이어서 유명한 학자들도 제대로 자신을 방어하지 못하고 쩔쩔매는 것도 종종 보았다. 어떤 경우는 시작부터 공격을 받아 계속 논쟁하다가 준비한 내용의 십 분의 일도 발표하지 못하고 끝나는 경우도 있었다.

이 날은 세미나에서 그동안 루카스 교수님 지도하에 써왔던 내생적 성장이론에 관한 논문을 발표하는 날이었다. 이 날 발표의 초점은 두 가지였다. 다양한 조세정책이 경제성장률에 어떻게 영향을 미치는지에 관해 내가 만든 내생적 성장모형을 설명하는 것이었다. 또한 한국과 미국의 조세정책 차이가 두 나라 간의 성장률 차이에 얼마나 큰 영향을 미쳤는지를 설명하는 것이었다.

처음 걱정과는 달리 세미나는 매우 부드럽고 우호적으로 진행되었다. 참석한 많은 교수님들이 한국 경제의 고도성장 원인에 대해 다양한 질문을 주셨지만 공격적인 질문이라기보다는 궁금해서 던지는 질문들이 대부분이었다. 마음 한편으로는 한국 경제에 대해서는 내가 더 잘 알고 있다는 생각도 있었기 때문에 큰 어려움 없이 잘 설명해드릴 수 있었다. 당시 경제학자들이 가장 궁금해하던 주제 중 하나였던 한국의 고도성장의 원인에 대해 한국인이 발표를 해서 교수님들이 더 경청을 해주신 것 같았다. 1960년 이후 30년간 나의 모국인 한국이 보여준 기적적인 성장에 대해 발표하는 자리였기에 한편으로는 뿌듯하기도 했다.

열심히 논문을 발표하다 보니 세미나의 막바지에 이르렀다. 이때 교수님 한 분이 질문을 던지셨는데, 이 질문은 이 세미나 이후 지난 30년간 나의 머릿속을 영원히 떠나지 않는 질문이 되었다.

"한국이 지난 30년간 이룬 지속적 고도성장이 앞으로 언제까지 지속될 것으로 예상하는가?"

이 질문에 대해 당시 나는 다음과 같이 대답했다.

"한국의 고속성장 추세가 얼마나 더 오래 지속될지는 모르겠지만, 저는 한국이 이 고속성장을 영원히 지속하기를 희망합니다."

"I don't know how long Korea will maintain this trend of high growth in the future. But I hope Korea's high growth will persist forever."

당시로서는 나는 물론 그 누구도 한국의 고속성장이 이후 얼마나 지속될 수 있을지 예측할 수 없었다. 그러나 우리나라가 고도성장을 영원히 지속하지는 못하더라도 몇 십 년이라도 더 지속하여 세계 최고로 잘 사는 나라의 반열에 오르기를 바라는 간절한 마음에 경제학의 대가들 앞에서 내 희망을 답변으로 피력했다.

'Alas(아뿔싸)!' 그러나 안타깝게도 한국은 내가 세미나에서 이런 희망을 피력하고 있던 바로 그 시점인 1990년경부터 5년 1%하락의 법칙에 따라 성장 추락을 시작하고 있었다!

추락하는 경제는 한쪽 날개가 없다

1990년 시카고대 세미나에서 한국 경제성장률의 향후 추세에 대한 질문을 받은 이후, 나는 지난 30년간 한국 경제의 장기성장률이 매년 어떻게 변하는지 그 경로를 계속 추적해왔다. 마치 천문학자들이 계속 별과 행성을 관찰하며 그 궤적을 그려보듯이.

지난 60년간의 한국 경제성장률의 궤적을 추적해보면, 한국 경제의 지난 60년은 성장패턴이 완전히 이질적인 두 시기로 구분될 수 있다. 1960년 이후 30년은 하락추세 없는 지속적 초고속성장을 구가하던 '성장의 황금시대'였다.

그러나 패턴이 돌변하여, 공교롭게도 내가 시카고 대학에서 한국 성장의 황금시대에 대해 세미나를 했던 1990년 이후 30년은 성

대한민국 성장의 황금시대와 추락기

성장의 황금시대

성장추락기

장기성장률 ——— 추세장기성장률 ——— 실업률

장률이 5년 1% 하락의 법칙에 따라 하강하는 '성장 추락의 시대'가 되었다. 1990년대 초부터 한국 경제가 5년 1% 하락의 법칙에 따라 성장 추락을 하고 있음이 2000년대 초중반경에 들어가면서부터는 데이터에도 명확히 나타나기 시작했다.

법칙에 따라 장기성장률이 7% 이하에서 지속적으로 하락하여 이제 1%대를 지나 0%대를 향해 추락해가고 있다. 1부에서 이야기했듯이, 이 추세에 따라 결국 장기성장률이 0%대인 제로성장시대가 도래하면 국민들의 절반 이상이 좋은 일자리를 얻지 못하고 단기성장률이 마이너스가 되는 위기 가능성도 증대하여 경제적 고통이 가중될 수 있는 심각한 상황에 이른 것이다.

이에 5년 1% 하락의 법칙을 깨서 제로성장으로의 추락을 저지하는 것이 국민들의 행복을 위해 해결해야 할 한국 경제의 최우선 과제가 되었다. 이 과제를 해결하기 위해서는 5년 1% 하락의 법칙의 이유를 먼저 알아내야 한다. 특히 하락 추세 없이 8% 이상 고도성장을 구가하던 우리 경제가 1990년대 초부터는 성장 추락을 하고 있는 이유를 찾아내야 한다. 원인을 정확히 알아야 극복할 방법을 찾을 수 있기 때문이다.

30년 동안 고도성장하던 경제가 왜 갑자기 성장률이 계속 추락하는 경제로 변했을까?

종종 경제 관련 기관이나 언론 등에서 우리나라 성장률 하락에 대해서 부정확하거나 지엽말단적인 원인을 거론하는 경우도 있다. 예를 들어, 독자들도 언론 등에서 우리 성장률 하락의 원인을 인구 증가율 감소에 돌리는 경우를 종종 보았을 것이다. 그에 따라 성장 하락에 대한 대책도 고령화, 저출산 대책 등에 머무르는 경우를 많이 보았을 것이다.

그러나 우리나라 인구증가율은 이미 1980년대 말에 0.9% 수준에 불과했고 최근에 0.3%대가 되었다. 이 기간 동안에 기껏해야 0.6%포인트밖에 하락하지 않았다. 따라서 같은 기간 중 6%포인트 이상 하락한 장기성장률 하락폭에 비하면 매우 작은 수준에 불과하다. 즉 인구증가율 하락은 지난 30년간의 성장 추락을 거의 설명할 수 없다.

그 결과 지난 30년간 나라 전체의 장기성장률에서 인구증가율을 뺀 인구 1인당 장기성장률도 위 그래프에서 보이는 장기성장률의 하락과 거의 비슷한 모양으로 선형으로 하락해왔다. 따라서 성장하락의 원인을 인구증가율 하락에 돌리고 성장하락 저지를 출산장려와 같은 인구정책에 의존하는 것은 적절하지 못하다.

고도성장하던 경제가 갑자기 패턴을 바꾸어 추락하기 시작한 이유를 우리는 현대 경제성장이론에서 그 답을 찾아야 한다. 앞 장에서도 이야기했듯이, 현대 경제성장이론인 내생적 성장이론이 제시하는 성장의 원동력은 인적자본이다. 따라서 성장 추락의 원인이 무엇인지에 대한 답도 한마디로 인적자본의 정체에 있다고 할 수 있다.

우리가 지난 60년 중 전반의 30년 즉 성장의 황금시대에 하락 추세 없는 지속적 고도성장을 달성할 수 있었던 것은 인적자본이 성장의 원동력으로 작동했기 때문이다. 내생적 성장이론이 시사하듯이, 인적자본이 증가하면 이에 따라 물적자본도 같이 증가한다. 이에 따라 두 자본에 대한 투자수익률이 높게 유지되기 때문에 두 자본이 동시에 지속적으로 증가하고 그 결과 고도성장이 지속될 수 있었던 것이다. 앞에서도 비유했듯이 마치 인적자본과 물적자본을 양쪽 날개, 양쪽 엔진으로 한 비행기가 고공을 계속 나르는 것과 같았다.

그 후 1990년대 초 이래 후반 30년은 김세직(2016)의 '5년 1% 하락의 법칙'에 따라 계속 성장률이 떨어진 시기다. 이 시기의 성장 추락은 두 가지 자본 중 하나인 인적자본에 정체가 생겼음을 의미한다. 어떤 이유로 인해 인적자본 성장률이 하락하기 시작하면, 경제성장은 주로 물적자본 축적에 의존할 수밖에 없게 된다.

언론 등에서 성장률 하락의 원인을 인구증가율 감소에 돌리는 경우를 종종 보았을 것이다. 그에 따라 성장 하락에 대한 대책도 고령화, 저출산 대책 등에 머무르는 경우를 많이 보았을 것이다. 그러나 우리나라 인구증가율은 이미 1980년대 말에 0.9% 수준에 불과했고 최근에 0.3%대가 되었다. 이 기간 동안에 기껏해야 0.6%포인트밖에 하락하지 않았다. 따라서 같은 기간 중 6%포인트 이상 하락한 장기성장률 하락폭에 비하면 매우 작은 수준에 불과하다. 즉, 인구증가율 하락은 지난 30년간의 성장 추락을 거의 설명할 수 없다.

그런데 물적자본만 증가시키면 한계생산 체감의 법칙이 작동하기 시작한다. 즉 물적자본이 축적될수록 물적자본의 한계생산 혹은 수익률이 감소한다. 이에 따라 사람들은 물적자본에 대한 투자도 줄이고 그 결과 성장률이 점점 줄어든다. 결국 인적자본과 물적자본이 같이 하락하고 그로 인해 성장률도 지속적으로 하락하게 되는 것이다.

이렇게 1990년대 이후에 벌어진 성장률의 지속적 하락 현상은 성장의 주 엔진인 인적자본 축적이 정체되어 경제성장이 물적자본 축적에만 주로 의존하는 경우 벌어지는 전형적인 현상이다. 마치 인적 및 물적자본을 양쪽 날개, 양쪽 엔진으로 하고 고공행진하던 비행기가 한쪽 날개 혹은 엔진이 고장이 나게 되면 점점 밑으로 추락해 가는 것과 유사하다.

이렇게 경제학적 관점에서 보면, 결국 5년 1% 하락의 법칙의 근본적 원인은 자명하다. 인적자본 성장의 정체 때문이다. 인적자본 축적이 1990년대 초 이후에는 제대로 일어나지 않으면서 인적자본 성장률이 계속 하락했기 때문이다.

허무한 교육 투자 세계 1위

그렇다면 1990년대부터 왜 인적자본 축적이 정체되기 시작했을까? 이 시기부터 인적자본에 대한 투자를 멈추었기 때문일까?

인적자본 축적이 정체된 이 시기에 우리는 인적자본에 대한 투자를 결코 멈추거나 줄이지 않았다. 1990년대 이후 국민들의 교육열과 교육에 대한 시간 투자는 이전에 비해 더하면 더했지 그보다 낮은 수준이 절대 아니었다. 이는 독자들이 자신이나 가족들의 경험을 돌이켜 생각해보면 금방 알 수 있을 것이다.

요즈음 어린 학생들은 초등학교 때부터 방과 후 친구들과 즐겁게 노는 데 시간을 거의 보내지 않는다고 한다. 대신 학원에 가서 공부하는 것이 많은 지역에서 일반화되었다고 한다. 언제부터인가 많은 학생들이 사교육을 통한 '선행학습'에 어려서부터 많은 시간을 투자하게 되면서, 일부 지역에서는 심지어 고등학생이 보는『수학의 정석』을 초등학교 때부터 선행학습하는 학생들까지 있을 정도라고 한다.

대학진학률도 한때 세계 1위 수준인 80% 수준까지 상승했다. 민간과 정부의 교육비 지출 통계를 보아도 실제로 교육에 계속 엄청난 양적 투자를 해오고 있다. 특히 고도성장기가 끝난 이후 우리나라의 교육비 지출 비중은 오히려 더 크게 증가했다. 우리나라의 GDP 대비 공교육 지출은 1993년 5.7%였다. 그런데 성장추락기 중에 공교육 지출을 급격히 늘려 2010년에는 GDP의 7.6%까지 늘렸다. 이는 GDP 대비 세계 1위 수준이다.

그런데 이 통계에는 사교육비 지출이 빠져 있다. 사교육비 통계에 따르면 지난 10년 동안 사교육비 지출이 20조 원 내외로 대략 GDP의 1~2%를 차지해왔다. 이러한 사교육비 지출까지 감안하면

성장추락기에 우리나라 GDP 대비 교육비 지출은 세계 1위 정도가 아니라 압도적 1위였다. 막대한 자원과 시간을 교육에 투자했음에도 정작 성장의 주 엔진인 인적자본의 빠른 축적을 가져오는 데 실패했다.

성장추락기에 우리나라 교육비 지출이 GDP의 9~10% 수준에 육박하는 수준으로까지 증가했다. 세계 1위 정도가 아니라 압도적 1위였던 것이다. 결국 지난 30년간 5년 1% 하락의 법칙을 가져온 인적자본의 정체 현상이 인적자본에 대한 투자를 줄였기 때문이 결코 아닌 것이다.

　문제는 인적자본에 대한 투입을 줄인 것이 아니다. 진짜 문제는 막대한 자원과 시간을 교육에 투입했음에도 불구하고 이것이 성장의 주 엔진인 인적자본 축적을 가져오지 못했다는 점에 있다. 엄청나게 인적자본에 투자를 했으면 그 결과로 인적자본의 성장률이 높아지고 이것이 경제성장률 증가로 이어져야 하는데 오히려 성장률이 추락해왔다.

이는 교육에 막대한 투자를 했지만 그것이 인적자본의 축적으로 제대로 연결이 안 되었음을 의미한다. 교육에 잔뜩 돈과 시간을 집어넣었는데, 나오는 게 별로 없는 허무한 상황이 벌어져온 것이다.

이를 구체적 수치를 통해서도 확인할 수 있다. 나는 한 논문에서 교육 투자가 이 시기에 얼마나 효율적으로 인적자본 증가를 가져오고 이를 통해 성장에 기여했는지를 수치로 직접 계산해 보았었다. 이에 따르면, 우리나라 교육투자의 효율성이 1990년대 이후 계속 빠르게 하락하여 2010년에는 1990년 수준의 3분의 1 수준으로까지 추락했다.

한마디로, 인적자본에 열심히 투자는 했지만 막상 인적자본은 제대로 늘지 않았다.

목걸이: 모방과 창조

1990년대 이후 인적자본에 막대한 투자가 이뤄졌음에도 불구하고 허무하게도 인적자본의 정체가 일어난 이유는 무엇일까? 이것은 한마디로 지난 30년간 '엉뚱한' 인적자본에 투자해왔기 때문이다.

이를 설명하기 위해서 나는 인적자본을 두 가지 종류로 구분한다. 인적자본에는 '모방형 인적자본'과 '창조형 인적자본'이 있다.[11]

'모방형 인적자본'은 기존 지식이나 기술의 모방을 통해 축적한 인적자본을 말한다. 이에 비해 '창조형 인적자본'은 새로운 지식이나 기술을 스스로 생각해내고 만들어내는 능력 혹은 그 능력을 통해 축적한 인적자본을 의미한다.

우리가 살면서 소비하는 제품 중에는 오리지날이 있고 제네릭(복제품)이 있다. 예를 들어, 우리가 아플 때 약국에서 사 먹는 약에도 오리지날약과 제네릭약이 있다. 오리지날약은 제약회사가 처음 개발한 약이고, 제네릭약은 다른 회사가 오리지날 의약품을 복제한 약이다. 두통이 있는 경우 우리는 미국 제약회사 존슨앤존슨이 처음 개발해 만든 오리지날약인 타이레놀을 사 먹을 수도 있지만, 이와 성분과 용량이 똑같은 제네릭약(복제약)을 사 먹을 수도 있다.

이 약의 예를 들어 모방형과 창조형 인적자본을 쉽게 설명하자면, 모방형 인적자본은 복제약을 만들어내는 능력이고 창조형 인적자본은 오리지날 의약품을 만들어내는 능력이다.

그런데 이 모방형과 창조형 인적자본 중에 어느 쪽의 가치가 높을까? 두 가지 인적자본의 가치는 그것들이 만들어내는 생산물인 오리지날과 제네릭의 가치에 의해 결정된다. 오리지날과 제네릭을 달리 표현하면 원조와 짝퉁이다. 그런데 원조 오리지날의 가치는 짝퉁 가치의 수백 배, 수천 배가 될 수 있음은 우리가 생활 경험을 통해서도 잘 알고 있다. 명품 옷, 명품 가방과 그 짝퉁을 생각해보면 쉽게 알 수 있다.

이런 까닭에 우리 주변에는 원조를 주장하는 수많은 음식점들도

모방과 창조

등장한다. 음식을 먹으러 식당들이 모여 있는 식당가에 가면 '원조'가 붙은 많은 음식점들을 본다. 원조 양평해장국, 원조 할매보쌈, 원조 원주추어탕, 원조 남원추어탕 등등 무척이나 다양하다.

예술 작품에서 원조와 모방품의 가치 차이는 극단적이기까지 하다. 예를 들어 1부에서 소개했던 에드바르 뭉크Edvard Munch가 그린 「비명」은 2011년 소더비 경매에서 1억 2000만 달러에 팔렸다. 한국 돈으로 무려 1300억 원에 달한다. 이 그림을 일반인들은 못 알아볼 정도로 누군가 똑같이 그릴 수도 있다. 그것도 수백, 수천 점의 복사품을 그릴 수 있다. 그러나 그 복제품의 가치는 원본의 가치에 비하면 0에 가까울 것이다.

모방품이나 모방과 관련해 내가 읽어 본 최고의 문학작품은 프랑스 작가 기 드 모파상Guy de Maupassant의 『목걸이』다. 하급공무원과 결혼했지만 상류사회 생활을 동경하는 주인공 마틸드는 교육부장관 저택에서 열리는 파티에 참석하기 위해 다이아몬드 목걸이를 친구로부터 빌린다. 화려한 다이아몬드 목걸이를 걸고 많은 이들의 주목을 받으며 춤을 추며 파티에서 꿈같이 행복한 시간을 보낸다. 하지만 파티가 끝난 후 집에 돌아와 친구에게 빌린 다이아몬드 목걸이가 없어진 것을 알게 된다.

놀란 마틸드는 필사적으로 목걸이를 찾아봤지만 찾을 수 없게 되자, 감당할 수 없는 거액의 빚을 빌려 같은 디자인의 다이아몬드 목걸이를 사서 친구에게 돌려준다. 그리고 그 많은 빚을 갚기 위해 10년이란 세월 동안 온갖 허드렛일을 하며 죽도록 고생한다. 10년

프랑스의 소설가 모파상이 1884년 발표한
단편소설 『목걸이』 초판 표지.

이 지나 겨우 빚을 다 갚게 되었을 때, 젊었을 때의 미모도 사라진 마틸드는 우연히 길에서 친구를 마주친다. 마틸드는 친구에게 10년 전 빌렸다 돌려준 다이아몬드 목걸이는 사실 원래 목걸이가 아니라 똑같이 생긴 목걸이를 사서 돌려주었던 것이라고 얘기한다. 이에 친구는 깜짝 놀라며 말한다. '마틸드! 그 목걸이는 짝퉁이었어! 겨우 500프랑짜리'

극적인 반전으로 유명한 이 소설에서 내가 경제학자로서 주목하는 점은 모방의 허무함이다. 주인공 마틸드는 상류생활을 모방하고자 다이아몬드 목걸이를 빌린다. 잃어버린 목걸이를 돌려주기 위해 마치 모방품처럼 그와 똑같이 생긴 다이아몬드 목걸이를 찾아 나선다. 친구가 빌려준 목걸이도 짝퉁이다. 모방들이 세 겹으로 겹치면서 한 사람의 인생이 처절하게 낭비되고 파괴되었다.

우리나라도 지난 30년간 모방형 인적자본에만 투자하고 그 결과 모방만 주로 하다가 30년이란 나라의 시간이 낭비되었다. 허무하게 엉뚱한 인적자본에 잘못 투자하고 있었던 것이다.

물론 모방형 인적자본도 나라와 시대에 따라 그 가치가 크게 달라질 수 있다. 예를 들어, 두통치료제 타이레놀의 제네릭 약은 이런 약이 존재하지 않던 개도국에 도입되면 그 가치는 매우 크다. 이런 수요가 존재하기 때문에 모방생산에 비교우위가 있으면 이를 생산해 수출할 수도 있다. 따라서 이런 경우에는 제네릭 제품을 생산하기 위해 필요한 모방형 인적자본의 가치도 크게 된다.

1960년 이후 30년은 우리나라에서 모방형 인적자본의 가치가 매우 높아 이에 대한 투자가 최적인 시기였다. 이 시기에 우리나라는 선진 지식과 기술을 모방하고 이를 산업화하여 생산하고 이를 국내에서 소비하거나 수출하는 것이 매우 중요했다.

따라서 기존 지식이나 기술을 모방해서 머릿속에 집어넣은 모방형 인적자본의 가치가 매우 높았다. 이런 상황에서 당시 우리나라는 매우 효율적인 주입식·암기식 교육시스템을 통해 국민들이 모방형 인적자본을 빠르게 축적하도록 촉진하고 이를 통해 고도성장을 달성했다.

앞 장에서도 이야기했듯이, 이 시기에는 특히 한 교실에 60~70명이 들어가는 '콩나물 교실'로 대표되는 자원집약형 교육제도로 개도국이 갖는 자원제약 문제를 해결했다. 이와 더불어 4시간 자고 공부하면 합격하고 5시간 자고 공부하면 떨어진다는 '4당 5락'으로 상징되는 경쟁적 입시제도를 통해 학생들의 시간 투자를 최대한으로 끌어올렸다. 이러한 자원절약형, 시간집약형 교육제도를 통해 개도국의 불리한 점을 효율적으로 극복하고 모방형 인적자본을 빠르게 축적했다.

당시 이것이 가능했던 가장 중요한 이유는 경제 및 기술 발전 단계가 낮아 아무 제약 없이 모방할 수 있는 지식과 기술이 넘쳐 났기 때문이다. 따라서 많이 외우고 많이 베낄수록 이를 이용해 생산할 수 있는 제품의 종류와 양이 늘어났기 때문이다.

이 시기에는 남의 것을 열심히 베끼기만 하면 됐다. 그리고 베끼는 것이 가능했다. 공짜로 베껴 쓸 수 있는 기술이 널려 있었기 때문이다. 그래서 모방형 인적자본을 쉽게 축적하는 것이 가능했기 때문이다.

그러나 1990년대 들어서면서 우리나라에서 모방형 인적자본의 가치는 급격히 하락했다. 이에 따라 창조형 인적자본이 우리 국민들이 필수적으로 길러야 할 인적자본이 되었다. 그럼에도 30년 동안 우리나라는 창조형 인적자본이 아니라 모방형 인적자본에 계속 투자해왔다. 엉뚱한 데에 잘못 투자해온 것이다.

특허의 벽

지난 30년간 모방형 인적자본의 쓸모와 가치가 왜 급격히 하락했을까? 거기에는 몇 가지 중요한 이유들이 있다. 무엇보다도 1990년대 들어서면서 우리나라가 산업발전 단계상 여러 산업에 걸쳐서 기술의 프론티어(최전방)에 어느 정도 근접하게 되었기 때문이다.

모방과 창조

기술이 많이 낙후된 개도국의 입장에서 기술 모방을 통해 기술의 프론티어에 가까워지는 것은 물론 좋은 일이다. 그러나 일단 프론티어에 가까워지면 더 이상 베껴서 제품화하는 것이 어려워진다. 물론 베끼고 모방해서 머릿속에 집어넣을 수는 있지만 그것을 상업적으로 이용해 이익을 얻을 수가 없게 된다. 즉 모방형 인적자본을 축적할 수 있지만 축적한 모방형 인적자본을 더 이상 써먹을 수가 없다. 왜 그럴까?

'특허' 때문이다. 특허는 새로운 기술을 만든 사람이나 기업이 그 기술을 이용하여 제품을 만들 독점적 권리를 일정 기간 부여받는 것이다. 그래서 특허를 내지 않은 사람이나 기업이 그 기술을 무단으로 사용할 수 없다. 그 기술을 이용하여 물건을 만들려면 그 기술을 사거나 로열티를 내고 빌려야 한다.

이러한 특허의 권리는 법을 통해 보장된다. 법을 통해 특허권자의 독점권을 보장하는 특허제도는 15세기 이탈리아의 베니스에서 시작되었는데, 당시 10년간 특허권이 보장되었다.

특허제도가 본격적으로 뿌리를 내리고 발달하기 시작한 것은 영국의 산업혁명과 궤를 같이한다. 산업혁명을 이끈 핵심 발명품 중 하나는 증기기관이었다. 특히 제임스 와트James Watt가 이전에 토마스 뉴코멘이 만들었던 증기기관을 크게 개량한 증기기관을 발명하면서 증기기관은 이 후 동력 혁명을 이끌었다. 제임스 와트가 발명한 새로운 증기기관의 핵심은 분리형 응축기를 이용한다는 점이었는데, 제임스 와트는 이를 1769년에 특허로 등록한다. 그리고 이러

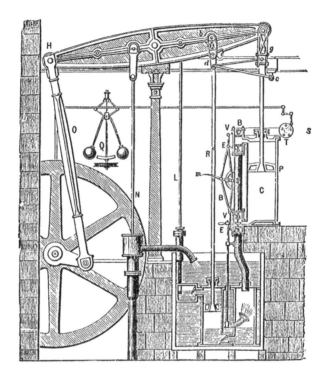

제임스 와트가 고안한 증기기관 도면 일부

한 새로운 증기기관이 1776년 물펌프로부터 시작하여 다양한 용도를 위한 동력 기관으로 상용화된다.

그런데 제임스 와트가 새로운 증기기관을 특허 등록한 이후 당시 몇몇 경쟁자들이 유사한 증기기관을 만든다. 그러자 제임스 와트는 이들을 고소하여 그의 특허권을 보호한다. 제임스 와트의 경우처럼 특허제도를 통해 발명가가 발명품에 대한 독점권을 법으로 보장받는 구체적 사례들이 쌓이게 되면서, 특허제도는 보다 많은 사람들이 새로운 발명에 도전하도록 촉진하는 역할을 하게 된다. 따라서 산업혁명을 이끈 신기술들의 지속적 등장은 결국 새로운 기술의 권리를 보장해주는 이러한 특허제도의 존재에 크게 힘입었다고 할 수 있다.

이런 관점에서 특허제도의 중요한 역할은 사람들이 새로운 기술을 개발할 강력한 인센티브를 제공한다는 점이다. 특허는 기술을 개발한 사람에게 그 기술을 이용할 수 있는 독점권을 줌으로써 기술 개발에 따른 이익을 얻을 수 있게 해준다. 기술개발에 따른 이런 이익이 있기 때문에 사람들은 시간과 노력과 돈을 들여서 기술 개발에 나서게 되는 것이다. 만약에 이런 인센티브가 없다면 아무도 비용을 들여 기술개발에 나서지 않을 것이다. 그 결과 사회 전체적으로 아무런 기술 발전이 없는 정체 상태가 지속될 수 있을 것이다.

그런데 특허제도가 보장하는 독점적 이윤을 얻기 위해 누군가가 새로운 기술을 이미 개발했다고 하자. 일단 개발된 기술은 가능하면 모든 사람이 이용하는 것이 사회적으로 더 바람직하다. 이미 세상에 나온 좋은 기술을 일부 한정된 사람들만이 이용하는 것이 아니라 보다 많은 사람, 보다 많은 기업이 베껴서 마음껏 이용하면 사회후생이 증가하기 때문이다.

그래서 특허를 통해 독점권을 주어 발명의 인센티브를 주되 독점권을 영원히 주는 것이 아니라 일정 기간만 부여하는 것이 최적일 수 있다. 이런 점에서 특허는 독점권을 보호해주는 보호기간이 있다. 보호기간 이상으로는 보호해주지 않는 것이다. 나라에 따라

시대에 따라 조금씩 달라져왔지만, 현재 미국을 비롯한 선진국들에서 특허 보호기간은 일반적으로 20년이다.

따라서 기술 프론티어에 있는 선진국 기술들은 특허를 통해 20년간 보호되므로 개발도상국 입장에서는 나온 지 20년 이상 되는 오래된 외국 기술들은 마음껏 베껴서 이용할 수 있다. 그러나 아직 나온 지 20년이 채 안 된 외국의 첨단기술들은 더 이상 베껴서 이용할 수 없다.

예를 들어, 어떤 개도국이 특허로 20년 보호되는 세계 최첨단 기술에 비해서 50년 뒤떨어져 있다고 하자. 그러면 이 나라는 모방형 인적자본을 열심히 축적하여 이를 이용해 특허 침해에 걸릴 염려 없이 열심히 외국기술을 베낄 수 있다. 이 나라가 모방형 인적자본을 빠르게 축적한다면, 50년 된 기술부터 시작하여, 40년 된 기술, 30년 된 기술, 20년 된 기술까지 계속 차례대로 베껴서 생산할 수 있다. 그리고 이에 따라 계속 높은 성장률을 유지할 수 있다. 따라서 이를 통해 30년은 따라잡을 수 있다.

그러나 모방을 통해 기술 격차를 20년까지 좁혀온 순간부터는 더 이상 모방을 통한 인적자본 축적과 성장이 어려워진다. 19년 된 기술부터는 베낄 수가 없기 때문에 남의 것을 열심히 베끼는 것이 더 이상 가능하지 않게 된 것이다.

우리도 1990년대부터 특허보호 기간인 20년 정도까지 선진국과의 기술격차를 줄인 산업들이 늘어났다. 그 결과 여러 산업에 걸쳐 특허로 보호되는 선진국 기술들을 모방하는 것이 더 이상 쉽지 않

우리나라 휴대전화 제조 기업들은 경쟁력 있는 제품을 수출하려면 로얄티를 주고 외국의 기술을 빌려써야 했다. 이렇게 1995년부터 10년간 지불한 기술사용료가 3조 원을 넘어설 정도다.

게 되었다. 따라서 기술이 앞선 선진국 기업들과 모방을 통한 경쟁이 점점 어렵게 되었다.

그나마 주력산업들에서 경쟁력 있는 제품을 만들어 수출하려면 로얄티기술사용료를 주고 외국의 선진기술을 빌려다 써야만 했다. 1990년대 이후 주요 수출품인 휴대전화의 경우 휴대전화의 핵심기술인 CDMA칩의 원천기술 회사인 퀄컴에 천문학적인 기술사용료를 낸 것은 잘 알려져 있다. 국내 휴대전화 제조 기업들이 1995년부터 10년간 지불한 기술사용료가 3조 원을 넘어설 정도였다.

결국 한국의 기업들이 이미 30년 전에 이제는 독자적인 기술로 세계 시장에서 승부해야 하는 시점에 도달했고, 이에 따라 모방형 인적자본 축적에 의한 성장은 커다란 한계에 직면했다.

구글링과 알파고

지난 30년간 모방형 인적자본의 쓸모와 가치가 급격히 하락한 또다른 이유가 있다. 이 기간 동안 이루어진 인터넷과 AI인공지능의 발달로 남이 만든 기존의 지식이나 계산능력을 머릿속에 집어넣은 모방형 인적자본의 경제적 가치가 급락했기 때문이다.

주지하다시피, 1990년대 이후 전 세계적으로 연결된 컴퓨터 네트워크인 인터넷이 급속히 발달하기 시작했다. 1990년대 초 영국 공학자 팀 버너스리Timothy Berners-Lee에 의해 여러 대학이나 연구기관에 흩어져 있는 정보들을 데이터 베이스한 후 이들을 서로 신속하게 열람할 수 있도록 하기 위한 목적으로 월드 와이드 웹www이 탄생되면서 인터넷의 보급이 급속화되었다.

이에 더해, 1995년 제리 양Jerry Yang과 데이비드 파일로David Filo가 창립한 야후와 1998년 세르게이 브린Sergey Brin과 래리 페이지Larry Page가 만든 구글 등에 의해 인터넷 상의 검색엔진이 빠르게 발전했다.

이러한 인터넷과 검색엔진 기술의 발달은 우리가 그동안 학교에서 암기 방식을 통해 배워온 '공부'의 가치와 의미에 대해 커다란 의문을 던지게 되었다.

우리가 직장에서 일하는 과정에서 필요한 지식이나 정보가 있

미국 실리콘벨리에 있는 야후 본사(좌)와 구글 본사의 모습(우)

다고 하자. 이를 어떻게 구할까? 전통적인 방식은 우리 머릿속을 뒤져서 찾아내는 방식이었다. 우리는 필요한 지식이 있을 경우를 대비해서, 학교에서 미리 공부해서 머릿속에다가 암기를 통해 수많은 지식을 넣어 저장해 두었었다. 어떤 지식이 필요할지 모르니 정말 써먹을지 안 써먹을지도 모르는 무수히 많은 지식을 일단 머릿속에 집어넣고 보는 방식의 교육을 받았다.

이런 전통적인 방식 하에서는, 보다 많은 지식을 머릿속에 집어넣은 사람, 즉 모방형 인적자본을 많이 축적한 사람들은 일하다가 필요한 지식 중 보다 많은 지식에 대해 바로 대응을 할 수 있다. 그래서 보다 많은 지식을 암기하고 저장해놓은 사람의 생산성이 더 높다.

그런데 인터넷이 발달하면서 누구나 '구글링googling' 즉 검색을 통해 필요한 지식이나 정보를 자신의 작은 머릿속이 아니라 무한히 열려 있는 인터넷 공간에서 찾을 수 있게 되었다. 따라서 이제는 필요한 지식이 있을 때에 대비해 굳이 머릿속에다가 수많은 지식을 암기를 통해 저장해둘 필요가 없게 되었다. 필요한 지식이 있으면 바로 인터넷 검색 즉 '구글링'을 하면 수많은 정보와 지식을 바로 얻을 수 있기 때문이다.

학교에서 열심히 공부해서 머릿속에다가 수많은 지식을 저장해서 모방형 인적자본을 축적해놓았다 해도 요즈음 컴퓨터의 기억능력에 비교가 안 된다. 심지어 내 컴퓨터에 저장해놓을 필요도 없다. 인터넷의 발달로 내 컴퓨터 아니라도 다른 컴퓨터들에 저장되어 있는 거의 무한에 가까운 지식들을 인터넷을 통해 찾아 쓰면 된다.

인터넷과 검색엔진의 발달에 더해 최근 AI의 급격한 발달은 이제 최고 수준의 전문직 지식노동자들이 쌓아놓은 모방형 인적자본까지 급속히 무력화시키고 있다. 전문직 지식 노동자들이 쌓는 모방형 인적자본은 단순 지식에 그치는 것이 아니라 기존의 수학적 계산방법이나 논리적 연산방법이 포함된다.

AI가 얼마나 쉽게 전문직 지식 노동자들이 쌓은 모방형 인적자본을 무력화시킬 수 있는지는 몇 년 전 전국에 생중계된 알파고와 이세돌 구단의 바둑 대결이 상징적으로 보여줬다. 독자들도 잘 아시다시피, 2016년 인간을 대표해서 이세돌 구단은 바둑 AI인 알파고와 역사적인 바둑 대결을 벌였다. 기계와의 두뇌싸움에서 체스를 비롯하여 여러 분야에서 계속 패전에 패전을 거듭하며 밀려온 인간인지라 바둑에서만은 아직 버텨주기를 바라는 마음으로 전 국민뿐만 아니라 전 세계 사람들이 이세돌 구단의 승리를 기원했을지 모른다. 그러나, 알파고의 버그(즉 오작동)로 인해 한 판을 이긴 것을

모방과 창조

이세돌 구단과 알파고의 바둑대결. 인간과 인공지능 간의 세기의 대결로 일컬어지며, 전 세계적으로 큰 관심을 받았다. 다섯 번에 걸친 대국이 종료된 날 기자회견장에는 수많은 기자들이 몰렸다.

제외하고는 다섯 번의 대국 중 네 판을 이세돌 구단이 졌다. 아쉽게도 알파고의 일방적인 승리였다.[12]

알파고의 승리는 한마디로 컴퓨터가 이제는 논리적 계산능력에 있어서도 어떤 인간보다 앞섰음을 의미하는 상징적 이벤트였다. 바둑이라는 게임은 가로 19줄, 세로 19줄이 만나는 점에다 흑 돌을 두는 사람과 백 돌을 두는 사람이 번갈아 놓고 마지막에 집을 더 많이 지은 사람이 이기는 게임이다. 그런데 바둑이라는 게임은 사실 논리적 계산 능력이 완벽하면 첫 수부터 마지막 수까지 최적 수순을 알 수 있는 게임이다. 바둑을 둘 줄 안다면 바둑의 가장 간단한 형태로서 가로 2줄, 세로 2줄(혹은 가로 3 세로 3줄)이 만나는 점에다 둔다고 가정하고 한번 둬보면 이를 금방 확인할 수 있다.

그럼에도 그동안 인간들 사이에서 바둑이 신비로운 영역에서의 두뇌 싸움으로 여겨지며 각광을 받을 수 있었던 것은 인간의 논리적 계산 능력이 가로 19줄 세로 19줄인 경우의 최적 수순을 정확히 계산할 정도에는 못 미치기 때문이었다.

이런 상황에서 매 시대마다 바둑의 포석과 정석 등 기존 바둑 지식을 열심히 연마하고 또 연마한 당대의 뛰어난 고수들이 등장하여 완벽하지는 않지만 범인들이 범접할 수 없는 논리적 연산 능력을 통해 소위 마치 신이 둔 것 같은 신수를 보여주었고, 이에 바둑 팬들은 감동하고 열광했었다.

우리나라에서도 초대 국수로서 한국 프로바둑의 개척자였던 조남철 구단에 이어 김인, 서봉수, 조훈현, 이창호, 이세돌 등 당대 최고의 고수들이 계속 등장하여 바둑 팬들에게 많은 감동을 선사해왔다. 어린 시절 일본으로 건너가 기타니 도장에서 공부한 청년 조치훈 구단이 1980년 명인 타이틀 획득을 필두로 일본 바둑계를 평정해가는 모습을 열심히 응원했던 기억도 생생하다. 신수를 두는 사람들이란 생각에 이들은 왠지 늘 신비해 보이기도 했다.

그런데 몇 천 년 역사를 통해 오랫동안 신비의 세계로 남아 있던 바둑에 대한 인간의 환상을 마침내 AI 기계가 깨뜨린 것이다. 인간보다 뛰어난 계산능력을 갖춘 AI가 계산하면 바둑은 한 수 한 수가 더 이상 신비하지 않게 된다. 바둑 기계의 입장에서 보면 지극히 평범하고 당연한 논리적인 한 수 한 수가 있을 뿐이다. 이에 따라 일반 대중에게도 바둑은 거의 신의 경지에 이른 고수들 간의 신비한

모방과 창조

두뇌게임이라는 환상이 깨지게 되었다. 이렇게 AI 기계가 발달함에 따라 학교 교육 등을 통해 사람의 머릿속에 집어넣은 연산 능력의 가치 또한 급속히 낮아지게 된 것이다.

결국 기존의 지식이나 계산 방법을 외우고 연마하여 자기 머릿속에 집어넣은 모방형 인적자본이 급격히 이전의 가치를 상실하는 시대가 되었다. 모방형 인적자본에만 투자해서는 인터넷이나 AI와 경쟁하기가 어려워진 것이다. 이런 상황에서 더 이상 모방형 인적자본만 축적해서는 인적자본을 증가시키기가 어렵다. 물론 우리나라가 고도성장기에 축적했던 모방형 인적자본은 그 당시 고도성장기엔 유용한 인적자본 축적 방법이었다.

그러나 그런 시대는 이미 지나갔다. 그걸 모르고 엉뚱한 인적자본에 투자를 많이 한 것이 1990년대 이후 인적자본에 정체가 일어난 이유다. 결국 모방형 인적자본에만 잘못 투자한 결과 인적자본의 정체가 일어났고 성장률이 5년 1% 하락의 법칙에 따라 미끄럼틀 타듯 지속적으로 하락하게 되었다.

대한민국은 그렇게 잃어버린 30년을 보냈다.

04

구원의
패러다임

실패한 전환시대

앞 장의 논의들을 통해 5년 1% 하락의 법칙에 따른 지난 30년간의 성장 추락의 원인은 명확해졌다. 시대착오적인 모방형 인적자본에 대한 투자로는 인적자본 축적이 더 이상 어려워진 시대가 이미 30년 전부터 도래했다. 국민 한 사람 한 사람이 새로운 지식과 기술을 스스로 창출해내는 능력을 키워야만 인적자본이 효율적으로 축적되는 시대로 바뀌었다.

이제 성장의 엔진을 모방형에서 창조형 인적자본으로 대전환해야만 하는 '인적자본 전환시대'가 도래했다. 그러나 우리나라는 아무런 국가적 패러다임 대전환 없이 지난 30년을 허송세월했다.

주지하다시피 아직도 주입식, 암기식, 문제풀이식 교육이 답습되고 있는 가운데, 우리 학생들의 아까운 노력과 시간 그리고 수많은 자원이 인터넷에서 클릭 한 번이면 찾아볼 수 있는 온갖 지식들을 외우는 데 낭비되고 있다. 입시제도는 무용지물화되고 있는 모방형 인적자원을 학생들이 무한반복 암기를 통해 축적하도록 유도해왔다.

그럼에도 역대 어느 정부도 창조형 인적자본 촉진에는 관심이 없었다. 정부의 경제정책도 고속성장을 회복해줄 '성장정책'은 전혀 시도도 하지 않고 경기변동에 대한 대응수단인 '경기부양정책'만 고집해왔다.

연간 경제성장률이 하락하는 이유는 크게 두 가지가 있다. 첫 번째는 단기적 경기변동에 의한 성장률 하락이다. 두 번째는 장기성장률의 추세적 하락에 기인한 성장률 하락이다. 첫 번째 경우는 총수요 감소에 의해 일어나는데 이 때 총수요를 증가시키는 경기부양책이 효과가 있을 수 있다. 그러나 장기성장률의 추세적 하락에 기인한 연간성장률의 하락은 경기부양정책이 효과가 없고 부작용만 생길 수 있다.

정부의 성장정책이 방향을 잃은 것은 무엇보다도 경기변동 대응정책 중심으로 발달한 미국 경제학에 지나치게 의존한 결과일 가능성이 높다. 1930년대에 경기변동에 따른 대량실업으로 많은 사람들

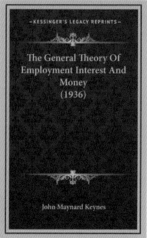

경제학자 존 메이나드 케인즈는 1936년 『일반이론』을 출간하여 경기변동에 따른 실업에 대해 명쾌한 해결책을 제시했다.

이 고통을 받고 있을 때, 영국의 위대한 경제학자 존 메이나드 케인즈John Maynard Keynes가 1936년 『일반이론The General Theory of Employment, Interest and Money』을 출간하여 경기변동에 따른 실업에 대해 명쾌한 해결책을 제시했다. 케인즈에 따르면 단기적으로 기업의 투자 수요가 크게 감소하면 경제 내에 물건에 대한 수요가 크게 감소한다.[13] 수요가 줄어들었기 때문에 기업들은 생산을 줄인다. 이에 따라 나라 전체의 생산인 GDP가 줄어든다. 그리고 만드는 물건이 줄어드니 물건 만들 사람이 덜 필요해져서, 임금이 낮아지지 않는 한 실업이 증가한다. 이 경우 케인즈의 해결책은 명확하다. 물건에 대한 수요가 줄어서 GDP 가 줄고 실업이 늘었으니 물건에 대한 수요를 증가시키

모방과 창조

면 된다. 정부가 재정지출을 증가시켜 물건에 대한 수요를 증가시키거나 중앙은행이 나서서 돈을 풀거나 금리를 낮춰서 민간 기업의 투자 수요를 증대시키면 된다는 것이다.

만약 연간 성장률이 하락하는 이유가 미국의 경우처럼 주로 경기변동에 기인한다면, 케인즈의 아이디어에 따라 총수요를 부양하는 경기부양정책이 적절한 정책대응수단일 것이다. 그러나 연간성장률이 하락하는 근본적인 이유가 우리나라처럼 성장추세의 하락 때문이라면, 총수요 촉진 경기부양정책을 써서는 장기성장률 추세를 반등시키는 데 효과가 없을 가능성이 크다. 왜냐하면 장기성장률이 하락하는 이유는 총수요 부족 때문이 아니라 총공급 쪽, 즉 경제의 생산 능력에 문제가 생겼기 때문이다.

우리나라는 인적자본 축적이 점점 정체 되면서 공급 능력 즉 생산능력의 증가율이 점점 하락하였기 때문에 연간성장률도 하락해왔다. 이 상황에서 경기변동 대응 수단인 확장적 재정정책이나 저금리 통화정책이 인적자본의 정체를 막고 경제의 생산 능력을 증대시키기 어렵다. 더욱이 장기성장률 하락 시에 이루어지는 과도한 수요 촉진 경기부양책은 1980년대 말의 일본이나 1997년 IMF위기 이전의 우리나라에서 보듯이 위기 가능성까지 높일 수 있다.

따라서 우리나라 같은 경우에 거시경제 문제를 해결하기 위해서는 어떻게 장기성장률을 증가시킬지에 초점을 맞추어 거시경제정책을 입안하고 시행해야 한다. 특히 총수요 경기부양책이 아니라 장기성장능력을 증가시키는 성장정책을 사용해야 하는 것이다.

그럼에도 불구하고 아쉽게도 그동안 우리 정부는 보수, 진보 정권 상관없이 장기성장률의 추세적 하락에 따른 성장률 하락에 오랫동안 경기부양책으로 대응해왔다. 1990년대 초 이후 30년간 장기성장률이 하락해왔는데 경기변동 하락에 기인한 성장률 하락에 대응하는 수단인 경기부양책만 지속적으로 사용해온 것이다. 이것은 마치 맹장염 때문에 복통을 호소하고 있는 환자에게 계속 소화제만 처방해 주는 것과 같다.[14]

정부는 경기부양정책과 함께 '천수답 기술정책'에 의존해왔다. 우리나라의 기술정책은 기술개발에 있어서 창조형 인적자본의 중요성에 대한 인식 부재 속에, 마치 씨를 심고 하늘에서 비가 내리기만 기다리듯 돈만 쏟아붓고 기술이 저절로 개발되어 나오기만을 기대하는 천수답 기술정책을 크게 벗어나지 못했다. 24조 원이나 되는 막대한 정부 R&D 예산 투입과 나라 전체로는 GDP의 4~5%나 되는 막대한 R&D 투자에도 아직까지 성장률 회복에 기여할 만큼 특별한 기술개발 성과를 내지 못하고 있다는 사실이 이를 여실히 증명한다.

새로운 기술을 개발하려면 결국 창의적인 아이디어를 생각해내는 '사람'이 핵심이다. 그럼에도 사람들의 아이디어를 보호하고 보상해주는 국가 시스템은 제대로 갖추어져 있지 않다 보니 아무도 창조형 인적자본을 키우려 애쓰지 않았다.

이에 따라 대한민국은 창조적 인재보다는 모방형 인재들로 넘쳐나는 가운데 인적자본 축적이 정체되고 의미 있는 수준의 기술개발

모방과 창조

이 이루어지지 않아 장기성장률이 5년에 1%포인트씩 지속적으로 추락해왔다. 결국 5년 1% 하락 법칙의 원인은 성장의 엔진을 모방형에서 창조형 인적자본으로 전환시키는 데 실패한 데 있다.

원인이 명확해졌으니 그에 따라 해법도 명확해졌다. 창조형 인적자본으로 성장엔진을 대전환하는 것만이 무섭고 강력한 5년 1% 하락의 법칙으로부터 우리를 구원해줄 유일한 해법인 것이다.

라디오 스타와 창조성

지난 30년간 인적자본 전환에 실패해 엉뚱한 인적자본에만 계속 투자한 결과는 처참하다. 국가 차원에서는 지난 30년간 성장률이 5년 1% 하락의 법칙에 따라 지속적으로 추락해왔다. 그 결과 이제는 제로성장과 그에 따른 경제위기를 걱정해야 하는 처지가 되었다.

개별 국민들 차원에서는 좋은 일자리, 즉 소득이 증가하는 일자리에서 일할 가능성이 50%도 안 되는 상황이 멀지 않아 벌어질 수도 있게 되었다. 이에 따라 모방형 인적자본에 잘못 투자한 수많은 대졸 지식 노동자들이 향후 좋은 일자리에서 점점 내몰릴 수밖에 없는 상황이 되었다.

1979년 영국의 밴드 버글스Buggles가 발표해 전 세계적으로 유명해진 노래 「비디오가 라디오 스타를 죽였다Video killed the radio star」라는 노래가 있다. 매우 경쾌한 디스코 풍의 춤곡이지만, 그 메시지는 비장하고 슬프기까지 하다.

이 노래는 제목 그대로 비디오가 라디오 스타를 죽였다고 강조하며 반복해서 읊조린다. 비디오로 인해 이제 라디오 스타는 우리의 일상으로부터 사라졌다고, 심지어 우리의 마음으로부터도 사라졌다고 외친다. 노래는 이를 되돌릴 수도 없다고 그리고 세상은 이미 너무 변해버리고 말았다고 멜로디에 실어 속삭인다.

이 노래는 새로운 기술의 도래가 과거 기술에나 적합한 인적자본만 축적한 사람들을 어떻게 그 일자리에서 몰아내는지를 상징적으로 보여준다. 당시 막 등장한 컬러텔레비전과 비디오 레코더의 출현에 따라 새로운 비디오 시대가 도래했다. 강렬한 색채의 비디오가 대중의 눈을 자극하자, 귀를 통해서만 감동을 주던 라디오 시대는 급속히 저물었다. 이에 라디오 시대에나 적합한 인적자본을 키워 그 시대에 최고봉이 되었던 라디오 스타들이 새로운 비디오 시대의 쓰나미에 쓸려 무대 뒤로 쓸쓸히 쫓겨나게 된 것이다.

시대착오적인 모방형 인적자원만 주로 축적한 우리의 젊은이들의 일자리는 어떨까? 새 시대에 적합하지 않은 인적자본만 축적했다가 좋은 일자리에서 쫓겨난 라디오 스타들 같은 운명이 되는 것은 아닐까?

기술의 지속적인 발전으로 이제는 한때 최첨단이었던 비디오 기술도 구닥다리 기술이 되어 새로 등장한 AI 기술에 밀려나는 시대가 되었다. 이에 최근에는 「AI가 비디오 스타를 죽였다 AI killed the video star」라는 패러디 노래까지 등장했다. AI는 세계 최고의 바둑 기사였

비디오의 시대가 라디오의 시대를 몰아낼 것이라 예언했던 영국 밴드 버글스.

던 이세돌 구단까지 이기고 은퇴시켰다. 이세돌 구단은 한 언론과
의 인터뷰에서 'AI라는 절대 넘을 수 없는 장벽 앞에서 느끼는 허무
와 좌절'을 은퇴의 직접적인 이유로 들었다.

이세돌 구단의 은퇴는 일자리를 구하는 모든 젊은이들에게 시사
하는 바가 크다. 비록 바둑이지만 당대 최고의 고수까지 AI 같은 컴
퓨터 기반 기계들에 밀려나는 이 시대에 과연 어떤 일자리에서 자
신의 영역을 확보할 수 있을까? 이 일자리 위기 시대에 살아남으려
면 과연 어떤 능력이 있어야 할까?

1700년대 후반 영국의 산업혁명 이후 기계는 끊임없이 인간 노
동을 대체해왔다. 이에 대응하여 인간은 기계가 제대로 할 수 없는

새로운 형태의 노동 영역으로 계속 이동해왔다. 기계가 처음에는 인간의 육체노동을 대체하는 방향으로 발전하자, 인간은 지식노동 쪽으로 이동해 특화해왔다. 그러나 최근에는 기계가 인간의 지식노동까지 급속히 침범해오고 있다.

특히 컴퓨터와 인터넷의 발달은 인간의 지식노동 중 기존 지식을 저장했다가 이용하는 기억 기능과 단순 계산능력을 이용한 지식노동을 급속히 대체해왔다. 이에 더해 AI는 논리적 연산능력에 입각한 지식노동까지 대체하고 있다. 이것이 최근의 알파고와 이세돌 구단의 이벤트에서 상징적으로 나타난 것이다.

이제 기억과 계산능력에 의존하는 지식노동에서 기계에 비교우위를 상실하기 시작한 인간이 살아남기 위해서는 새로운 영역의 노동을 찾아 시급히 이동해야 한다. 독자들부터 시급히 이 새로운 노동영역을 찾아 이동해야 한다. 그곳은 어딜까?

똑똑한 기계들 속에 살아남아 '나의 일자리'를 확보하여 자신의 경제적 생존력을 확보하기 위해서는 똑똑한 기계들도 할 수 없는 영역의 지적 노동을 해야 한다.

지금 우리가 AI 같은 똑똑한 기계들에 비해 우위가 있을 수 있는 영역은 한 가지뿐이다. 크리에이티비티creativity! 독창성, 창조성 혹은 창의성, 즉 새로운 아이디어를 생각해내는 능력에 입각한 노동뿐이다. 새로운 아이디어, 새로운 지식, 새로운 기술을 생각해내거나 만들어내는 능력 없이는 자신의 두 손과 발로 스스로의 생계를 책임지며 살아가는 것조차 걱정해야 할 시기가 도래했다.

그때 알았으면 좋았을 것들

일부 독자들은 창조형 인적자본이나 창의성의 중요성이 아직까지 가슴에 와닿지 않을 수 있다. 그저 구름 잡는 먼 이야기처럼 느껴질 수도 있다.

이는 우리 학교교육에 큰 책임이 있다. 사실 '창의성'이라는 단어는 모든 국민들이 초등학교 때부터 귀가 따갑게 들어온 말이다. 지금 장년이 된 세대들이 학교에서 암기해야 했던 소위 '국민교육헌장'에도 창의가 강조되었었다. 내가 초등학교 다닐 때 교실 앞 칠판 위에 걸려 있던 학급 교훈이 창의성이었던 기억도 난다. 지금도 교육부 장관이나 대학 총장님들이 언론에 인터뷰하면 창의성이라는 말을 자주 언급한다.

학교에서는 창의성을 이렇게 말로는 강조했지만 정작 창의성 교육을 전혀 시키지 않았다. 우리나라의 창의성 교육은 '말로만' 하는 지극히 이중적인 교육이었다. 그 결과 학생들이 창의성을 경험해보지도 배워보지도 않았으면서도 너무 자주 듣다 보니 안다고 착각하도록 만들었다. 더해서 오랫동안 이 단어를 들어봤지만 창의성과 관련하여 특별한 것을 경험해본 적이 없기 때문에 많은 국민들은 그저 공허한 개념처럼 느끼게 되었고 별로 중요한 것이 아니라고 오해하게 되었다.

창의성은 자신이 실제로 창의적인 일을 시도하거나 경험해보지 않으면 제대로 알기 어렵다. 경험을 통해 창의성을 체험해야만 창

"

우리나라의 기술정책은 기술개발에 있어서 창조형 인적자본의 중요성에 대한 인식 부재 속에, 마치 씨를 심고 하늘에서 비가 내리기만 기다리듯 돈만 쏟아붓고 기술이 저절로 개발되어 나오기만을 기대하는 '천수답 기술정책'을 크게 벗어나지 못했다. 24조 원이나 되는 막대한 정부 R&D 예산 투입과 나라 전체로는 GDP의 4~5%나 되는 막대한 R&D 투자에도 아직까지 성장률 회복에 기여할 만큼 특별한 기술개발 성과를 내지 못하고 있다는 사실이 이를 여실히 증명한다.

"

의성이 얼마나 중요한지를 그제야 체감하게 된다.

나 역시 그랬다. 나도 학교 다니며 창의라는 말을 수없이 들었지만 막상 창의성을 배워본 적이 없어서 창의성의 중요성을 제대로 인식하지 못하고 있었다. 창의성이 얼마나 중요한지를 제대로 깨닫기 시작한 것은 경제학 박사과정에 들어가 논문자격 시험들을 마치고 한참 뒤 논문 쓰는 경험을 하면서부터다.

내가 유학할 당시 시카고 대학 경제학과에는 신입생들에게 공포의 대상인 시험이 있었다. 코어 시험core exam이라고 불리는 독특한 시험이었다. 1학년 코스워크를 마치면서 보는 자격시험인데 시험을 떨어져도 몇 번이고 무한정 더 볼 수 있었다. 그 대신 붙기가 상당히 어려웠다. 그래서 들어온 지 2년차는 물론 5년차 10년차 되는 학생들까지 이 시험을 보았다.

그래서 첫 학기가 시작되자 각국에서 온 동료 신입생들이 서로 만나면 '합격해야지 아니면 멸망한다Pass or perish'라는 말들을 자주 하곤 했다. 이 말을 들으며 나도 이 시험의 중요성을 깨닫기 시작했다. 가족들과 김포공항에서 작별 인사하고 생전 처음 비행기를 타고 이역만리까지 유학을 왔는데, 이 시험에서 떨어지면 낭패다 싶어 정신이 퍼뜩 났던 기억이 새롭다.

이 코어 시험은 세 과목을 통과해야 하는데 이를 모두 합격하는 것으로도 끝나지 않았다. 코어 시험이 끝나면 프릴리미너리 시험 preliminary exam이라는 시험 두 개를 더 합격해야만 논문 쓸 자격이 주어졌다. 결국 통과하기 쉽지 않은 시험 다섯 개를 패스해야만 논문 쓸 자격이 주어졌다. 같이 입학한 동기들이 모두 '산 넘어 산'인 시험들을 어떻게 해쳐나갈 것인지, 몇 년 만에 끝낼 수 있을지로 스트레스를 받고 있었다.

나도 긴장이 되었지만, 그래도 어쨌든 이 시험들만 통과하면 박사를 받을 수 있겠구나 하고 막연하게 생각했다. 위기의식 속에 나름 열심히 공부하다 보니 운이 따라주어, 코어 시험과 프릴리미너리 시험을 동급생들 중에서 가장 빨리 통과했다. 모든 시험을 제일 빨리 통과하자, 학교 쪽에서는 'Pew teaching fellow'라는 장학금과 함께 시카고 대학 학부생들을 가르치는 기회까지 주었다. 그래서 박사 2년차에 학부생들을 위해 열린 거시경제학 강좌 두 개 중 하나를 가르치게 되었다. 그때 나머지 한 강좌는 로버트 루카스 교수께서 가르치셨기 때문에, 커다란 영예로 생각되었다.

그런데 나는 이때 큰 착각을 하게 되었다. '미국에서도 시험이 가장 중요한 것이구나', '시험 잘 보는 능력만 있으면, 논문도 자동적으로 쉽게 써지는 것인가 보다'. '암기하고 문제 푸는 데 훈련이 잘된 나를 포함한 한국 유학생들이 논문도 시간 걸리지 않고 금방 잘 쓰겠구나.'

내가 착각을 하고 있었음을 깨닫는 데는 그리 시간이 오래 걸리지 않았다. 시험을 다 통과했으니 논문을 써야 되는데, 막상 논문을 어떻게 써야 하는지, 어디서부터 시작해야 하는지부터가 막막했다. 박사 과정 수업들 중에 논문을 어떻게 쓰는지를 알려주는 수업은 하나도 없었다.

모방과 창조

도대체 논문을 어떻게 쓰는지 모르는 상태에서 이 시도도 해보고 저 시도도 해보면서 거의 2년을 보낸 후에야 논문을 어떻게 써야 하는지를 나름 깨닫게 되었다.

내가 깨달은 바 논문을 어떻게 쓸 지의 핵심은 '새로운 아이디어'에 있었다. 따라서 논문을 잘 써서 박사학위를 받으려면 새로운 아이디어를 내는 능력, 즉 창조형 인적자본을 키우는 것이 핵심이었다.

이것은 학계에서만 그런 것이 아니다. 산업계나 예술계에서도 마찬가지다. 새로운 아이디어가 가장 가치 있고, 따라서 이를 생산하는 능력이 가장 중요하다. 그리고 누구나 노력하면 새로운 아이디어를 낼 능력을 키울 수 있다. 지금 돌아보면 너무나 당연한 것인데, 그때는 그것을 모르고 있었다!

한참 시행착오를 겪고 나서야 몸으로 절감한 것이다. 시카고에서의 나의 경험은 지난 60년간 한국의 경험과 유사하기도 했다. 성장황금시대의 한국이 다른 나라에 앞서 가장 빨리 경제성장을 한 것처럼 나도 동급생들에 앞서 가장 빨리 시험들을 끝냈다.

그러나 논문 쓰는 단계에서는 많은 시간을 허비했다. 논문의 핵심이 창의적 아이디어에 있음도 제대로 깨닫지 못한 채로. 마치 지난 30년간 한국 경제가 5년 1% 하락의 법칙에 빠져 성장이 추락하는데 나라 전체가 그 원인도 모르고 시간을 허비한 것 같이. 그나마 다행인 것은 내가 늦게나마 이를 깨달았다는 것이다. 그리고 우리나라도 늦게라도 이를 깨달아야 한다고 생각했다.

이를 알리기 위한 작은 노력의 일환으로 귀국 다음 해인 2007년에는 정운찬 전 서울대 총장님과 '미래 성장동력으로서의 창조형 인적자본과 이를 위한 교육 개혁'에 관한 논문을 썼다. 이 논문을 통해 성장 추락을 저지하기 위한 유일한 방안이 창조형 인적자본 육성임을 강조했다. 그리고 이를 촉진하기 위한 방안으로 열린 문제에 입각한 리서치(프로젝트)-토론식 수업 도입, 창조형 인적자본 육성을 위한 '범국가적 교육개혁기구'의 설치 등 다양한 교육개혁 방안들을 제시했었다.[15] 2009년에는 정부 교육위원회에도 참여하여 연구와 발표를 통해서 시대착오적 모방형 교육을 창조형 교육으로 전환할 것을 주장했다. 2011년에는 서울대 류근관, 박지형 교수님 및 건국대 김진영 교수님과 함께 쓴 정책보고서를 통해 창조형 인적자본 관점에서 한국의 현실을 진단하고 개혁을 위한 구체적 방안들을 제시했었다.[16]

이러한 노력이 교육계에 미미하나마 영향을 미쳐왔다고 판단된다. 창의성 개혁 방안을 제시한 2007년 논문은 당시 정부 관리들의 필독서라는 평가도 있었고 지금 일부 학교에서는 이 논문에서 제안한 리서치(프로젝트) 수업, 토론형 수업, 열린 문제 등이 시도되고 있다고 한다.

그러나 냉정히 평가해볼 때 10여 년이 지난 지금까지도 우리 사회에 실질적인 변화나 커다란 개혁의 움직임은 거의 없었다고 해도 과언이 아니다. 일부 선생님들의 열정과 노력에도 불구하고 나라 전체적으로는 립서비스 수준의 일부 피상적인 변화만 있었을 뿐이다.

안타까움에 다시 한 번 이를 알리고자 2016년에 새로 '성장위기와 구조개혁'에 대한 논문을 쓰고 새로이 개혁 방안들을 제시했었다. 최근에는 한국경제신문의 연재 칼럼을 통해서도 이를 알리고자 했다.[17] 그럼에도 변화의 기미가 보이지 않는 것 같아 무력감이 느껴지기도 하지만 간절한 마음으로 다시 묻게 된다. 누가 이 폭풍우를 멈춰줄 것인가?

나는 다가오는 폭풍우를 멈춰줄 사람이 국민들, 이 책의 독자들이기를 기대한다. 독자들은 제로성장에 따른 좋은 일자리 고갈 현상 속에 자신의 좋은 일자리를 확보하기 위한 대책을 개인 차원에서라도 절실하게 강구해야 한다. 독자들이 향후 좋은 일자리에서 일할 수 있는 방법은 두 가지가 있다.

먼저 좋은 일자리에서 일할 능력을 스스로 터득하는 방법이다. 스스로 새로운 것을 생각해내는 능력을 키워 이 시대 '최강의 생존 도구'인 창조성, 창의성을 키우는 것이다. 창조성을 갖춰 창의적 아이디어를 낼 수 있다면 좋은 일자리가 언제나 독자들을 기다리고 있을 것이다. 그리고 본인이 노력하면 모든 국민이 창조적이 될 수 있다.[18]

두 번째는 나라에 좋은 일자리가 많이 만들어지도록 '나라를 바꾸는 일'이다. 독자 자신이 아니라도 다른 국민들 중 많은 이들이 창조형 인적자본을 키우게 되면 이들이 만들어낸 많은 창의적 아이디어들이 제품으로 구현되어 막대한 수요가 창출된다. 그리고 이를 생산하기 위해서는 수많은 사람들이 고용되어야 하기 때문에 많은 좋은 일자리가 새로 만들어진다. 그 결과 독자 자신도 좋은 일자리에서 일할 수 있게 된다.

인재 한 명의 독창적 아이디어가 갖는 '좋은 일자리 창출 능력'은 가히 폭발적이다. 스티브 잡스 한 사람의 창의적 아이디어가 13만 7000명의 애플 근로자들에게 좋은 일자리를 제공했다. 페이스북에서 일하는 5만 9000명이 좋은 일자리를 얻게 된 것도 마크 저커버그의 창조적 아이디어 때문이다.

자신 스스로 새로운 아이디어를 생각해내지 못했더라도 다른 국민 중에 이런 창의적 아이디어를 생각해내는 사람들이 많이 나오면 나올수록 독자 자신이 좋은 일자리에 취업할 가능성은 급격히 높아지게 되는 것이다.

따라서 나 아니라도 창조형 인적자본을 갖춘 인재들이 나라에 쏟아져 나올 수 있도록 경제체제와 제도를 혁신하고 개혁하는 것이 나의 좋은 일자리를 마련하기 위한 최선의 방책이다.

물론 혼자서는 불가능하다. 좋은 일자리 위기에 봉착한 전 국민이 함께 참여해야만 가능하다. 간절하고 절박한 심정으로!

3부

신세계를
향하여

: 모방에서 창조로 가는 비법들

IMITATION AND CREATION

01

위기의
한국 자본주의

타는 목마름으로

1970~1980년대 젊은이들은 타는 목마름이 있었다. 시인 김지하의
시 「타는 목마름으로」의 일부다.

> 떨리는 손 떨리는 가슴
> 떨리는 치떨리는 노여움으로 나무판자에
> 백묵으로 서툰 솜씨로
> 쓴다.

숨죽여 흐느끼며

네 이름 남 몰래 쓴다

타는 목마름으로

타는 목마름으로

민주주의여 만세

1979년 대학에 들어간 나도 당시 여느 젊은이들과 같았다. 당시 대학에서 만난 친구들은 하나같이 유토피안이었다. 각자가 그리는 실체는 달랐어도 무엇인가 이상향을 꿈꾸고 있었다. 그러나 현실은 그 정반대였다. 12.12사태를 거쳐 특히 1980년 5.17 이후 디스토피아 상황들을 겪었다. 이 과정에서 암울한 현실에 대한 좌절감이 커질수록 민주주의에 대한 목마름도 더욱 간절했다.

유토피아를 이루기 위한 필수조건 중 하나는 당연히 국민들의 자유와 선택권을 보장하는 정치체제일 것이다. 오랜 시간에 걸친 많은 이들의 노력과 희생 속에 다행히 우리는 1990년대 이후부터 정치체제 면에서 민주주의 체제로의 이행에 커다란 진전을 이루어 왔다.

그렇다고 지금 우리는 더 이상 타는 목마름으로 추구해야 할 대상이 없어졌는가? 우리가 목마르게 추구해야 할 유토피아에 이미 도달했는가?

경제학자의 입장에서 유토피아의 가장 핵심적인 조건은 빠른 경제성장을 통해 소득이 증가하는 좋은 일자리를 모든 국민들에게 제공하는 것이다. 우리는 1990년대 이후 민주적 정치체제로의 이행을 통해 유토피아의 중요한 조건 하나를 이뤄냈다. 그러나 경제체제 면에서는 빠른 경제성장과 좋은 일자리를 제공할 수 있는 경제체제로의 이행에 철저히 실패했다.

성장의 엔진이 변화해야 하는 전환기적 상황에 적응하지 못하고 경제체제는 오히려 크게 퇴보했다. 그 결과 30년간이나 성장률이 5년 1% 하락의 법칙에 따라 지속적으로 추락하고 좋은 일자리도 계속 줄어들어 왔다. 이제는 장기성장률이 0%대까지 추락하면서 국민의 절반 이상이 소득이 감소하거나 일자리를 잃고 연간성장률 마이너스의 경제위기가 언제 일어날지 모르는 우려스러운 상황이 현실로 다가오고 있다. 이 책의 1부에서 이야기한 대로 거대한 폭풍우가 다가오고 있다. '누구 폭풍우를 멈춰줄 사람 없어요?'라고 소리치며 간절히 찾아야 될 시점인 것이다.

그럼에도 지금 우리 사회에는 타는 목마름으로 추구하는 대상들이 겉보기에는 사라진 것처럼 보인다. 무엇보다 사회 지도층의 안이한 현실인식 속에 다가올 폭풍우를 저지할 경제시스템 구축에 대한 타는 목마름이 어디에서도 발견되지 않는다. 타는 목마름을 망각한 세대의 비애를 시인 김광규는 「희미한 옛사랑의 그림자」에서 쓸쓸하게 표현했다.

그로부터 18년 오랜만에
우리는 모두 무엇인가 되어

혁명이 두려운 기성세대가 되어
넥타이를 매고 다시 모였다
회비를 만 원씩 걷고
처자식들의 안부를 나누고
월급이 얼마인가 서로 물었다
치솟는 물가를 걱정하며
즐겁게 세상을 개탄하고
익숙하게 목소리를 낮추어
떠도는 이야기를 주고받았다
모두가 살기 위해 살고 있었다
아무도 이젠 노래를 부르지 않았다

혹시라도 우리 국민들의 경제적 삶이 그런대로 만족스럽고 안정적인 상황에 진입하여 더 이상 타는 목마름으로 추구해야 할 대상들이 없어졌다고 생각하면 커다란 착각이다. 단지 타는 목마름으로 추구할 대상이 무엇인지를 희미한 옛사랑처럼 잊어버렸을 뿐이다.

현재 우리 사회가 더욱 악화될 일자리 불안과 위기에 대한 걱정을 해소하고 경제적·사회적 안정화를 추구하기 위해 타는 목마름으로 추구해야 할 것은 너무나 명백하다. 성장 추락을 저지함으로써 국민들이 빠른 경제성장 속에서 좋은 일자리를 얻어 미래에 대한 불안과 먹고살아야 하는 걱정 없이 스스로 행복한 삶을 꾸릴 수 있도록 돕는 것이다.

지금 우리나라에 시급한 일은 이 일을 가능하게 만들 경제체제의 구축이다. 과연 어떤 경제체제가 우리에게 빠른 경제성장과 좋은 일자리를 제공할 수 있을까?

낡은 자본주의를 버려라

우리가 해방 후 채택한 경제체제는 자본주의 시장경제체제다. 이 체제의 핵심적 특징은 '사적 재산권'을 보장한다는 점이다. 특히 생산요소인 물적자본과 인적자본 및 이들이 창출하는 소득의 사적 소유권을 보장한다는 점이다. 예를 들어 독자 여러분들이 갖고 있는 주식, 예금 등 금융자산이나 부동산, 그리고 열심히 공부해서 축적한 인적자본을 이용해 번 임금소득을 아무도 합법적으로는 뺏어가거나 훔쳐갈 수 없도록 보호하는 것이다.

자본주의체제는 사적 재산권을 보장하는 데 그치지 않고 재산권에 따른 이익을 충분히 누릴 수 있도록 필요하면 인센티브까지 제공한다. 사적 재산권이 보호되고 인센티브가 제공되기에 모두가 열심히 일하고 열심히 저축하고 열심히 투자하게 된다. 그리고 사적 재산권을 갖는 경제주체들이 서로 자발적으로 교환을 하게 됨에 따라 이 체제는 자연스럽게 시장경제로 이어지고, 시장경제에서는 아담 스미스가 말한 '보이지 않는 손'이 작동하게 됨에 따라 가장 효율적인 자원배분이 이루어진다.

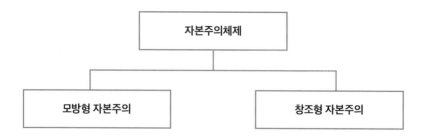

이러한 자본주의체제는 다양한 형태가 있을 수 있는데, 나는 자본주의 경제체제를 '창조형 자본주의' 경제체제와 '모방형 자본주의' 경제체제로 나눈다. 이 두 체제의 차이는 성장의 엔진인 인적자본에 대한 재산권 보장과 인센티브의 차이에 있다.

모방형 자본주의 경제체제는 인적자본 중 모방형 인적자본에 대해서만 재산권이 보장되고 인센티브가 제공되는 자본주의 경제체제를 말한다. 이에 비해 창조형 자본주의 경제체제는 인적자본 중 모방형 인적자본뿐만 아니라 창조형 인적자본의 재산권과 인센티브까지 보장된 체제를 말한다.

각 나라마다 시대적 상황에 맞는 자본주의체제가 있다. 발전초기 단계의 개발도상국에는 모방형 자본주의체제가 적합하다. 1960년 이후 30년간의 우리의 성장황금시대에 적합한 자본주의체제가 바로 모방형 자본주의였다. 우리는 이 모방형 자본주의체제에 입각하여 고도성장을 할 수 있었다.

그러나 1990년대 이래 더 이상 우리는 낡은 모방형 자본주의로는 고도성장을 지속할 수 없게 되었다. 따라서 고속성장을 회복하

지금은 철거되어 정비된 서울청계고가도로 공사가 한창인 1967년의 모습. 우리가 철거해야 할 낡은 것은 무엇이며 무엇을 새롭게 해야 하는지 물어야 한다.

려면 힘을 상실한 과거의 성장 엔진을 과감하게 버리고 새로운 성장 엔진으로 대전환을 이루어야 했다. 그럼에도 아무 개혁 없이 지난 30년이라는 시간을 허송세월했다. 그 결과 5년 1% 하락의 법칙에 따른 끝없는 성장 추락에 빠지게 되면서 소득 분배까지 악화되어 낡은 모방형 체제에 입각한 한국 자본주의는 위기를 맞게 되었다.

새로운 자본주의체제로의 전환에 실패한 한국의 미래는 점점 더 암울해지고 있다. 좋은 일자리를 잡지 못해 목이 타들어가는 우리 청년들이 점점 늘고 있다. 더욱 암울해질 미래 상황을 생각하면 목이 더욱 타들어간다. 이제부터라도 타는 목마름, 그 간절함으로 경제성장능력을 회복할 자본주의체제를 만들어내야 한다. 나는 지금의 대한민국에 필요한 이러한 새로운 형태의 자본주의를 '창조형 자본주의'라 칭한다.

새로운 방식의 자본주의체제

창조형 자본주의체제를 갖춘 나라는 새로운 아이디어를 생각해내고자 도전하는 국민들의 수가 최대화되고 이에 더해 국민 한 사람한 사람이 창의적 아이디어를 생각해낼 확률도 최대화된 나라다. 이러한 자본주의체제에서는 국민들이 새롭고 생산적인 아이디어를 생각하고 제기하는 데 주저함이 없다.[1]

내생적 성장이론을 이끈 루카스 교수의 제자이자 2018년 노벨경제학상 수상자인 폴 로머Paul Romer 뉴욕대 교수는 그동안 존재하지 않던 새로운 재화가 출현하여 생산되는 것을 기술진보로 정의했다. 그리고 이러한 기술진보가 일어나는 속도가 R&D 부문에 종사하는 사람 수에 의해 결정되는 경제모형을 제시했다.[2]

이를 확장하면 결국 새로운 아이디어를 생산하는 능력, 즉 나의 표현에 따르면 창조형 인적자본을 축적한 사람이 많아야 기술이 빨리 진보하고 성장이 빨라진다고 해석할 수 있다. 즉 창조형 인적자본을 축적한 사람이 기술진보의 요체인 셈이다. 나라에 창조형 인적자본을 축적한 사람이 적은 상태에서는 아무리 돈을 집어넣어도

모방과 창조

새로운 아이디어, 새로운 기술이 제대로 만들어지지 않는다.[3]

미국이 백 년 넘게 기술진보의 최전선에서 세계를 주름잡아온 것도 새로운 기술을 만드는 능력이 있는 '사람'들이 많았기 때문이다. 멀리는 발명왕 토마스 에디슨에서 가깝게는 빌 게이츠, 스티브 잡스, 마크 주커버그, 일론 머스크 같은 창조적 인재들이 줄줄이 출현하여 계속 새로운 아이디어를 창출해왔기 때문이다.

창조형 자본주의체제의 근간을 이루는 제도는 크게 세 가지다. 먼저 창의적 아이디어에 대한 재산권 보장 제도다. 둘째, 창의적 아이디어에 대한 강력한 인센티브 제도다. 셋째, 국민들이 창의적 아이디어를 생각해내는 능력인 창조형 인적자본을 효율적으로 키울 수 있도록 도와주는 교육제도다.

창조형 자본주의는 이 중 첫째와 둘째 제도가 완비되어 있다. 이를 통해 보다 많은 국민들이 적극적으로 창의적 아이디어 개발에 도전해보고자 노력하도록 이끈다. 생산적 아이디어에 도전하는 창의적 국민 수를 최대화하는 것이다. 그리고 셋째 제도를 갖추어 사람들이 새로운 아이디어에 도전했을 때 이에 성공할 확률이 그렇지 않은 나라에 비해 월등히 높을 수 있도록 한다.

이렇게 새로운 아이디어를 창출하는 능력을 갖춘 나라는 그렇지 않은 나라에 비해 국민들에게 훨씬 더 많은 일자리를 제공할 수 있음은 자명하다. 생산된 창의적인 아이디어들이 기업들에 의해 사람들의 삶을 향상시키는 상품으로 속속 전환됨에 따라 이를 생산하기 위한 양질의 일자리가 계속 만들어지기 때문이다.

"

각 나라마다 시대적 상황에 맞는 자본주의체제가 있다. 발전 초기 단계의 개발도상국에는 모방형 자본주의체제가 적합하다. 1960년 이후 30년간의 우리의 성장황금시대에 적합한 자본주의체제가 바로 모방형 자본주의였다. 우리는 이 체제에 입각하여 고도성장을 할 수 있었다. 그러나 1990년대 이래 더 이상 낡은 모방형 자본주의로는 고도성장을 지속할 수 없게 되었다. 고속성장을 회복하려면 힘을 상실한 과거의 성장 엔진을 과감하게 버리고 새로운 성장 엔진으로 대전환을 이루어야 했다.

"

창조형 자본주의체제에서는 한 나라의 성장률도 최대화되어 '초
고속 성장 국가'를 달성할 수 있을 것이다. 이 나라는 창조형 인적자
본이 지속적으로 축적되고, 그 결과 새로운 아이디어와 그에 따른
새로운 재화와 서비스의 생산이 지속적으로 이루어진다. 기존 재화
와 서비스에 비해 가치가 훨씬 높은 새로운 재화와 서비스가 계속
생산됨에 따라 GDP가 계속 빠르게 증가하여 지속적으로 높은 소
득 성장률을 시현한다. 따라서 요순의 유토피아가 현대에 구현된
나라라고도 할 수 있다. 이 나라에서는 남녀노소 할 것 없이 모든 국
민이 매년 소득이 빠른 속도로 증가하는 좋은 일자리를 얻고 풍요
를 즐길 수 있을 것이다.

청년들의 일자리 문제가 이미 매우 심각해진 것은 잘 알려져 있
다. 이로 인해 극심한 우울증과 자기비하에 빠진 청년들도 많다고
한다. 청년고용 장려금, 청년구직활동 지원금 등 단기적 정책들로
일시적으로 취업률을 높일 수야 있겠지만 언 발에 오줌 누기 해결
책이다. 눈 가리고 아웅 하기 식의 일자리 메꾸기 정책은 청년의 삶
의 질을 오히려 더욱 악화시키고 일생에 걸쳐 일자리 문제 때문에
어려움을 겪어야만 하는 결과를 초래할 수도 있다. 이를 해결할 근
본적 해결책이 절실하다. 우리 청년들이 일자리를 구하지 못해 극
심한 고통에 시달리는 이 시대에 이를 해결할 창조형 자본주의 경
제체제를 타는 목마름으로 추구해야 하지 않을까? 그러기 위해서
는 지금 현재 대한민국이 완전히 탈바꿈해야 한다.

이러한 자본주의체제를 만들기 위한 국가적인 혁신은 결코 저절

로 일어나지는 않는다. 타는 목마름을 가진 많은 사람들이 정부에 문제를 강력히 제기하고, 해결책을 요구하고, 이것이 받아들여지지 않으면 재차 해결을 하고자 부딪칠 때에만 가능성이 생긴다.

이 과정에서 우리 국민들이 함께 머리를 맞대고 고민하여 나라를 탈바꿈시킬 구체적 해법들을 제시하는 것도 중요하다. 내가 이 책을 쓴 이유도 새로운 경제체제 구축을 위한 최적의 해법들을 다수의 독자 분들과 같이 모색해보기 위함 때문이다. 나라를 성장 정체의 늪에 빠지게 한 모방형 자본주의 너머 새시대의 자본주의 경제체제로의 변화를 위한 청사진을 우리 함께 같이 만들어가면 어떨까?

이제 다음 장부터는 그동안 언론 칼럼이나 정책논문을 통해 제시했던 것을 포함하여 내가 생각해온 다양한 구체적 해법들을 가지고 독자들과 대화하고 논의하고자 한다.[4] 당연히 이 해법들 중 일부는 아직 그 현실 적용가능성implementability에 제한이 있어서 적용가능성을 보다 높이기 위한 추가적 아이디어가 필요한 것들도 있다. 이 경우에도 이 책의 논의가 새로운 논의의 출발점이 되어 보다 바람직한 해법을 만들기 위한 주춧돌이 되기를 기대한다. 특히 이 과정에서 독자들이 추가적 아이디어를 제시해주어 최적의 해법을 독자들과 공동으로 만들어갈 수 있기를 고대한다.

02

아이디어 재산권이
열쇠

시장경제의 칼과 창

지난 20세기는 자본주의와 공산주의라는 두 경제체제 간 경쟁의 시대였다. 70년에 걸친 이 두 체제의 경쟁은 너무나 치열하여 수많은 사람의 목숨을 건 전쟁으로 이어지거나 평상시에도 냉전으로 이어졌다. 우리나라는 이 경쟁의 희생양이 되어 6.25전쟁이라는 민족적 비극까지 맞았다.

이 두 체제의 경쟁은 어느 체제가 더 유토피아에 가까운지의 경쟁이었다. 유토피아의 필수조건이 소득이 빠르게 증가하는 일자리 제공이라는 점에 비추어 볼 때, 이 체제 경쟁은 결국 누가 더 빨리 성장하는지의 경쟁이었다. 즉 '경제성장률 경쟁'이었다. 경제가 빨리 성장하는 체제는 소득이 빨리 증가하는 좋은 일자리를 국민들에게 더 많이 제공할 수 있기 때문에, 이 경쟁은 어느 체제가 좋은 일자리를 국민들에게 더 많이 제공하느냐의 경쟁이기도 했다.

1989년 상징적으로 두 체제를 동서로 가르던 베를린 장벽이 붕괴되었다. 그리고 이를 뒤이은 구공산권의 붕괴로 체제경쟁도 마무리되었다. 70년에 걸친 성장률 경쟁에서 자본주의체제가 승리를 거둔 이유는 과연 무엇일까?

두 경제체제를 자원배분의 측면에서 비교해보면 자본주의 경제체제의 중요한 특징은 시장경제체제다. 이에 비해 공산주의체제는 중앙집권적 계획경제를 특징으로 한다.

지난 200년의 역사를 통해, 경제학은 자본주의의 시장경제체제가 가장 효율적인 자원배분을 가져올 수 있음을 증명했다. 1부에서도 언급했지만, 경제학의 아버지로 불리는 아담 스미스는 1776년 쓴 『국부론』을 통해 시장경제에서는 '보이지 않는 손'이 작동한다고 설파했다. 사람들이 각자 자신의 행복을 최대화하고자 노력하면 시장경제에 있는 이 보이지 않는 손이 작동하여 모든 사람들이 주어진 여건 하에서 행복을 최대화하는 결과를 실제로 가져다준다는 것이다.

보이지 않는 손의 실체는 무엇일까? 아담 스미스 이후 경제학자들은 시장에서 수요와 공급에 의해 결정되는 '가격'이 바로 이 '보이

베를린 장벽. 1989년 자본주의와 공산주의 두 체제를 동서로 가르던 베를린 장벽이 붕괴되고 체제 경쟁도 마무리되었다.

지 않는 손'임을 밝혀냈다. 가격이 어떻게 사람들을 보다 행복하게 하는 기능을 할까?

예를 들어, 도시에 사는 사람들이 갑자기 사과를 싫어하고 바나나를 좋아하게 되었다고 하자. 이 상황에서 사람들이 보다 행복해지려면 농부들이 사과의 생산을 줄이고 바나나의 생산을 늘려야 한다. 그런데 농부들은 도시 사람들의 이러한 선호체계의 변화를 모르고 있다.

이 경우 시장경제체제 하에서는 사람들이 바나나를 더 좋아하게 되었기 때문에 시장에 가서 바나나를 더 사고자 한다. 따라서 바나나에 대한 시장 수요가 늘어나고 그 결과 바나나 가격이 오른다.

이렇게 바나나 가격이 오르면 농민들은 바나나를 농사짓는 것이 더 높은 수익을 올릴 수 있기 때문에 바나나 생산을 늘린다. 결과적으로 이 경제에는 바나나 생산이 늘어나 많은 사람들이 자신이 좋아하는 바나나를 더 많이 먹을 수 있게 되고 그 결과 더 행복해진다.

이 시장경제체제 하에서는 어떠한 가시적인 손, 보이는 손 혹은 정부가 개입한 일도 없다. 그런데 시장에서 가격이 알아서 자동적으로 변화해주어 모두가 더 행복해질 수 있게 된 것이다.

시장경제가 아니라 계획경제라면 어떻게 될까? 시카고 대학에서 교수를 했던 오스카 랑게Oscar Lange 등 경제학자들은 중앙집권적 계획경제체제도 시장경제체제만큼 똑같이 효율적일 수도 있음을 주장했다. 그런데 문제는 이러한 주장이 성립하려면 현실적으로 전혀 달성 불가능한 조건들이 만족되어야만 한다는 것이다.

그 조건 중 하나는 자원배분 계획을 입안하는 중앙정부의 지도자가 전지전능해야 한다는 조건이다. 이들 지도자가 현재 및 미래에 걸쳐 모든 국민들의 경제 상황과 선호체계에 대해 완벽한 정보를 갖고 이를 이용하여 최적자원배분을 정확히 계산할 수 있는 능력이 있어야 한다는 불가능한 조건인 것이다. 예를 들어 독자 여러분 한 분 한 분에 대해 사과를 더 좋아하는지 바나나를 더 좋아하는지 그리고 얼마나 더 좋아하는지, 몇 개씩 배분해야 제일 행복해지는지에 대해서도 지도자가 완벽하게 알고 있어야 한다는 조건이다.

두 번째 조건은 중앙정부의 지도자가 자신의 이익이 아니라 국민 모두의 이익만을 위해서 일한다는 비현실적 조건이다. 만약 자

모방과 창조

신의 이익과 국민들의 이익 사이에 충돌이 생기는 경우 자기 이익은 완전히 무시하고 국민들의 행복만을 추구한다는 조건이다.

두 조건 다 현실에서 매우 충족되기 어렵다. 이런 조건들이 충족되지 못함에 따라, 중앙집권적 공산주의 계획경제에서는 자원이 비효율적으로 배분되게 된다. 이것이 구공산권이 체제경쟁에서 밀리고 결국 자본주의체제가 승리를 거둔 커다란 요인이었다.

이와 함께 세기에 걸친 경제성장 경쟁에서 자본주의체제가 승리를 거둔 결정적 무기는 '사적재산권 보장'에 있었다. 자본주의체제 하에서는 사적재산권이 보장됨에 따라 무엇보다도 자본이 효율적으로 축적된다.

경제성장을 위해서는 물적자본과 인적자본의 축적이 필수적이다. 그런데 이러한 자본에 대한 재산권이 보장되지 않으면 아무도 이를 축적하지 않게 된다.

공산주의체제 하에서는 자본에 대한 사적 재산권이 보장되지 않게 됨에 따라 개인들이 이를 축적할 인센티브가 없게 된다. 내가 소비하지 않고 저축하여 남겨 놓아도 그에 대한 나의 소유권이 보장되지 않는다면 누구도 자본을 축적하려 들지 않을 것이다.

따라서 자본 축적을 중앙정부가 계획을 입안하여 스스로 할 수밖에 없다. 그런데 앞에서 말했듯이 중앙정부의 지도자들은 전혀 전지전능하지 않다. 다른 사람들을 위해 자신의 이익을 희생하는 경우를 언제나 기대하기도 어렵다. 따라서 자본 축적도 매우 비효율적이게 된다.

그 결과 개인들의 사적 재산권이 보장되지 않는 공산주의체제 하에서는 물적자본과 인적자본의 축적이 느려지고 경제성장이 지속적으로 이루어지기가 쉽지 않게 된다. 이는 자본에 대한 재산권 보호가 빠른 경제성장을 위한 필수조건임을 의미한다.

따라서 한 나라가 어떤 경제체제를 택하느냐가 향후 그 나라의 경제성장을 결정한다. 재산권 보호에 대한 자본주의와 공산주의체제의 차이가 얼마나 커다란 경제성장의 차이를 가져올 수 있는지를 극명하게 보여주는 비근한 예가 남한과 북한이다. 1945년 해방 이후 남한은 자본주의 시장경제체제를 채택하고 북한은 공산주의체제를 채택하여 서로 경제성장 경쟁을 해왔다.

남한은 자본주의체제를 택했기에 물적자본과 모방형 인적자본에 대한 사적 재산권 보장이 이루어졌고 따라서 국민들이 이를 열심히 축적했다. 그 결과 1960년대에서 1990년대 초반까지 고도성장기를 맞이했다. 이에 비해 공산주의체제를 택한 북한은 재산권 보장이 제대로 이루어지지 않아 오랜 성장 침체를 지속했다. 그 결과 남북한의 경제성장 경쟁은 이 시기에 이미 남한의 완벽한 승리로 판명이 났다.

특히 고도성장기 남한은 모방형 인적자본을 급속히 축적하여 빠른 성장에 성공했다. 그런데 이 모방형 인적자본의 축적이 빨랐던 이유 중 하나는 모방형 인적자본이 태생적으로 재산권이 완벽히 보장된다는 점이다.

왜 그럴까? 모방형 인적자본은 기존 지식을 암기를 통해 머릿속

모방과 창조

에 체화시킨 것이 그 가치의 본질이다. 따라서 타인이 훔쳐가는 것이 불가능하여 재산권이 자동적으로 보장되는 것이다.

모방형 인적자본은 심지어 물적자본보다도 그 재산권이 더 잘 보장된다. 나라가 절도죄와 강도죄로 처벌하지 않는다면, 기계와 같은 물적자본은 누군가 공장에 몰래 들어와 훔쳐가거나 심지어 빼앗아갈 수도 있다. 따라서 물적자본을 보호하는 법제도가 없으면 물적자본의 보호도 자동적으로 일어나는 것은 아니다.

그러나 어느 누구도 독자들 머릿속에 들어 있는 지식을 머릿속에 들어가 훔쳐갈 수 없다. 칼로 협박한다고 머릿속에서 빼 갈 수도 없다. 자기 머릿속에 들어가 있는 지식은 증여할 수도 양도할 수도 없다.

모방형 인적자본은 심지어 그것을 보호하는 법제도가 없어도 그 재산권이 자동적으로 보장되는 것이다. 모방형 인적자본의 이러한 특징이 물적자본에 대한 재산권의 보장과 함께 남한의 고도성장과 이에 따른 북한과의 체제경쟁에서의 승리를 가져다주었다.

콜럼버스의 달걀

모방형 인적자본과는 달리 이를 대체해야 할 창조형 인적자본의 생산물인 창의적 아이디어는 그 재산권을 너무나 쉽게 도둑맞을 수 있다. 왜 그럴까? 이와 관련하여 콜럼버스의 유명한 일화를 들어보자.

윌리엄 호가쓰(William Hogarth)가 그린 「콜럼버스의 달걀 깨기(Columbus Breaking the Egg)」 (National Portrait Gallery)

이탈리아 탐험가 크리스토퍼 콜럼버스Christopher Columbus는 유럽에서 동쪽으로가 아니라 반대로 서쪽으로 항해해서 인도에 다다르는 새로운 항로를 상상했다. 그리고 이 아이디어를 실천에 옮기고자 스페인의 국왕 이사벨라를 몇 년에 걸쳐 설득해 마침내 1492년 대서양을 가로지르는 항해를 시작한다.

그가 그리던 대로 서쪽으로 항해해 마침내 서인도제도를 발견하고 돌아온 그를 위한 파티가 열렸다(물론 잘 알려져 있듯이 콜럼버스와 당시 사람들은 서인도제도를 진짜 인도로 잘못 알고 있었다). 여기서 스

모방과 창조

페인 귀족 한 명이 콜럼버스의 발견에 대해 그리 새로울 것이 없다고 비판했다. 지구에 대한 지식이 풍부한 스페인 사람들이 부지기수기 때문에 콜럼버스가 아니라도 스페인 사람 중 누군가가 이미 그 일을 해냈을 것이라고 비아냥거렸다.

그러자 콜럼버스는 파티에 모인 사람들에게 달걀을 세로로 세워보라고 제안한다. 이에 모두 시도해보았지만 아무도 성공하지 못했다. 그러자 콜럼버스는 달걀의 한쪽 끝을 깼다. 그리고 세로로 세웠다. 이탈리아의 역사가 지롤라모 벤조니Girolamo Benzoni가 소개한 이 콜럼버스의 유명한 일화로 인해 '콜럼버스의 달걀'은 창의적 아이디어의 대명사가 되었다.

콜럼버스의 달걀의 예를 보면 창의적 아이디어가 갖는 중요한 특징을 알 수 있다. 먼저, 그 아이디어를 누군가 처음 생각해내기 전에는 아무도 쉽게 생각해내지 못한다. 혹은 불가능하다고 생각한다. 그렇지만 누군가 그것을 처음 생각해내서 말하거나 보이는 순간, 누구나 쉽게 이해하고 따라 할 수 있다. 마치 자기도 이미 알고 있었던 것처럼 말하며 전혀 새로울 것이 없다고 말할 수 있다. 무엇보다도 자기가 써먹을 수 있다고 판단하면, 누구나 그 아이디어를 듣자마자 바로 훔쳐가 마치 자기가 처음 생각해낸 아이디어인 양 말하거나 써먹을 수 있다.

모방형 인적자본을 대체해야 할 창조형 인적자본의 생산물인 창의적 아이디어는 이러한 근본적 취약점이 있다. 그 가치의 원천이 독창성인데, 그 독창성을 너무나 쉽게 도둑맞을 수 있는 것이다. 따라서 이를 보호하는 제도적 장치가 없으면 모방형 인적자본과 달리 그 재산권이 자동적으로 보장되지 않는다. 창의적 아이디어는 그 아이디어 원작자의 재산권이 제대로 보장받기가 쉽지 않은 것이다.

물론 자본주의 경제체제가 자본의 재산권 보호를 통해 공산주의 경제체제에 승리했다. 그러나 자본주의체제도 자본의 재산권 보호에 완벽하지 않은 것이다. 아직 모방형 인적자본이 성장의 원동력으로 작동하는 발전단계에 있는 자본주의 경제체제는 이들의 재산권 보호에 강력하다. 그래서 이 단계에서는 모방형 인적자본의 재산권만 보장해주는 모방형 자본주의체제로도 고도성장을 달성할 수 있다.

그러나 창조형 인적자본이 성장의 원동력이 되는 발전단계로 넘어가면 창의적 아이디어에 대한 재산권 보호 장치가 제대로 갖추어져 있지 않은 상태에서는 자본주의체제 하에서도 아무도 새로운 아이디어를 만들어내고자 하지 않을 것이다. 그 결과 새로운 아이디어를 내는 능력인 창조형 인적자본에도 전혀 투자하지 않게 됨에 따라 성장 엔진이 제대로 작동할 수 없게 된다. 자본주의가 성장을 멈추고 활력을 잃게 되는 것이다.

따라서 창조형 자본주의의 신세계를 여는 열쇠는 아이디어 재산권 보호에 있다고 할 수 있다.

아이디어 절도를 막자

불행히도 현재 우리 사회는 창의적 아이디어 생산자의 재산권을 보호해주는 아이디어 재산권 보장 시스템이 너무나 취약하다. 그 결과 모방형 자본주의 경제체제를 탈피하지 못하고 있다. 물론 특허법, 저작권법 등이 도입되어 있지만,[5] 실제로 독자 여러분이 백만 불짜리 아이디어를 냈다 해도 보상은커녕 인정도 못 받고 도둑맞을 가능성이 매우 크다.

만약 독자 여러분이 굉장히 좋은 아이디어를 생각해냈어도 남들이 다 훔쳐가면 어떤 인센티브가 생길까? 더 이상 자기 스스로 새로운 아이디어를 생각해낼 인센티브가 생기지 않는다. 오직 남의 아이디어를 훔칠 인센티브만 남는다. 이런 사회에는 새로운 아이디어를 만드는 사람은 없고 오직 훔치려는 사람들로만 가득 차게 된다. 따라서 경제성장을 견인할 새로운 아이디어가 나오지 않는다.

현재 우리 사회에 아이디어 도둑질이 만연해 있는 것 같아 안타깝다. 사회를 이끄는 기업과 지도자들부터 남의 아이디어를 도용하고 표절하는 경우가 비일비재하다. 지식사회를 이끄는 일부 전문가들까지 남의 아이디어를 인용 없이 마치 자신의 아이디어인 양 말하는 풍토도 만연해 있는 것 같아 우려스럽다. 물론 나 스스로도 어떤 경우에는 내 아이디어와 다른 사람 아이디어를 정확히 구분하지 못하여 결과적으로는 다른 사람의 아이디어를 인용 없이 말한 적이 있지는 않았는지 뒤돌아보게 된다.

도처에 '아이디어 도둑'들로 가득 찬 사회는 결국 새로운 아이디어의 고갈을 가져온다. 새로운 아이디어가 나오지 않은 진공상태를 몇 십 년 지난 낡은 지식이나 틀린 지식들이 가득 채우고 결코 자리를 내주지 않는다. 아이디어 절도가 넘쳐나는 사회 풍토 속에, 지난 30년간 경제와 사회를 진보시킬 우리 사회의 새로운 아이디어 풀은 고인 물처럼 썩어갔다. 그 결과 기술진보가 정체되고 결국 경제성장이 퇴보해 제로성장을 맞이할 상황에 이르렀다.

따라서 새로운 자본주의체제로 탈바꿈하기 위해 가장 중요한 첫걸음은 지적 재산인 아이디어를 도용 혹은 표절하거나 남의 것을 자기 것인 양 사용하는 일을 막는 것이다. 독자 여러분이 좋은 아이디어를 생각해냈다면, 이는 여러분의 재산이다. 이를 누군가 훔쳐가는 것을 막아야 한다.

나의 아이디어를 보호하는 일에서만 그쳐서는 안 된다. 다른 사람의 아이디어도 적극적으로 나서서 지켜주려는 노력을 할 때 나의 아이디어도 제대로 보호받을 수 있다. 나아가, 새로운 아이디어를 낼 능력이 전혀 없더라도, 아이디어 도둑을 막는 일에 적극적으로 참여해야 한다. 왜냐하면 누군가의 새로운 아이디어는 아이디어 그 자체로 끝나는 것이 아니라 질 좋은 상품과 서비스를 만들고 내가 일할 양질의 일자리를 창출할 수 있기 때문이다. 내 삶의 질을 높이고 내가 먹고살 방편이 되어줄 누군가의 아이디어가 함부로 취급받으며 인정받지 못하는 일을 막아야 한다. 물건을 훔치는 것만이 도둑이 아니라, 아이디어를 훔치는 것도 도둑이다. 아이디어 도둑은

모방과 창조

아이디어 고갈을 일으켜 결과적으로 국민들의 좋은 일자리까지 훔쳐간다.

이런 인식이 자리 잡도록 아이디어에 대한 인식을 높이는 문화 캠페인도 필요하다. 방송, 언론 등에 계신 독자들이 나서서 남의 아이디어를 도용 혹은 표절하는 행위는 개인적으로뿐만 아니라 사회적으로도 커다란 경제적 손실을 끼치는 '반사회적 행위'라는 인식을 확산시키면 큰 도움이 될 것이다.

나 같은 교수나 전문가들이 다른 사람의 아이디어를 인용 없이 이야기하면 독자들이 나서서 반드시 확인해야 한다. 이야기하는 전문가 자신의 아이디어인지 아니면 다른 사람의 아이디어인지 정확히 명시하도록 해야 한다. 그래야 전문가들이 남의 아이디어를 마치 자기 아이디어인 것처럼 도둑질하는 풍토를 바꿀 수 있다.

현재 법으로 보호받지 못하고 있는 다양한 종류의 아이디어들에 대해 도둑질이 심각한 경우에는 이를 법적으로 제재하는 시스템 도입도 심각하게 고려되어야 한다. 이를 법적으로도 뒷받침하기 위해, 가칭 '아이디어 재산 보호법' 혹은 '아이디어 절도 방지법'을 도입하면 어떨까? 법으로도 뒷받침되어서 법적으로 제재를 받는 시스템이 도입이 되지 않으면 창조형 인적자본 축적을 통한 성장 회복은 요원할 수 있다.

현재 우리의 법체계에서는 절도로부터 강력하게 재산권을 보호하기 위해 절도죄는 형법 조항으로 들어가 있다. 그동안 절도죄는 눈에 보이는 가시적인 재산에 대한 절도에 대해 처벌하는 데 초점이 맞추어져 있었다. 그런데 지금은 개인이 갖고 있는 인적자본, 그 중에서도 다양한 종류의 새로운 아이디어가 무엇보다도 중요한 재산인 시대가 도래했다.

시대에 따라 중요한 재산의 성격이 변함에 따라, 재산권을 보호하는 법제도도 시대 변화에 맞추어 변해야 한다. 따라서 현대 경제에서 가장 중요해진 아이디어 재산을 국민들이 쌓도록 촉진하기 위해서는 아이디어 재산을 함부로 훔쳐가지 않도록 방지하는 일이 너무나 중요하다. 이를 위해 아이디어를 절도한 사람 혹은 기업에 대해 강력한 제재를 가하고 소중한 지적 재산을 보호하는 법을 만들어야 한다.

한편 학생 때부터 지적 자본 소유권에 대한 경각심을 높이기 위해 시험에서의 부정행위나 표절에 대한 학교 내 처벌도 강화해야 한다. 모방형 인적자본의 축적이 중요하던 1960년에서 1990년까지의 고도성장기는 모방이 미덕이던 시절이다. 이를 반영하여 이 시기는 부정행위나 표절에 대해 사회적으로 매우 관대했다. 내가 학교 다닐 때 종종 학교 시험에서 '컨닝'하다가 걸리는 친구들도 있었지만 그것으로 학교를 쫓겨나는 친구는 본 적이 없다. 그저 시험 중 주의를 받거나, 혹은 시험 후 선생님께 잠시 혼나는 정도였다. 당시 한국에서의 컨닝은 많은 경우 잠시의 해프닝 정도였다.

그러나 지적 재산권에 대한 인식이 우리보다 더 높은 나라의 경우는 어떨까? 미국 유학시절 중에 남미에서 온 친구가 내 뒤에 앉아 시험을 보던 중 부정행위를 하다가 감독관에게 발각된 것을 보았다. 그 친구는 그날 이후로 학교에서 더 이상 볼 수 없었다. 학교를 쫓겨난 것으로 기억된다. 세계기술을 선도하는 나라에서는 그에 맞추어 누군가의 창의적 아이디어를 침해할 가능성이 있는 표절이나 부정행위에 대해서 우리와는 달리 매우 엄격한 잣대를 들이대고 있음을 확인할 수 있었다.

창조형 인적자본이 절실해진 이 시대에는 그에 맞춰 부정행위와 표절에 대해 더 이상 용인하지 말아야 하고, 따라서 이런 행위가 벌어졌을 때 훨씬 엄격한 제재가 가해질 수 있도록 학교 규정들도 재정립해야 한다. 물론 제재 자체가 목적은 아니다. 그러나 이를 통해 학생 때부터 다른 사람의 창의적 아이디어를 그 사람의 재산으로 존중하는 습관을 몸에 배게 할 수 있다. 어릴 때부터 쌓인 이런 지적 습관이 사회적 풍토로 자리 잡게 되면 많은 국민들로부터 새로운 아이디어들이 쉽게 분출될 수 있는 사회 시스템이 자연스럽게 만들어질 것이다.

03

전 국민 모두
아이디어를!

한 마디 생각이 돈이 되고 명예가 되고[6]

창의적 아이디어의 재산권을 보호하기 위해서는 아이디어의 절도를 막는 것과 함께 그 아이디어를 낸 원작자가 누구인지를 명확하게 정부가 인증해주는 것이 중요하다.

그런데 다양한 종류의 창의적 아이디어 중에 현재의 법체계 하에서 원작자가 전혀 인증 받지 못하고 있는 아이디어가 많다. 창조형 자본주의체제 확립을 위해, 지금이라도 '모든 종류의' 창의적 아이디어에 대한 정부 인증을 통해 그 원작자의 재산권 보장을 뒷받

모방과 창조

침해주어야 한다.

이를 위해 모든 종류의 독창적 아이디어에 대해 소유권을 보장해줌으로써 나이의 많고 적음이나 경험의 유무와 상관없이 누구든 아이디어를 자유롭게 창출하고 공유할 수 있도록 하는 아이디어 등록 시스템을 마련해야 한다.

'전 국민 아이디어 등록제'라고 내가 이름 붙인 이 제도는 기존에 존재하지 않던 새로운 아이디어로 판명된 모든 종류의 아이디어에 대해 전산으로 등록하고 정부가 그 아이디어를 만든 사람의 이름을 붙여주어 인증해주는 것이다. 만약 독자 여러분이 새로운 아이디어를 생각해냈다면, 그것이 아무리 조그만 아이디어라 해도 원작자인 여러분의 이름을 붙여주어 명예와 소유권을 부여하는 것이다. 이에 더해서 아이디어를 낸 당사자인 여러분에게 일정한 금전적 보상을 해주는 것이다. 이 제도를 통해 생각이 돈이 되고 명예가 되는 경험을 많은 이들이 할 수 있도록 시스템으로 정착시켜 확산시킬 수 있어야 한다.

얼마 전에 만약 이러한 아이디어 등록제가 시행되었다면 좋았을 대표적 사례가 하나 있었다. 2020년 코로나19 사태가 터지면서 이에 대한 대응책으로 커다란 주목을 받은 것이 '드라이브 스루 선별진료소'였다. 미국에서는 맥도날드 햄버거가 손님이 주차 후 매장으로 들어가 주문하는 대신 직접 차를 탄 상태에서 주문할 수 있는 드라이브 스루 시스템을 1970년대부터 시행하고 있었다. 그런데 코로나 검사를 받는 방법으로 이 드라이브 스루를 적용하는 아이디어를 우리나라 의사 한 분이 처음 제안했다고 한다. 코로나 검사를 위한 이 아이디어는 너무나 유용한 아이디어이었기 때문에 미국 등 외국에서도 곧 따라했다. 드라이브 스루 자체는 새로운 아이디어가 아니지만 이를 코로나 검사에 적용하는 것은 작지만 새롭고 매우 유용한 아이디어다.

이런 아이디어를 '전 국민 아이디어 등록 시스템'에 등록하여 국가가 공식적으로 인정하고 보상을 받을 수 있도록 해야 한다. 그리고 그 아이디어 원작자의 이름을 붙여주어 명예를 부여해야 한다. 언론에 따르면 이를 처음 시행한 병원은 칠곡 경북대 병원인데, 이 병원이 인천의료원의 김진용 감염내과 과장이 학회에서 발표하는 아이디어를 듣고 이를 시행했다고 한다. 그렇다면 이 아이디어를 맥도날드 드라이브 스루와 차별화하여 '김진용 드라이브 스루'로 아이디어 등록 시스템에 공식적으로 등록해줘야 한다. 더해서 이 아이디어를 채택함에 따라 국가가 얻은 커다란 이익을 생각할 때, 국가가 먼저 나서서 아이디어 원작자에게 명예를 보장하고 그에 대한 경제적 보상을 해줘야 한다. 그래야만 이렇게 유익하고 생산적인 아이디어들이 산발적으로가 아니라 무수히 많이 나올 수 있기 때문이다.

내가 제안하는 이러한 아이디어 등록제는 무엇보다 현재 특허화되기 어려운 아이디어를 포함하여 모든 종류의 창의적 아이디어를 보호하는 것이 특징이다. 위에서 예를 든 '김진용 드라이브 스루'처럼 경제와 사회 발전을 위해 중요한 수많은 아이디어들이 현 제도

모방과 창조

드라이브 스루 시스템은 맥도날드에서 1970년대부터 시행하고 있었지만, 코로나 검사 방법으로 드라이브 스루 시스템을 적용하는 아이디어는 새롭고 매우 유용한 아이디어였기에 미국 등 다른 나라도 곧 따라 했다.

하에서는 특허로 보호받기가 쉽지 않다. 국가적 아이디어 등록 시스템을 마련하고 정착시켜 현재 특허로 보호받지 못하고 있는 많은 아이디어들을 보호해주자는 것이다. 그래야만 누구나 아이디어를 내고 아이디어가 공식적으로 인정되어 보상을 받는 기쁜 경험을 맛볼 것이고, 그 결과 창의적 아이디어들이 단발에 그치지 않고 줄을 이어 나올 것이기 때문이다.

스미스의 핀 공장

내가 앞에서 전 국민 아이디어 등록제가 모든 종류의 아이디어를 보장한다고 했는데, 이때 '모든 종류'는 무엇을 의미할까? 아이디어의 종류를 구분하자면 '무엇'에 대한 아이디어와 '어떻게'에 대한 아이디어로 나눠볼 수 있다. 새로운 아이디어도 '무엇'을 만들지에 대한 새로운 아이디어가 있고 '어떻게' 만들지에 관한 새로운 아이디어도 있다. 그러나 현재의 특허 제도 하에서는 '무엇'을 만들지에 대한 아이디어만으로는 보호받기 어렵다. '어떻게' 만들지가 오히려 중요해서 이것이 같이 있어야만 특허로 보호를 받을 수 있다.

그런데 무엇을 만들지가 어떻게 만들지보다 중요한 경우도 많다. 무엇을 만들지가 생각하기가 어렵지, 일단 무엇을 만들지에 대한 새로운 아이디어가 나오면 그것을 어떻게 만들지에 대한 아이디어는 누군가 쉽게 생각할 수 있는 경우도 허다하다. 예를 들어 '선별 검사를 위한 드라이브 스루'를 만들자는 아이디어가 중요하지, 그것을 학교 운동장에 텐트를 치되 몇 미터 간격으로 치고, 학교 정문에는 어떤 안내판을 배치하고 등의 '어떻게'에 관련된 아이디어는 상대적으로 덜 중요하다.

그래서 '전 국민 아이디어 등록제'를 통해 '어떻게'뿐만 아니라 '무엇'을 만들지에 대한 창의적 아이디어들을 보호해주자는 것이다. 특히 '어떻게'가 없어도 '무엇'을 만들지에 대한 아이디어만으로도 보호받을 수 있게 하는 것이 중요하다.

무엇을 만들지에 대한 아이디어 보호 시스템의 도입은 결국 '아이디어의 분절화'를 가능하게 해준다. 특히 '무엇'에 관한 아이디어를 '어떻게'에 대한 아이디어로부터 분리시킬 수 있게 된다.

그러면 아담 스미스가 『국부론』에서 '핀 공장'의 예를 들어 강조한 '분업의 이익'이 발생하게 된다. 스미스의 대작 『국부론』은 그가 방문했던 핀 만드는 공장에 대한 이야기로 시작한다. 이 핀 공장에서는 열 명의 근로자가 핀을 열여덟 단계의 공정으로 나누어 각자 한두 가지 공정에만 특화해서 핀을 만든다. 이렇게 분업과 특화를 통해 핀을 만들 경우 하루에 1인당 4800개를 만들 수 있다.

그러나 열여덟 단계의 공정을 각자 처음부터 끝까지 수행하면 1인당 20개 만들기도 힘들다. 결국 하나의 핀을 만드는 공정을 여러 사람이 나누어 각자 한 공정에 특화하여 공동 작업을 하면 생산성이 무려 몇 백 배나 향상된다는 것이다.

스미스가 강조한 특화에 따른 생산 공정의 분절화는 그 생산성 향상 효과가 매우 커서 현대적 생산체제나 현대 세계무역 패턴으로도 이미 현실화되었다. 자동차가 되었건 컴퓨터가 되었건 현대의 제품 생산은 제품을 만드는 공정을 여러 단계로 나누어 생산하는 생산 사슬production chain의 형태를 이룬다.[7] 특히 이 공정을 여러 나라가 나누어 생산하는 글로벌 가치체인GVC, global value chain의 형태로 이루어지고 있다.

대표적인 예가 애플이다. 애플은 디자인, 제품개발 등은 미국에서 담당하지만 이렇게 개발된 제품에 필요한 부품들을 세계 각지에

중국 상하이에 있는 애플 스토어. 애플은 생산성 향상을 위해 글로벌 생산체인에 따라 제품을 생산한다.

서 조달한다. 메모리칩과 프로세서는 한국과 대만에서, 디스플레이는 일본에서 조달하는 등 해외의 다양한 공장으로부터 부품을 조달하고 생산 조립은 주로 중국에서 한다. 이렇게 글로벌 생산체인에 따라 생산하는 이유도 바로 공정분절화에 따른 생산성 향상 때문이다.

아이디어에 있어서도 아이디어를 만드는 공정을 무엇을 만들지와 어떻게 만들지로 구분하면 커다란 생산성 향상 효과를 얻을 수 있다. 공정을 나누어서 생산할 때 발생하는 생산성 향상 효과는 '비교우위'의 개념에 의해 설명될 수도 있다.

토마스 맬서스와 함께 아담 스미스의 뒤를 이은 대표적 고전학파 경제학자 데이비드 리카르도는 무역의 이익을 강조하기 위해 비교우위의 개념을 도입했다. 비교우위란 상대방과 비교했을 때 내가 상대적으로 더 잘하는 것을 의미한다. 그래서 두 나라가 있다면 각자 자국이 상대적으로 생산을 잘하는 재화, 즉 비교우위가 있는 재화에만 특화해서 생산을 한 뒤에 서로 교환을 하면 두 나라 모두 다 이익이라는 것이다.

경제에는 무엇을 만들지에 대한 아이디어를 생각하는 데 비교우위가 있는 사람들과 어떻게 만들지에 비교우위가 있는 사람들이 있다. 모든 국민이 아이디어를 등록할 수 있는 시스템이 도입되면, 무엇을 만들지에 대한 아이디어를 생각하는 데 비교우위가 있는 사람들은 무엇을 만들지에 대한 아이디어 창출에 특화하게 된다. 어떻게 만들지에 대한 아이디어를 생각하는 데 비교우위가 있는 사람들은 실현 방식에 대한 아이디어에 특화한다. 그러면 나라 전체로 볼 때 아이디어를 만드는 생산성이 엄청나게 증가하는 것이다. 아이디어 등록제는 이렇게 비교우위에 따른 특화를 가능하게 하여 국가 아이디어 생산의 생산성을 급속히 증가시키는 것이다.

예를 들어, 인구 2만 명이 사는 나라에 '무엇'을 만들지에 관한 창의적 아이디어를 낼 능력이 있는 사람이 만 명이 있다고 하자. 또 '어떻게'에 관한 창의적 아이디어를 낼 능력이 있는 사람이 만 명이 있다고 하자. 그런데 인구 2만 명 중에서 무엇을 만들지와 어떻게 만들지를 모두 생각할 수 있는 사람은 고작 10명이라고 하자. 이 경우 현재의 특허시스템 하에서는 오직 10명 만이 창의적 아이디어를 내고 특허로 보호받을 수 있다. 그래서 이 나라에서는 이들 10명만 창의적인 아이디어를 낸다.

그러나 내가 제안하는 새로운 아이디어 등록시스템을 통해 아이디어를 분절화시키면 이 나라의 전 인구가 아이디어 창출을 위해 노력하게 된다. 무엇을 만들지에 비교우위가 있는 만 명은 무엇을 만들지에 대한 새로운 아이디어를 내고, 나머지 만 명은 이렇게 제시된 '무엇'에 대해 '어떻게' 만들지에 대한 아이디어를 내게 된다. 그 결과 만 개의 창의적 아이디어, 즉 이 시스템이 도입되지 않았을 때에 비해 1000배 이상 더 많은 창의적 아이디어가 나올 수 있게 되는 것이다.

경제학자의 입장에서 볼 때, 애플이 놀라운 성공을 거둔 것도 공동창업자인 스티브 잡스Steve Jobs와 스티브 워즈니악Steve Wozniak간의 비교우위에 따른 공정분절화가 결정적 역할을 했다고 생각된다. '무엇'에 비교우위가 있던 스티브 잡스와 '어떻게' 만들지에 비교우위가 있던 스티브 워즈니악 간의 분업을 통한 역할의 황금분할이 애플 PC의 탄생을 가능하게 했다고 볼 수 있다.

아이디어 등록제는 아이디어 특화와 분업을 보다 용이하게 만들어줌으로써 우리나라에도 애플 같은 기업이 보다 쉽게 나올 수 있는 제도적 환경을 만들어줄 것이다.

'문송합니다?' 문과적 발명을 시도하라

내가 제안하는 아이디어 등록제는 우리나라가 현재 겪고 있는 인적 자원배분의 불균형도 시정해줄 수 있다. 특히 현재 문과 대학생들은 취업에 극심한 어려움을 겪고 있다. 그래서 젊은이들 사이에 '문송합니다'라는 말까지 유행하고 있다.

문과 졸업생들의 직장이 이렇게 불안해지자 이들은 졸업 후 창업을 포함하여 창의성을 보다 많이 요구하는 분야보다는 직업의 안정성이 보장되는 분야를 선호한다. 그 결과 정년이 보장되는 공공분야나 자격증을 가지고 노년까지 일할 수 있는 법조 분야로 사회적으로 바람직한 수준 이상으로 과도하게 몰리고 있다.

이에 대해 여러 가지 이유가 있겠으나 그 중 하나는 문과 학생들이 창의적인 아이디어를 생각해내도 이는 대부분 '어떻게'보다는 '무엇'에 관한 아이디어이기 때문이다. 이과 학생들의 아이디어는 현재 특허에 필수적인 '어떻게'에 관한 기술적 아이디어들이 주를 이루는 것에 크게 대비된다. 이과 학생들은 현재의 시스템 하에 '어떻게'에 대한 기술적인 아이디어가 있으면 이를 상품화시켜 창업을 통해 아이디어에 대한 보상을 받는 것이 문과 학생들에 비해 훨씬 용이하다.

우리나라에서 재벌의 2세나 3세로 태어나지 않고 창업을 통해 굴지의 기업을 키운 네이버의 창업자 이해진, 카카오의 김범수, 넥슨의 김정주, 엔씨의 김택진 같은 기업가들은 하나 같이 공대 출신

임을 보아도 이를 알 수 있다. 이에 비해 '무엇을'에 관한 문과적인 아이디어들은 새로운 아이디어를 생각해내도 현재 특허시스템 하에서는 특허화시켜 보호받기 어렵다. 그 결과 현재 '무엇을'에 관한 문과적 아이디어만으로는 창업을 하고 이를 통해 굴지의 기업가로 성장하는 것은 불가능하다.

이런 상황에서 아이디어 등록 시스템의 도입은 문과 출신 학생들이 만든 다양한 종류의 창의적 아이디어도 보호해주게 된다. 그 결과 창의적인 문과생들이 더 이상 직업의 안정성이 보장되는 직종으로만 진로를 정하지 않고 창업을 포함하여 보다 다양한 창의적 진로를 선택할 수 있게 해준다.

그 결과 이들이 '무엇'에 관한 아이디어를 많이 만들게 됨에 따라, 이를 '어떻게' 만들지에 관한 수요가 증가한다. 즉 '어떻게' 만들지에 대한 아이디어를 만들 이과 졸업생들에 대한 수요도 늘어난다. 문과와 이과 인재의 상호보완적 상생 결합이 일어날 수 있게 되는 것이다. 철학을 전공한 스티브 잡스와 공학을 전공한 스티브 워즈니악의 결합도 이러한 문과와 이과의 성공적 결합의 한 예로 생각할 수 있다.

전 국민 아이디어 등록제를 통해서 보호해야 할 '문과적 아이디어' 중 중요한 하나는 '금융에 관한 아이디어'다. 현대 경제에서 금융 부문이 차지하는 비중은 매우 크다. 금융 부문의 발전은 경제 발전의 전제조건으로 성장을 이끌기도 한다. 반면에 금융 부문의 취약성은 금융위기를 유발하여 경제 전체를 위기에 빠뜨릴 수도 있다.

따라서 이러한 금융 부문에서 혁신을 불러올 수 있는 아이디어 하나의 가치는 몇 조, 아니 수백 조가 될 수도 있다. 이는 비트코인 같은 암호화폐의 예에서 쉽게 찾아 볼 수 있다. 비트코인의 시장가치 총액은 최근 1조 달러를 돌파하기도 했는데 이는 우리나라 GDP의 반이나 되는 엄청난 시장가치다.

비트코인의 예에서처럼 조그만 개선을 불러올 아이디어라 해도 그 가치는 심지어 천문학적일 수도 있다. 그래서 내가 강의하는 화폐금융론 수업에서는 '창의적인 금융상품을 고안해보라'는 과제를 내주고 이에 도전해볼 것을 학생들에게 권한다.

그럼에도 현재와 같은 아이디어 보호 시스템 하에서는 독자 여러분들 중 금융에 관심이 많은 분이라도 금융에 관한 창의적인 아이디어를 생각할 인센티브가 전혀 없을 것이다. 그 결과 금융으로 돈을 벌고자 하면 차라리 주식이나 부동산, 아니면 코인가상화폐에 투자해 돈을 벌고자 하지 금융에 관한 창의적 아이디어를 생각해낼 생각은 아무도 하지 않을 것이다.

최근 대학생과 직장인을 포함하여 수많은 젊은이들이 빚을 내서 주식이나 부동산 혹은 코인에 투자하는 '영끌'과 '빚투'에 뛰어들고 있다. 그러나 나라 경제를 위해 필요한 새로운 금융 아이디어 창출에 도전하고 이러한 아이디어로 창업에 뛰어드는 젊은이는 한 명도 보지 못했다. 이는 이들의 잘못이 아니라 나라의 인센티브 시스템이 철저히 왜곡되어 있기 때문이다.

이러한 인센티브 왜곡을 바로 잡기 위해, 전 국민 아이디어 등록

시스템 내에 금융 아이디어 섹션을 만들어서 금융에 관한 창의적 아이디어를 보호해야 한다. 이러한 '금융 아이디어 등록제'를 통해 금융에 관한 창의적 아이디어가 보호받게 되면, 금융에 관심 있는 독자들을 포함한 많은 사람들이 금융에 관한 새로운 방식이나 창의적인 아이디어를 생각하고 나아가 창업에도 도전할 것이다. 은행이나 증권회사 등에서 근무하는 사람들이라면 그동안 일상적으로 해왔던 업무들을 어떻게 개선할지 적극적으로 고민하고 새로운 아이디어를 내고자 노력하게 될 것이다.

작은 변화와 실행의 발걸음이 모여 커다란 변혁을 가져온다. 처음에는 실행 불가능해 보이고 요원해 보이는 아이디어라도 아이디어 등록 시스템을 통해 등록되어 많은 사람과 생각이 공유되면 누군가 또 다른 생각을 더해 새로운 아이디어를 도출하여 새로이 등록하게 된다. 이렇게 계속 아이디어가 이어지며 진화한 결과, 한국 금융 산업의 혁신과 발전을 가져올 놀라운 아이디어들이 나오면서 아이디어 등록제는 '금융혁신의 기폭제'가 될 것이다.

정책 아이디어 경쟁하기

내가 모든 국민을 대상으로 한 아이디어 등록제를 통해서 보호해야 한다고 생각하는 또 다른 중요한 문과적 아이디어는 '정부정책에 관한 아이디어'다. 정부정책이 나라와 국민들의 삶에 미치는 영향이 지대하다는 것은 말할 나위도 없다. 따라서 국가를 바른 방향으로 이끌 새로운 정책 아이디어를 국민들 중 상당수가 끊임없이 생각해내는 것이 중요하다.

현재 우리나라에서 이런 정책 아이디어를 생각해내는 것은 정책을 담당하는 일부 정부 공무원들의 임무로만 인식되고 있다. 물론 이들 중에 스스로 창의적 아이디어를 생각해내고 이를 정책으로 구현하는 훌륭한 공무원들이 있다.

그럼에도 정책 담당 공무원들 중 상당수는 새로운 정책 아이디어를 계속 만들어내는 창의적 전문가이기보다는 다른 사람들의 아이디어를 듣고 그것을 이용하는 '귀 전문가'에 가까운 경우도 많다고 평가된다. 국내 학자들이 오랜 연구 끝에 제시한 새로운 아이디어를 인용 없이 살짝 이름만 바꾸거나 각색해서 마치 자기 아이디어인 양 내놓는 경우들이 많다는 우려들도 존재한다.

혹은 실질적 내용 없이 주로 구호뿐인 정책을 제시하는 경우가 많다는 우려들도 있다. 예를 들어, 박근혜 정부가 한때 정책구호로 내세웠던 '창조 경제'는 이를 지지해줄 어떤 튼튼한 경제 이론적 배경도 없이 그저 구호만 있었다. 그 결과 전국에 창조경제 혁신센터라는 것을 만들기는 했지만 거기서 어떤 의미 있는 창조적인 아웃풋도 나온 것이 없다고 평가된다.

경제에서 '창조'의 중요성은 사실 박근혜 정부 훨씬 이전이었던 2007년 김세직·정운찬 논문에서 이론적으로 논증했었다. 이 논문에서 강조한 것은 창조 혹은 혁신이라는 것도 창조의 주체가 있어

"

대학생과 직장인을 포함하여 수많은 젊은이들이 빚을 내서 주식이나 부동산 혹은 코인에 투자하는 '영끌'과 '빚투'에 뛰어들고 있다. 그러나 국가 경제를 위해 필요한 새로운 금융 아이디어 창출에 도전하고 이러한 아이디어로 창업에 뛰어드는 젊은이는 한 명도 보지 못했다. 이는 이들의 잘못이 아니라 국가의 인센티브 시스템이 철저히 왜곡되어 있기 때문이다.

"

야 되는 것이고 그 주체는 결국 사람이라는 것이었다. 특히 사람의 지적 능력인 인적자본이 경제성장의 핵심이기에 창조를 위해 가장 중요한 것도 사람의 창조하는 능력인 창조형 인적자본을 육성하는 것임을 논증했었다.

만약 2013년에 들어선 박근혜 정부가 창조경제를 제대로 정책구호로 내세우려면 그 이전에 쓰여진 김세직·정운찬(2007)의 논문에서처럼 창조형 인적자본 축적이 성장의 엔진인 경제를 추구했어야 했다. 그러나 창조형 인적자본에서 가장 중요한 개념인 '인적자본'을 빼고 '창조'라는 말만 따로 떼어다가 경제라는 말 앞에 붙여 구호로 만들게 됨에 따라 알맹이 없는 정책이 되어버리고 말았다.

경제학의 원리 중에 독점적 생산은 비효율을 초래한다는 원리가 있다. 이 경제학의 원리는 정책 아이디어에도 그대로 적용된다. 지난 30년간 정책 아이디어 생산을 공무원이 독점하게 되면서 비효율이 초래된 예는 적지 않다. 비근한 예는 한국 거시경제가 5년 1% 하락의 법칙에 따라 성장 추락해왔음에도 정책당국자들이 이를 인지하지도 못하고 전혀 대응도 하지 못했다는 사실이다.

이제는 나라를 이끌 새로운 창의적 정책 아이디어의 원천을 정책 담당 공무원에만 의존하지 말고 다변화시켜 정책 아이디어 경쟁체제를 구축해야 한다. 경쟁체제 구축만이 정책 아이디어 생산의 효율성을 바로 세울 수 있는 수단이다.

정책 아이디어 경쟁체제 구축을 위한 대안은 나라 정책에 관심 있는 독자들을 포함하여 모든 국민들이 새로운 정책 아이디어를 만들어내는 데 참여하는 것이다. 이를 위해 전 국민 아이디어 등록제가 커다란 역할을 할 수 있을 것이다.

전 국민 아이디어 등록제는 정책 아이디어 섹션을 그 밑에 만들어야 한다. 이를 통해 전 국민 아이디어 등록제의 또 다른 하부시스템으로 '정책 아이디어 등록제'를 도입하면 어떨까?

여기에 관심 있는 독자들이 다양한 정책적 아이디어를 제안하고 그것이 독창적 아이디어인 경우에는 이 시스템에 등록하는 것이다. 그리고 정책 아이디어 원작자인 독자 여러분의 이름을 부여하고 그 재산권까지 보호해주는 것이다.

이러한 아이디어 등록제가 도입되면, 정책 아이디어의 새로운 원천이 생긴다. 그동안 정책 아이디어는 공무원들이 독점하다시피 했으나, 이제 보다 창의적인 정책 아이디어의 새로운 원천이 생기는 것이다. 그리고 이것이 대한민국의 모든 분야에 걸쳐 '정책의 대혁신'을 불러일으킬 것이다.

아이디어 공적 구매제도

독자 여러분이 전 국민 아이디어 등록제에 등록한 아이디어에 대해서는 원작자의 소유권을 부여함과 아울러 일정한 금전적 보상을 해주어 인센티브를 강화할 필요가 있다.

이를 위해 전산시스템을 통해 등록된 아이디어들을 정부가

R&D 예산을 이용하여 직접 구매해서 금전적 보상을 해주는 '아이디어 공적 구매제도'를 도입해야 한다.

인적자본이 성장의 엔진인 내생적 성장이론을 창시한 시카고대의 로버트 루카스 교수는 인적자본의 중요한 특성 하나를 강조했다. 그것은 바로 인적자본의 '외부성externality'이다. 경제학에서 외부성이라 함은 내가 아무런 대가를 받지 않아도 나의 행동이 다른 사람들에게 의도하지 않은 이익을 가져다주는 것을 말한다. 예를 들어 내가 벌을 키우면 우리 집 주변의 과수원 주인은 나한테 돈을 내지 않고도 꽃들을 수분시키는 이익을 얻게 된다.

루카스 교수에 따르면 이러한 외부성이 발현되는 대표적인 예가 인적자본의 산출물인 아이디어다. 많은 아이디어를 갖고 있는 사람과 대화하면 그렇지 않은 사람은 비용을 지불하지도 않고도 그 아이디어를 배워서 써먹을 수 있다(물론 인용하고 사용해야 한다). 누군가 새로운 아이디어를 내어 전 국민이 그 아이디어를 배워서 이용하면 온 국민의 소득이 크게 상승할 수도 있다.

그런데 창조형 인적자본의 이러한 외부성 때문에 사람들은 창조형 인적자본에 사회적으로 바람직한 수준만큼 투자를 하지 않게 된다. 새로운 아이디어를 내어도 아무런 보상을 받을 수 없기 때문에 새로운 아이디어를 낼 인센티브가 없어지는 것이다. 따라서 새로운 아이디어가 많이 나와 국민 모두에게 이익이 되게 하기 위해서는 새로운 아이디어들에 대해 국가가 나서서 충분한 금전적 보상을 해주어야 하는 것이다.

정부가 독자들을 포함한 국민들의 아까운 혈세를 거둬서 할 일은 바로 이런 것이다. 정부가 막대한 세금을 거두어서 엉뚱하게 돈을 쓰면 안 된다. 2020년 기준 정부 R&D 예산은 무려 24조 원에 이른다. 이중 4%인 1조 원만 사용해도 국민들이 만든 몇 만 개나 되는 창의적 아이디어에 대해 평균 수천 만 원씩 보상할 수 있다. 아이디어의 종류에 따라 보상액을 달리하더라도 최소 1000만 원 이상씩 보상할 수 있다.

이렇게 나라가 매년 몇 만 개의 새로운 아이디어에 대해 수천 만 원씩 보상하여 그 외부성을 내부화한다면, 수많은 국민들이 새로운 아이디어를 내기 위해 도전할 것이다. 그리고 창의적 아이디어를 낼 수 있는 능력인 창조형 인적자본을 키우기 위해 노력할 것이다.

물론 전 국민 아이디어 등록제에 등록하지 않고서도 창의적 아이디어의 재산권을 확실히 보장받을 수 있다면, 정부가 1000만 원에 아이디어를 구매하는 경우 1000만 원 이상의 가치가 있는 아이디어는 정부에 판매하지 않고 1000만 원 이하의 가치가 있는 아이디어만 정부에 판매하는 소위 '역선택adverse selection'의 문제가 발생할 수 있다. 그러나 문제는 창의적 아이디어는 쉽게 도둑맞을 수 있다는 것, 즉 재산권을 확실히 보장받을 수 없다는 것이다. 이렇게 도둑맞을 가능성이 크기 때문에 1000만 원 이상의 가치가 되는 아이디어들도 정부에 판매할 인센티브가 생기는 것이다.

정부의 아이디어 공적구매 제도는 정부의 '아이디어 시장' 구축으로 연결될 수도 있다. 정부가 국민들로부터 구매한 아이디어들이

모방과 창조

가치가 있다고 느끼는 기업들은 정부로부터 그 아이디어를 구매할 인센티브가 생기게 된다. 그러면 자연스럽게 정부가 국민들로부터 구매한 아이디어들을 사고파는 아이디어 시장이 자생적으로 생기게 될 것이다.

정부는 이 시장을 통해 정부가 원작자인 국민들로부터 구매한 아이디어를 기업에게 판매할 수 있다. 정부가 구매한 아이디어 판매는 인터넷을 통해 전 국민, 전 기업을 대상으로 한 '경매'를 이용하는 방안을 도입할 수도 있다. 이를 통해 힘없는 개인들이 아이디어를 대기업에게 탈취당하거나 너무나 싼값에 넘기는 일을 막을 수도 있다.

이때, 정부가 기업에게 판매한 가격이 정부의 최초 구매비용보다 높을 수 있다. 이 경우 정부는 최초 구매비용만 회수하고, 그 초과수익은 아이디어의 원작자인 독자들에게 되돌려 주는 방안을 채택할 수 있다. 이를 통해 민간이 창의적 아이디어를 낼 인센티브를 더욱 강화하고 혹시 있을 수 있는 역선택의 문제도 해결하는 것이다.

이런 방식을 통해, 독자들을 포함한 국민 누구나 자신이 만든 창의적 아이디어를 정부 혹은 기업에게 판매함으로써 아이디어에 대한 충분한 보상을 받을 수 있는 아이디어 보상 시스템을 구축할 수 있게 된다. 이래야만 국민들이 창조적 인적자본을 축적하고 창의적 아이디어를 만들어 낼 강력한 인센티브를 갖게 될 것이다.

시스템에 등록된 아이디어 중 정책 아이디어 등록제에 등록된 아이디어는 정부가 최종수요자일 수밖에 없다. 따라서 이 경우에는 정부가 구매 후 시장에서 기업에게 판매할 수 없다. 따라서 독자 여러분이 제시한 어떤 정책 아이디어가 나라에 몇 천 억의 이익을 가져다 줬다 해도 이 아이디어를 기업에 팔아서 그 판매대금으로 원작자인 여러분에게 추가적인 보상을 해줄 수 없다.

이런 문제를 해결하기 위해, 정부는 국가에 커다란 이익을 가져오는 정책 아이디어의 경우에 그 공적 이익의 일정 부분을 정부가 직접 아이디어 원작자인 여러분에게 돌려주는 '정책 아이디어 이익 환급제'를 도입하면 어떨까?

예를 들어 전 국민 정책 아이디어 등록제에 전 국민 아이디어 등록제라는 정책 아이디어를 내가 등록하고 정부가 이 제도를 도입한 결과 경제성장률이 증가했다면 정부가 그 증가분의 가령 만 분의 일을 보상해주는 방식인 것이다.

모든 국민이 아이디어를 공식적으로 등록할 수 있는 이런 시스템이 도입되어 독자들을 포함한 모든 국민들이 새로운 아이디어 창출에 동참할 수 있도록 국민적 운동이 촉발되어야 한다. 그 결과 새로운 아이디어들이 나라 전체에서 분출되도록 만들어야 한다. 이를 통한 '아이디어 재산권 제도 혁신'을 이루어야만 30년간 어떤 정책에도 변화하지 않던 5년 1% 하락의 법칙을 깨뜨리고 성장으로의 재도약을 시작할 수 있을 것이다.

04

세금 정책을
개편하라

호랑이보다 무서운 세금

맹수의 대명사 호랑이보다 무서운 것이 무엇이 있을까? 어렸을 적
읽었던 마해송의 동화에는 호랑이보다 무서운 것에 대한 재미있는
이야기가 나와 있다. 이 동화에 따르면 우리나라에는 호랑이보다
무서운 것이 하나 있다. 바로 곶감이다.

『예기』에 따르면 중국에는 호랑이보다 무서운 것이 또 하나 있
다. 바로 '세금'이다. 공자가 수레를 타고 태산 인근 마을을 지나던
중이었다. 어떤 여인이 세 개의 무덤 앞에서 다섯이나 되는 어린 자

'공자성적도' 중 '태산문정(泰山問政)'. 호랑이보다 무서운 가혹한 세금(가렴주구)의 실상을 드러내는 그림으로 공자와 제자 자로, 그리고 시아버지와 남편에 이어 아들을 호랑이에게 잃은 여인이 등장한다.

식들을 데리고 곡을 하고 있었다. 공자가 제자인 자로를 통해 곡을 하는 연유를 물었다. 여인에 따르면 이 마을로 이사 온 이후 시아버지가 호랑이에게 물려 죽고, 또 남편이 호랑이에 물려 죽었다. 그리고 며칠 전에는 마침내 열세 살 난 큰아들까지 호랑이에 물려 죽었다는 것이다. 이 비참한 사정을 듣고, 공자는 그러면 왜 먼저 살던 곳으로 이사 가지 않느냐고 물어본다. 그러자 여인은 먼저 살던 곳과는 달리 그래도 이곳에는 가혹하게 세금을 거두어 백성들을 수탈하는 '가렴주구'가 없기 때문이라고 한다. 가혹한 세금이 호랑이보다 무서운 것이다.

1803년 유배시절 다산 정약용은 「애절양」이라는 시를 쓴다. 이 시에서 표현된 세금의 무서움은 말로 표현하기 끔찍하기까지 하다.

모방과 창조

다산은 이 시에서 죽어 백골이 된 사람과 갓 태어난 아이에게까지 군포를 부과하는 백골징포와 황구첨정으로 인해 죽은 할아버지, 아버지, 갓난아이의 삼대가 세금을 내게 된 가족의 처참한 이야기를 시로 표현했다.

시에 따르면 한꺼번에 삼대에게 삼중으로 부과된 과중한 세금으로 가장은 세금을 낼 수 없게 된다. 그래서 농사에 무엇보다 중요한 소까지 뺏기게 된다. 이에 가장은 모든 불행이 아이를 낳게 한 자신 때문이라면 자신의 생식기를 자른다.

동서양을 막론하고 자고로 정부 혹은 국가가 국민의 삶에 가장 큰 역할을 미치는 것이 세금이었다. 세금은 기본적으로 나라 혹은 정부가 국민들의 재산의 일부를 합법적으로 가져가는 것이다. 이러한 세금은 좋은 것인가 나쁜 것인가?

국민들로부터 세금을 거두더라도 그것을 국민들을 위해 잘 쓰면 오히려 국민들의 삶을 향상시킬 가능성이 있다. 특히 세금의 형태로 국민들의 재산을 뺏아가지만, 이를 통해 국민들의 재산권을 보다 잘 지켜주면 결국 국민들에게 이득일 수도 있다.

나라가 국민들의 재산권을 지켜주기 위해서는 군대와 경찰 등이 필요하다. 그런데 이렇게 국방, 치안 등 재산권 보호를 위한 인프라를 유지하기 위해서는 돈이 필요하다. 이 돈을 마련하는 방법은 재산권 보호의 혜택을 받는 국민들에게 세금을 부과하여 조달하는 것이다. 따라서 국민들의 관점에서 보면 세금은 자신들이 갖고 있는 큰 재산의 보호를 위해 지불하는 작은 재산상 손실이라고도 이해할 수 있기에 세금은 정당화될 수 있다.

그러나 국민들의 재산을 세금으로 가져가고, 가져간 만큼 국민들에게 이익을 돌려주지 않으면 국민들의 삶에 나쁜 영향을 미칠수도 있다. 백성들에게 별로 돌려주는 것도 없이 과도한 세금을 부과하면 국민들의 재산권 침해다. 과도한 세금으로 백성의 삶이 피폐해진 경우는 위에서 예를 든 정약용이 살던 시대뿐만 아니라 동서양 역사에 수없이 많다.

나라가 혹은 왕이 세금으로 빼앗아 가기만 하고 돌려주는 것이 없다고 국민들이 분노하면 결국 강력한 저항으로 이어진다. 1700년대 후반 미국이란 나라가 영국에서 독립하여 신생국가로 만들어진 것도 세금에 대한 당시 주민들의 저항에 크게 기인했다. 영국은 7년전쟁 수행을 하면서 진 많은 빚을 충당하기 위해 신대륙 식민지였던 미국에 설탕법, 인지세법 등의 법을 제정하여 세금들을 부과했다. 자신들의 의사와 관계없이 법이 통과되어 세금이 부과되자 식민지 주민들 사이에서는 영국에 대한 반감이 점점 커져 독립전쟁으로 이어졌다. 그리고 '대표 없이는 과세도 없다'가 미국 독립전쟁의 슬로건이 되었다.

따라서 정부가 세금을 얼마나 그리고 어떻게 걷고 이를 어떻게 국민들을 위해 사용할지는 심사숙고하고 또 심사숙고해서 결정해야 한다. 국민들의 삶에 미치는 영향이 너무나 크기 때문이다.

특히 세금은 국민들의 좋은 일자리를 결정할 경제성장에도 중요한 영향을 미칠 수 있음을 현대 경제성장이론가들이 밝혀냈다. 앞

영국이 설탕법, 인지세법 등 식민지에 대해 과중한 세금을 부과하자 식민지 주민들의 영국에 대한 반감이 점점 커져 독립전쟁으로 이어졌다. 그 과정에서 1773년에는 식민지 주민들이 보스턴에 정박 중이던 영국 동인도회사의 선박에 난입하여 홍차 상자를 바다에 던져버린 '보스턴 차 사건'도 일어났다.

에서 언급했듯이 1980년대 말에 등장한 내생적 성장이론가들은 정부의 조세와 보조금 정책이 경제성장률에 강력한 영향을 미칠 수 있음을 이론적으로 증명했다.

예를 들어, 정부가 근로소득세의 세율을 인하하거나 교육지출에 대한 보조금을 증가시키면, 이에 따라 국민들의 인적자본 투자에 대한 세후 수익률이 증가한다. 인적자본 투자에 대한 세후 수익률이 증가함에 따라 국민들이 인적자본에 대한 투자를 늘릴 것이다. 그리고 그 결과 경제성장률이 높아지는 것이다.

1960년대 이후 30년 동안 우리나라는 이러한 내생적 성장이론의 예측을 경험적으로 증명해 보였다. 성장황금시대의 우리나라는 매우 낮은 근로소득세와 매우 높은 교육보조금 지급을 통해 국민들이 빠르게 모방형 인적자본을 축적하도록 유도했다. 그 결과 고도성장을 촉진할 수 있었다. 1960년대 이후 한국 성장의 황금시대에 당시 조세정책이 실제로 고도성장에 커다란 기여를 했던 것이다.

그러나 이러한 과거의 조세제도가 지금도 경제성장에 기여하고 있을까?

새 술은 새 부대에

우리나라는 이제껏 수십 년간 모방형 인적자본을 빠르게 축적하는 사람들에게 인센티브를 제공하는 조세정책을 펼쳐왔다. 그러나 이러한 방식으로는 더 이상 성장을 증대시키는 효과를 거두기가 어렵게 되었다. 오히려 이제는 성장에 해롭기까지 하다.

성장을 재점화시키 위해 이제 세금정책을 전면적으로 개편하는 것이 반드시 필요하다. 나는 특히 새로운 아이디어를 제공하는 사람들에게 강력한 인센티브를 제공하는 방식으로의 개편이 필요하다고 생각한다. 새 시대에 맞는 창조형 인적자본이라는 새 술을 담기 위한 조세-재정 제도도 이에 맞추어 완전히 새롭게 변혁해야 한다. '새 술은 새 부대에' 담아야 마땅하다.

이 변혁은 두 단계로 이루어질 수 있다. 먼저 인적자본에 대한 조세-보조금을 창조형과 모방형으로 구분하는 것이다. 그리고 이에 입각하여 모방형에 대비한 창조형 인적자본의 실효세율을 획기적으로 낮추는 것이다.

나라 조세제도의 근간을 이루는 중요한 세금들이 있다. 이 가운데 먼저 독자들의 임금에 대해 부과되는 근로소득세의 개혁을 생각해보자. 일반 기업 혹은 창업 기업에 취직한 근로자들에게 어떻게 새로운 아이디어를 생각해낼 조세 인센티브를 제공할 수 있을까?

이를 위해서는 창조형 인적자본을 축적한 창조형 근로자를 구분해내는 것이 중요하다. 아이디어 등록제에 창의적 아이디어를 등록한 독자나 특허를 낸 독자들을 창조형 근로자로 구별할 수 있을 것이다. 혹은 새로운 아이디어에 도전하는 작업에 참여하고 있는 근로자들도 이에 포함시킬 수 있을 것이다. 이렇게 분류된 이들에게 근로소득세 면제나 낮은 세율을 적용하는 가칭 '창조형 근로자 소득세 감면제도'를 도입하는 것이 강력한 인센티브로 작동할 것이다.

다음으로 법인들의 이윤에 부과되는 법인세 개혁을 생각해보자. 창조형 인재가 회사에 취직하는 것이 아니라, 독창적 아이디어를 가지고 직접 창업을 할 수도 있다. 이러한 창업의 경우에도 먼저 아이디어 등록제나 특허 등을 이용하여 창조형 기업가를 구별하고 이들에게 일정 기간 법인세를 감면해주거나 세율을 낮춰주는 '창조형 기업 법인세 감면제도'를 도입하면 어떨까?

신생 창업기업뿐만 아니라, 기술혁신을 지속하는 일반 기업들에게도 비슷한 인센티브를 부여할 수 있다. 단 이를 뒷받침하기 위해 창조형 기업을 정교하게 구분해내는 방법을 고안해야 한다. 더해서 기업들의 부가가치에 대해 부과되는 부가가치세의 개혁도 생각해 보자.

현대 경제의 생산구조는 최초 부품부터 시작해서 여러 중간재와 최종재까지 모든 것을 한 기업이 생산하기보다는 여러 기업이 나누어서 생산하는 형태를 취한다. 이러한 생산체인 하에서는 체인을 이루는 중간재 생산 기업 하나 하나에서의 창의적 아이디어가 중요하다.

따라서 공급체인을 이루는 기업들 하나 하나에 대해 창의적 아이디어를 낼 인센티브를 제공해야 한다. 이를 위해 새로운 중간재를 개발한 기업에 대해서는 부가가치세를 감면해주는 '창조형 제품 부가가치세 감면제도' 도입도 강력한 인센티브가 될 수 있다.

혹자는 이러한 조세감면 혹은 조세율인하정책이 정부의 재정수지를 악화시키지 않을까 염려할 수도 있다. 그러나 이러한 조세정책은 장기성장률 증가를 가져와 오히려 세수를 증가시켜 재정 부담을 줄여줄 수도 있다.

GDP대비 정부지출을 변화시키지 않고 균형재정을 유지하면서도 이러한 조세정책을 쓸 수 있는 방법도 있다. 창조형 근로자, 기업 및 제품에 대해 세율을 낮추면서 동시에 모방형 근로자, 기업 및 제품에 대해서는 세율을 올리는 방법이다. 이 방법은 모방형에서 창조형으로 인적자본의 대전환을 가져오는 데 심지어 더 강력하게 작동할 수 있다.

한편, 정부의 재정지출정책 측면에서도 독자들에게 창조형 인적자본을 키울 강력한 인센티브를 제공하는 방법이 있다. 가칭 '창조형 교육재정 제도'를 도입하여 정부예산 중 기존의 모방형 인적자본에 대한 지출(보조금)을 창조형에 대한 지출로 획기적으로 전환하는 것이다.

이를 위해서는 먼저 2020년 기준 73조 원이나 되는 정부 교육지출 항목을 창조형과 모방형 인적자본을 위한 지출로 정교하게 구분하는 것부터 시작해야 한다. 이를 제대로 구분한 뒤 현재 정부 교육예산 중 창조형 인적자본에 대한 지출을 평가해보면 5%도 채 안 될 수도 있다. 심지어 1%도 안 될 수도 있다. 이런 상황이라면 창조적 인재들이 우리 교육시스템에서 나와 주기를 기대하는 것은 '물고기를 잡기 위해 나무에 올라가는 것'과 같다.

현재 창조형 인적자본에 대한 교육비 지출 비율을 정확히 파악한 후, 이의 목표를 제대로 설정해야 한다. 예를 들어 80%로 정해야 한다. 그리고 이 목표 수준까지 매년 어떤 속도로 창조형 인적자본에 대한 지출 비율을 증가시켜가야 할지 구체적 계획을 짜고 실행해야 한다.

정부는 교육비 지출뿐만 아니라 연구개발R&D에도 많은 지출을 하고 있다. 그런데 현재 정부의 연구개발 예산 체제는 기술 아이템 중심으로 이루어지고 있다. 기술개발의 핵심도 사람이라는 점에서, 연구개발 예산도 창조형 인재(사람)에 대한 지원을 중심으로 전환해야 한다.

먼저 현재 2020년 기준 24조 원이나 되는 정부 R&D지출이 낭비

없이 효율적으로 이루어지고 있는지부터 중립적인 학자들이 나서서 제대로 평가해야 한다. 특히 창조형 인재에 초점이 맞춰지지 않은 비효율적 연구개발 예산들의 비중을 획기적으로 줄이고 이를 창조형 인재를 키우고 지원하는 용도로 전환해야 한다.

새로운 성장 동력을 이끌 자본주의체제에 걸맞는 '재정-조세제도 혁신'을 통해 좋은 일자리를 만들어내는 데 힘을 기울여야 한다.[8]

교육의
코페르니쿠스적 전환

12년 배워도 반 이상은 쓸모없는 지식

미국의 전 대통령 오바마는 재임시절 한국의 경제성장과 이를 뒷받침한 교육제도에 대해 찬사를 보낸 것으로 유명하다. 아프리카를 방문했을 때 한국을 경제성장의 롤모델로서 예시하기도 하고 여러 번에 걸쳐 한국의 높은 교육열을 칭찬하기도 했다.

한국의 현 교육시스템을 옹호하는 인사들은 종종 오바마의 한국 칭찬을 자신들의 생각을 뒷받침하는 주요한 근거로 제시하기도 했다. 오바마도 칭찬한 한국 교육이 도대체 무슨 문제가 있느냐는 것이다.

미국 전 대통령 버락 오바마는 여러 번에 걸쳐 한국의 경제성장과 교육을 칭찬했지만, 성장과 교육에 대해 그가 칭찬한 한국은 과거 고도성장기의 한국이었다.

그런데 사실 오바마가 성장과 교육에 대해 경탄한 한국은 현재가 아닌 과거 고도성장기의 한국이었음을 잊지 말아야 한다. 한국은 1960년대에서 1990년대 초까지 30년간 고도성장을 했고 이는 가난한 개발도상국들이 본받을 만한 놀라운 업적이었다. 그리고 이책의 2부에서도 이야기했듯이, 당시 빠른 경제성장에 교육이 커다란 역할을 했다. 특히 한국 교육은 모방형 인적자본을 세계 어느 나라보다도 급속히 축적할 수 있는 시스템을 갖추고 있었다. 그러나 우리나라는 1990년 초중반 이후 성장률이 지속적으로 추락하여 지금은 0%대를 향해 가고 있다. 그 이유는 이 시기에 구태의연한 모방

모방과 창조

형 인적자본을 키우는 교육을 지속해왔지만 정작 암기를 통해 머릿속에 주입된 지식 중 상당 비율이 무용지물화되어 왔기 때문이다.

이와 관련해 동료 교수들과 함께 10년 전에 서베이를 실시한 적이 있었다. 이 서베이에 따르면 10년 전에 이미 우리 국민들은 자신들이 학교에서 배운 지식의 50% 이상이 사회에 나와 아무 쓸모없다고 판단하고 있었다. 지난 10년간 컴퓨터와 AI가 더욱 발달한 것을 고려하면, 지금은 학교에서 주입한 지식이나 계산 능력 중 50%보다 훨씬 더 높은 비율, 예를 들어 70~80%가 쓸모없는 지식이 되어버렸을 가능성도 상당하다.

그럼에도 시대착오적인 모방형 교육이 지금까지 답습되고 있다. 쓸모없는 수많은 지식들을 학생들이 계속 머릿속에 우겨 넣도록 강요하는 비생산적이고 비효율적인 교육시스템이 지금도 자리를 버티고 있다.

왜, 우리의 자녀들이 쓸모없는 수많은 지식들을 외우느라 밤잠도 못 자며 그렇게 고생해야 하는가? 도대체 이런 교육시스템은 누구를 위해 존재하는 것인가? 도대체 어른들은 무엇을 하고 있나? 나라는 그리고 정부는 무엇을 하고 있나?

우리 청년들이 취업이 너무 어려워 애태우는 이유가 쓸데없는 지식을 외우는 데 너무나 많은 시간을 써서 정작 이 시대가 요구하는 능력을 키우지 못했기 때문임을 생각하면 너무나 안타깝다. 현재의 교육시스템 하에서 기존 방식에 따라 열심히 공부한 대가가 고작 이런 현실임을 알게 되면 얼마나 씁쓸하겠는가. 알면 도움이 되는 지식인 줄 알고 밤잠 안 자가며 열심히 공부했는데, 사회에 나와 그중 절반 이상이 전혀 쓸모없는 지식임을 알고 나면 얼마나 허탈하고 허무하겠는가.

지금이라도 우리 어린 학생들이 새로운 시대가 요구하는 인적자본을 키울 수 있도록 교육제도를 전면적으로 재검토하고 탈바꿈시켜야 한다. 언제까지 시대착오적인 교육만 되물림하며 인생에서 다시 못 올 12년을 허송세월하게 내버려둘 것인가? 시대를 역행하는 교육을 이번 세대에서 멈추어야 한다.

코페르니쿠스의 180도 전환

코페르니쿠스는 인류가 1000년 넘게 믿고 있던 천체에 대한 사고를 180도 전환시켰고, 이는 근대과학의 출범으로 이어졌다.

폴란드의 천문학자이자 카톨릭 사제였던 니콜라우스 코페르니쿠스Nicolaus Copernicus는 인류가 약 1500년 동안이나 믿고 있던 천동설에 강력한 의문을 제기했다. 겉보기로는 태양이 지구 주위를 도는 것처럼 보이지만 실제로는 그 반대로 지구가 태양 주위를 돈다는 것이다.

지구가 태양 주위를 돈다는

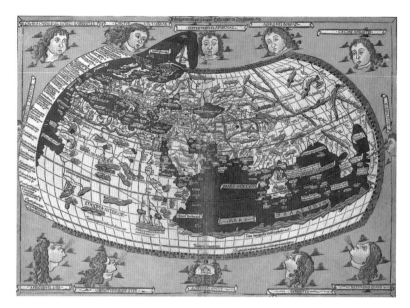
프톨레마이오스의 아이디어를 묘사한 15세기 지도

그의 이론이 고대 그리스 천문학자 프톨레마이오스Ptolemaeus에 의해 체계화된 천동설을 철썩 같이 믿고 있던 당시 학계로부터 공격을 받게 된 것은 너무나 당연했다. 지구가 우주의 중심이라는 믿음을 포기한 지동설의 아이디어는 당시 카톨릭 교회의 전폭적인 지지를 이끌어내기도 어려웠다.

그럼에도 코페르니쿠스는 죽기 직전인 1543년 지동설에 관한 그의 저서『천체의 회전에 관하여』를 발표했다. 이를 통해 코페르니쿠스는 천체의 회전에서 누가 중심인지에 대한 인류의 사고를 그야말로 '180도 전환'시켰다. 지구가 중심이고 그 주위를 태양이 돈다는 과거의 사고로부터 태양이 중심이고 지구가 그 주위를 돈다는 사고로 획기적 전환을 일으킨 것이다.

이러한 사고의 획기적 전환은 결국 근대과학을 출범시켰다. 주지하다시피, 코페르니쿠스의 지동설은 이후 갈릴레오 갈릴레이 Galileo Galilei, 요하네스 케플러 Johannes Kepler에 이어 아이작 뉴턴 Issac Newton 으로 이어지며 근대과학을 꽃피우게 된다. 그리고 이러한 근대과학은 산업혁명의 기반이 되어 경제성장을 촉진함으로써 인류가 유토피아에 한 걸음 더 다가가게 하는 강력한 기관차 역할을 한다.

사고의 180도 대전환이 갖는 놀라운 힘은 인문학의 영역에서도 추구된다. 독일의 철학자 임마누엘 칸트 Immanuel Kant는 우리가 사물을 인식하는 것이 인식하는 대상에 의거하는 것이 아니라 인식하는 주체에 의해 정해지는 것이라는 주장을 폈다. 이로써 인식의 근거를 객관에서 주관으로 '180도 전환'시킨 것이다. 그리고 그는 자신의 이러한 인식론적 전환을 '코페르니쿠스적 전환'이라 불렀다. 코페르니쿠스적인 사고의 180도 대변환은 칸트의 인식론적 발견에 있어서도 커다란 기여를 했던 것이다.

지금 이러한 코페르니쿠스적 전환이 무엇보다도 절실하게 필요한 것이 한국의 교육이다. 한국의 모방형 교육제도는 과거 1000년 이상 자리를 내주지 않았던 천동설처럼 국민들의 머릿속에 단단히 똬리를 틀고 자리 잡아 우리 교육을 지배하고 있다.

그러나 이제는 바뀌어야 한다. 그것도 획기적으로 바뀌어야 한다. 성장 동력 회복을 위해서, 지금이라도 인적자본의 생산공장인 학교가 천동설을 지동설로 바꾸는 것 같은 코페르니쿠스적 전환을

모방과 창조

해야 한다. 어떻게 하면 우리 교육을 코페르니쿠스적으로 변환시킬 수 있을까? 수십 년간 바뀌지 않고 이어져온 전통적인 수업 방식을 탈피하는 것에서부터 시작해야 한다.

나는 무엇보다도 이제는 수업방식부터 180도 전환해서 학생들이 스스로 생각하고 만들어내는 능력을 기르는 수업으로 탈바꿈해야 한다고 생각한다. 수업이 기본적으로 학생들이 주체적으로 무엇인가 만들고 무엇인가를 생각하고 탐구하는 새로운 수업으로 바뀌어야 한다. 이 수업은 우리의 전통적인 수업방식인 모방형 수업과 정반대되는 수업이다. 모방형 수업은 학생들이 기존의 주어진 지식들을 수동적으로 외우고 익히는 방식의 수업이다. 독자 여러분들이 실제로 학교에서 받았던 너무나 익숙한 수업이다.

예를 들어, 시를 주제로 한 국어수업을 회상해보자. 국어 수업에서는 시가 주제라면 지금까지는 선생님이 시어의 의미에서 시에 나오는 수사법, 그리고 시인의 호와 유파까지 수많은 지식들을 망라해서 정리하여 독자 여러분들에게 가르쳐주었을 것이다. 그리고 여러분들이 이 많은 지식들을 하나도 빠지지 않고 암기했는지를 시험에 출제하여 확인했을 것이다. 예를 들어, 시에 나오는 '님'에 밑줄을 긋고 이 시어가 무엇을 의미하는지 정해준 답을 외우고, 이를 가르쳐 준 대로 외웠는지 시험에서 평가했을 것이다.

결국 이런 모방형 수업에서 학생들은 남의 시에 대해 남이 정리해놓은 내용들을 수동적으로 외우고 익히는 수업 방법에 의존했다. 이런 방식의 수업에서 학생들은 기본적으로 외우는 것 말고는 스스로 하는 것이 없었다. 학생들이 한 편의 시를 보더라도 이를 통해 세상을 보는 눈을 키우고 인생을 대하는 태도를 배울 수 있어야 하는데, 이런 수업 아래서는 억지로 부여해놓은 의미에 매달려 학생들은 더 넓은 세상으로 나아가지를 못하게 된다.

학생들에게 필요한 건 더 이상 이런 모방형 수업이 아니라 학생들이 주체가 되어 스스로 생각해내거나 무엇인가를 만들어내는 수업이다. 시를 주제로 한다면 학생들이 상상의 나래를 펼쳐 다양한 시를 짓게 하는 수업이다. 학생들에게 남의 시를 '읽게' 하는 것이 아니라 나의 시를 '쓰게' 하는 수업이다.

이 수업에서 학생들이 시를 쓰게 되면, 당연히 남의 것을 베끼는 것이 아니기 때문에 이 세상에 처음 만들어진 시일 것이다. 시라는 형식을 통해서 이 세상에 없던 무언가를 만들어내는 것이다.

이렇게 끊임없이 새로운 무엇인가를 만드는 것을 훈련하고 이를 통해 새로운 아이디어를 생각해내는 능력을 키우는 수업을 나는 '창조형 수업'이라고 부른다. 스스로 생각하는 수업, 한국 경제성장을 이끌 새로운 인적자본을 키우는 수업이 바로 창조형 수업인 것이다.

미국 대학원의 미스터리

내가 학생 스스로 생각하고 탐구하는 창조형 수업의 중요성을 체감

모방과 창조

하고 이를 계발, 보급할 필요성을 절감했던 계기가 있었다. 미국에서 박사과정에 유학하는 동안 관찰했던 미스터리한 사실이 바로 그 계기였다.

미국에 유학 가보니 경제학 대학원의 박사과정은 크게 두 단계로 나뉘어 있었다. 첫 단계는 코스워크라고 불리는 단계로 기존의 경제학에 대한 방대한 지식을 습득하는 단계였다. 이 단계는 논문자격시험을 통과하면서 끝난다. 두 번째 단계는 논문자격시험을 통과한 후 박사논문을 쓰는 단계로 박사논문을 씀으로써 이 단계도 끝난다.

그런데 나와 같이 박사과정에 들어온 미국인 친구들은 코스워크 단계에서 그다지 두각을 나타내지는 못했다. 기본적인 수학이나 경제학도 잘 모르는 친구들도 많았다. 그래서 미국 친구들은 코스워크 단계에서 매우 고전을 하고 논문자격시험도 금방 통과하지 못해 긴 시간을 보내는 경우도 많았다. 그런데 코스워크 단계에서는 시간을 끌며 고전했던 미국 친구들이 막상 논문 쓰는 단계에 들어가면 갑자기 훌륭한 논문을 쓰고 빠르게 졸업하는 경우가 많았다.

마치 한국 학생과 미국 학생이 이솝 우화에서 경주하는 토끼와 거북이 같다는 느낌이 들었다. 처음에 토끼처럼 껑충껑충 앞서가지만 결국 논문 아이디어를 잡지 못해 긴 시간을 보내는 한국 학생들이 처음에 거북이처럼 느려 보이던 미국 학생들에게 나중에는 따라 잡히는 것 같았다.

이를 보면서, 처음에는 아주 기본적인 것도 잘 모르는 것 같던 미국 친구들이 어떻게 갑자기 논문을 그렇게 쉽게 잘 쓸 수 있는지가 커다란 미스터리였다. 지나고 보니 결국 박사과정에서 논문을 쓴다는 것은 남들이 생각하지 못한 아이디어를 생각해내는 것이 핵심 중 핵심이었다. 그런데 이 미국 친구들은 어떻게 새로운 아이디어를 쉽게 생각해내는지 미스터리였다.

이 미스터리에 대한 답을 찾은 것은 이후 10여 년이 지난 뒤였다. IMF에서 근무하는 동안 나는 IMF 본부가 있는 워싱턴의 근교인 버지니아에 살면서 출퇴근했다. 버지니아 지역에는 유명한 사립학교도 많았지만, 나의 아이들은 동네에 있는 평범한 공립학교에 다녔다. 그런데 유명한 사립학교도 아닌 동네의 평범한 공립 초등학교가 나를 놀라게 했다.

아이들이 학교 갔다 오면 친구들과 놀기에 바빴다. 그러나 한 시간 정도는 숙제도 했다. 그런데 아이들이 하고 있는 숙제를 보니 매우 흥미로웠다. 예를 들어, 매일 시를 하나씩 써가는 식이었다. 아이들의 시 수업은 우리와는 180도 다르게, 시를 직접 자기가 만들어보는 것이었다. 아이의 국어시간 노트는 남의 시가 아니라 아이 자신의 시와 이에 대한 선생님의 코멘트로 가득 차 있었다. 내가 앞에서 언급한 창조형 수업에 가까운 수업이 이 평범한 공립학교에서 실제로 이루어지고 있는 것이었다.

세계사 시간에 고대문명을 배우는 것도 완전히 달랐다. 내가 어렸을 때 우리나라에서는 '고대 문명에는 4대 문명이 있고, 그것들은 무엇 무엇이며, 그 각각은 이러 이러한 특징을 갖고 있고, 그 유적에

모방과 창조

는 무엇 무엇이 있다 등등'의 방대한 지식들을 배우고 외웠다. 그리고 이 많은 지식들을 제대로 외웠는지를 시험을 보고 확인하는 방식으로 공부했다.

그런데 미국의 동네 공립 초등학교에서는 4대 문명을 다 가르치지 않고 그중 이집트 문명에만 초점을 맞추어 수업이 진행되었다. 학생들에게는 이집트 피라미드의 벽화에 왜 고양이가 그려져 있는지를 연구해오라는 식의 숙제들을 내주었다. 많은 지식을 가르치고 외우게 하는 것이 아니라, 스스로 생각하게 하는 것이었다.

이를 보고 미국 대학원의 미스터리가 풀렸다. 내가 대학원에서 본 미국 친구들은 사실 초등학생 때부터 스스로 무엇인가를 생각하고 만들어내는 교육을 받고 자랐던 것이다. 즉 창조형 인적자본을 학교에서 이미 습득했던 것이다. 어려서부터 자기 아이디어를 생각해내는 교육을 받고 자란 미국 학생들은 대학원에 들어와서 굳이 아이디어를 생각해내는 교육을 따로 받을 필요도 없었던 것을 그제서야 깨달았다. 이미 아이디어를 내는 능력이 갖춰진 이 학생들에게 남은 것은 그 아이디어를 표현할 전문지식을 익히는 것뿐이었다. 전문지식 익히는 데는 잠시 시간이 걸려도 새로운 아이디어는 짧은 시간 안에 낼 수 있는 능력이 있었던 것이다.

이 미스터리가 풀렸을 즈음인 2006년 나는 서울대에서 후학들을 가르치기 위해 귀국했다. 이때 나는 학생들이 나를 포함하여 선배들이 아이디어가 생각이 나지 않아 고생했던 경험을 더 이상 반복하지 않도록 스스로 생각하는 힘을 나의 강의를 통해 반드시 키워

주어야겠다고 다짐했다.

강의를 통해 아이디어의 무한경쟁시대에 스스로 새로운 아이디어를 생각해내야만 살아남을 수 있음부터 알려줘야겠다고 생각했다. '아이디어, 아니면 도태!'임을 명심하도록 해주어야겠다고 다짐했다.

학문의 세계에만 아니라 지금은 모든 분야에서 창의적 아이디어를 낼 수 있는 능력이 경쟁력의 핵심이 되었고 생존을 위한 필수요건이 되었다. 따라서 개인이든 국가든 새로운 아이디어를 낼 수 있는 능력, 즉 창조형 인적자본을 키우지 못하면 도태되어 버릴 수밖에 없는 시대에 처했음을 깨닫게 해주어야겠다고 생각했다.

그래서 2006년 귀국 후 나의 모든 강의에서 가장 중요한 관심사는 어떻게 하면 학생들이 스스로 아이디어 내는 능력을 키워줄 수 있을지였다. 그래서 학생들의 창조성과 창의성을 어떻게 하면 조금이라도 늘려줄 수 있을까를 고민한 결과 창조형 수업이라는 새로운 수업 방식을 개발하고 모든 과목을 이 방법에 따라 가르쳐왔다.

스스로 고민하여 자신의 아이디어로 발전시키는 창조형 수업이란 구체적으로 어떤 방식으로 이뤄지는 수업이며, 이 수업을 통해 새로운 인적자본을 어떻게 키울 수 있을까?

06

아이디어 생각하는 능력 키우는 방법

**열린 세상에 살면서
왜 닫힌 문제를 풀고 있을까?**

주지하다시피 더 이상 남이 만든 기존 지식을 소비, 혹은 이용만 해서는 살아남기 힘든 시대이다. 이 시대에 학생들이 사회에 나가 살아남으려면 새로운 지식과 새로운 아이디어의 생산자가 되어야만 한다. 따라서 교육도 '지식의 소비자'가 아니라 '지식의 생산자'를 만드는 것을 목표로 한 교육으로 바뀌어야만 한다. 이러한 코페르니쿠스적 전환 없이 과거의 교육을 계속 답습한다면 우리 학생들에게 기성세대가 죄를 짓는 것이다.

나는 창조형 수업이 학생들을 아이디어의 생산자로 만들기에 매우 유용한 수업방식이라고 생각한다. 내가 지난 15년간 가르쳐 온 이 수업 방식이 어떻게 학생들의 창의성을 키우는지를 보기 위해 독자들이 직접 내 수업에 들어와 참관하신다고 생각하고 이 장을 읽으셔도 좋다. 혹은 내 수업의 학생이 되어 직접 수업을 듣는다고 상상하시면서 이 장을 읽으셔도 좋을 것 같다.

이 창조형 수업의 첫 번째 특징은 정답이 없는 열린 문제를 과제로 던져주는 것으로 시작한다는 점이다. 나는 수업에서 학생들에게 이렇게 질문을 던지거나 열린 문제를 낸다.

"은행과 봉이 김선달의 공통점은?"

"'내일 지구가 멸망하더라도 나는 오늘 사과나무 한 그루를 심으리라'라고 한 마틴 루터의 말을 동태적 최적화의 해로서 설명해 보시오."[9]

"시간을 그림으로 그려보시오."

"누구도 생각해보지 못한 새로운 유토피아를 상상하여, 그 나라에서는 어떤 일들이 벌어질지를 꽁트로 묘사해 보시오."

모방과 창조

그런 다음 '상상력을 마음껏 발휘하여 창의적으로 답하시오'라고 한다.

학생들은 가능한 한 무한한 상상력을 자극하도록 고안된 열린 질문들에 대해 경제학적 지식에 근거해 깊이 생각하고 리서치하며 자신만의 창의적인 답안을 시도한다. 이를 통해 '아이디어의 창조자'가 되는 훈련을 하는 것이다.

독자들이라면 이런 질문들에 대해 어떤 창의적인 답을 할 것인가? 한 가지 독자들이 유의할 것은 독자들이 무엇이라고 답하건 정답이 없기 때문에 절대 틀린 답을 내는 경우가 없다는 것이다. 그러니 틀릴까 봐 걱정하지 말고 마음껏 생각하고 마음껏 답하면 된다. 이렇게 마음껏 자유롭게 생각하다 보면 남들이 생각하지 못했던 새로운 아이디어들이 떠오를 수 있다.

한 가지 흥미로운 것은 처음 열린 문제를 과제로 받은 학생들은 정답이 없다고 아무리 말을 해주어도 교수가 생각하는 정답이 있겠거니 하고 어떻게라도 그 정답을 맞춰보고자 한다. 아마 초중고에서 정답 있는 문제를 풀어보는 것에만 너무 익숙해진 때문일 것이다. 그러다 보니 마음껏 상상하기보다는 정답이라고 스스로 추측한 좁은 범위 안에 자신의 사고를 스스로 제한하는 경우를 많이 본다.

다행인 점은 열린 문제를 과제로 여러 번 수행해감에 따라 학생들이 점점 더 자유롭게 상상하고 그에 따라 점점 더 창의적인 아이디어들을 생각해내기 시작한다는 것이다.

이런 까닭에 창조형 수업에서 숙제로 미리 내주는 과제는 '정답

없는 열린 문제' 형식을 취하는 것이 너무나 중요하다. 열린 문제의 중요성은 닫힌 문제와 그 실용성을 비교해보았을 때 더욱 명확하다.

독자들이 학교 다닐 때 풀어보았던 기존의 문제들은 정답이 하나로 정해져 있는 '닫힌 문제'다. 그리고 누군가가 이미 그 답을 구해놓았을 확률이 거의 100%인 문제다. 인터넷에 찾아보면 답이 거의 다 있다.

남이 이미 풀어놓은 문제를 푸는 것은 이제 아무 의미가 없다. 사회에서 아무 기여도 하지 못하고, 따라서 아무 가치도 인정받지 못한다. 그럼에도 기존의 모방형 수업에서는 답이 이미 정해져 있거나 이미 알려져 있는 닫힌 문제만 학교에서 배우고 풀어왔다. 시간 낭비일 가능성이 높다.[10]

독자들이 학교를 졸업하고 사회에 나와 경험했겠지만, 이 세상에는 정답이 정해져 있는 닫힌 문제만 있는 것이 아니고 답이 정해져 있지 않은 수많은 문제들이 있다. 이 세상 대부분의 중요한 문제 혹은 풀어볼 가치가 있는 대부분의 문제들은 오히려 정답이 없는 문제들이다.

이러한 정답 없는 문제들은 많은 경우 하나의 정해진 답이 아니라 무수히 많은 다양한 답이 있을 수 있다. 그중 보다 좋은 답은 창의적 해답을 요구한다. 때문에 정답이 있는 닫힌 문제가 아니라 정해진 정답이 없는 열린 문제를 푸는 훈련을 통해 창의력을 길러야 한다. 이런 점에서 열린 문제를 과제로 내주는 것이 창조형 수업에 있어서 매우 중요한 핵심요소인 것이다.

'비현실적인 그러나 논리적인' 것을 찾아라

내가 수업에서 정답이 없는 열린 문제를 과제로 내줄 때 제시하는 문제 유형 중 하나는 '비현실적인 것처럼 보이는seemingly unrealistic 것 중에서 논리적으로 가능한logically plausible 것을 생각해내기 유형'이다. 이러한 유형의 문제로 내가 수업시간에 제시했던 예를 하나 들어 보자.

> "아래 그림과 같은 상황이 실제로 현실에서 일어날 수 있는 경우를 하나 상상해 보시오."

아래 그림은 초현실주의 화가 르네 마그리트가 그린 「빛의 제국」이라는 유명한 그림이다. 이 그림을 보면 하늘은 경쾌한 하얀 구름이 파란하늘에 어우러져 밝은 빛으로 넘쳐난다. 낮이다. 그런데 하늘 아래에는 태양광이 없고, 나무로 둘러싸인 전원주택의 불 켜진 이층 방과 현관 앞 가로등에서 나오는 빛만이 비춰지고 연못에 반사된다. 집과 나무, 연못은 밤의 풍경을 나타낸다.

독자들이 관찰할 수 있듯이 이 그림의 특이한 점은 낮과 밤이 한 시점에서 공존하고 있다는 점이다. 르네 마그리트는 이 그림을 통해 낮과 밤의 공존이라는 초현실적 상황을 표현했다. 그런데 이 그림에 표현된 광경이 과연 100% 비현실적일까? 현실에서는 이런 풍경이 일어나는 경우는 전혀 없을까?

르네 마그리트의 「빛의 제국(Empire of Light)」
© René Magritte / ADAGP, Paris – SACK, Seoul, 2021

　　　　　　　　　　　　　　　　모방과 창조

독자들도 상상력을 발휘하여 「빛의 제국」의 광경이 현실에서 일어날 수 있는 경우를 한번 생각해보자. 초중고에 다니는 독자라면 자신이 치를 대학입시에 이 문제가 나왔다고 상상하고 이에 대해 생각해보자. 어떤 경우가 있을까?

현실에서 낮과 밤이 공존하는 순간을 본 적이 없기 때문에, 독자들은 이 그림에 나오는 상황이 비현실적이라고 느낄 것이다. 그러나 상상력을 발휘하면 이런 비현실적인 것이 현실적으로 일어날 수 있는 경우를 '논리적으로 상상'해낼 수도 있다.

물론 이에 대해 정답은 없다. 독자들이 다양한 경우를 제시할 수 있을 것이다. 예를 들어, 밤에 번개가 쳤다고 하자. 집 뒤쪽에서 번개가 친다면, 번개 친 순간 집 뒤쪽 하늘이 갑자기 번개 빛으로 밝아져 밝은 하늘에 하얀 구름이 보일 수도 있을 것이다. 물론 집의 앞쪽은 직진하는 번개 빛이 집과 나무 그리고 연못에 가리워져 생긴 그늘로 인해 어두운 밤의 모습을 하고 있을 수 있다.

혹은, 우주선을 타고 지구 바깥으로 나가서 지구를 보면 지구 한편은 낮이고 다른 한편은 밤일 것이다. '낮과 밤의 공존'을 우리 육안으로도 확인할 수 있을 것이다.

심지어 우리가 우주선을 타고 지구 대기권 밖으로 나가 지구를 직접 눈으로 보지 않아도 된다. 우리는 우주선을 타고 지구 밖으로 나갔다는 상상을 통해 마음의 눈으로 지구를 보고 낮과 밤의 공존을 논리적 상상의 눈으로 확인할 수 있다.

이 밖에도 다양한 경우들을 독자들이 상상해볼 수 있을 것이다.

1879년 12월 공개 시연에서 사용된 토마스
에디슨의 첫 번째 전구 모델

이렇게 「빛의 제국」이 현실에서 일어날 수 있는 경우를 우리가 발견하게 되면, '빛의 제국'이 더 이상 현실에서 절대 일어날 수 없는 비현실적인 것의 표현이 아니다. 단지, '비현실적인 것처럼 보인seemingly unrealistic' 것이었을 뿐인 것이다.

이러한 유형의 열린 문제를 과제로 내주는 이유는 이러한 유형의 문제가 학생들 안에 내재되어 있는 창의성을 끄집어내는 데 커다란 도움을 주기 때문이다. 내가 학생들을 오랫동안 가르치면서 터득한 창의성을 기르는 매우 중요한 방법 중의 하나는 먼저 첫째 단계로 비현실적인 것을 상상해보는 것이다. 그리고 두 번째 단계로 비현실적인 것이 현실에서도 존재할 수 있는 경우를 생각해내는 것이다.

창의적인 아이디어, 새로운 아이디어는 결국 아직까지 현실에 존재하지 않던 것을 생각해낸 것이다. 따라서 창의적인 아이디어를 생각해내는 능력을 키우려면, 아직까지 현실에 존재하지 않는 것을 생각해내는 훈련을 하는 것이 큰 도움이 된다. 르네 마그리트가 창조해낸 명화 「빛의 제국」도 '낮과 밤의 공존'이라는 비현실적인 상황을 상상해낸 것으로부터 출발했다.

그리고 그에 이어 다음 단계로 비현실적인 것처럼 보이는 것들이 실제로 현실에서 일어날 수 있는 경우를 상상해보는 것이다. 탄소필라멘트가 들어간 전구는 1879년 이전에는 비현실적인 물건이었다. 그러나 현실에 존재하지 않던 탄소필라멘트가 들어간 전구를 토마스 에디슨Thomas Edison이 마음 속에서 상상했다. 그리고 이렇게 상상해낸 비현실적인 것이 논리적으로 가능한 경우를 계속 상상하고 이를 현실에서 테스트해봄으로써 에디슨은 전구를 발명할 수 있었던 것이다.

이 수업에서는 이렇게 열린 문제를 통해 비현실적인 것을 상상해내는 훈련을 하거나, 비현실적인 것이 현실적으로 일어날 수 있는 경우를 논리적으로 상상해내는 훈련을 한다. 이를 통해 아직까지 없던 '무엇'에 대한 새로운 아이디어를 생각해내고 더해서 이를 현실화하기 위한 '어떻게'에 대한 새로운 아이디어를 생각해내는 능력을 학생들에게 키워주고자 하는 것이다.

물론 이를 위해 반드시 나의 수업을 직접 들을 필요는 없다. 독자들 스스로도 훈련을 할 수 있다. 평소에 늘 상상력을 동원해 아직 존재하지 않는 것 즉 비현실적인 것을 생각해보고자 노력해보자. 그리고 이어서 자신이 생각한 비현실적인 것을 현실에서도 볼 수 있는 경우를 논리적으로 설명하는 '논리적 상상력 훈련'을 해보자. 이렇게 하면 독자들 자신만의 생각을 키우고 창의성을 증진시키는 데 큰 도움이 될 것이다.

물론 비현실적으로 보이는 것들 중 많은 것들은 논리적으로 설명하기가 쉽지 않을 것이다. 비현실적으로 보이는 것들은 그것들이 현실에 존재하지 못하는 수많은 합리적, 논리적 이유가 있을 것이기 때문이다.

그런데 비현실적으로 보이는 것들 중에는 정말로 비현실적인 것이 있는가 하면, 현실화될 수 있음에도 불구하고 비현실적이라고 사람들이 오해 혹은 착각하고 있는 것들도 많을 것이다.

나는 이 중 두 번째의 것에 주목한다. 이들이 새로운 생각, 새로운 아이디어를 캐낼 수 있는 '금광'일 가능성이 높기 때문이다.

이들은 비현실적으로 보이기 때문에 그동안 아무도 생각하지 않았고 그래서 세상에 아직 존재하지 않을 수 있다. 이들 비현실적인 것으로 보이는 것이 이성적으로 논리적으로 존재하는 경우를 찾아내어 현실화시킨다면, 그것이 바로 새로운 생각, 새로운 아이디어, 그리고 새로운 창의적인 발명품이 되는 것이다.

이런 점에서 수업에서 과제로 부과하는 '열린 문제'의 중요성은 아무리 강조해도 지나치지 않는다.

"불나라에서 얼음을 화폐로 쓸 수 있을까?"

나는 수업에서 열린 문제를 과제로만 내주는 것이 아니라 시험문제로도 제시한다. 내가 강의하는 수업 중 '화폐(돈)'에 관한 경제학 수

업에서 중간고사의 열린 문제로 다음과 같은 문제를 낸 적이 있다.[11]

> "1년 내내 섭씨 30도가 넘는 '불나라'가 있다. 이 나라에서 얼음을 화폐로 도입하는 효율적인 방법은?"

독자들도 한번 상상력을 발휘하여 창의적인 답을 생각해보자. 창의적인 답이란 기본적으로 남들과 다른 답안이다. 가능한 한 남들과 다른 답을 생각해보자. 단, 명심할 것은 정답이 없는 문제니 어떤 답을 해도 틀리지 않으니 아무 부담 없이 답을 해보라는 것이다.

이 문제는 경제학을 공부하는 학생들이 돈 혹은 화폐가 무엇인지 그 본질에 대해 깊이 이해한 후, 이에 입각하여 창의적인 아이디어를 내기를 기대하며 낸 문제다. 하지만, 경제학에 대한 사전 지식이 없어도, 경제학 지식에 입각하지 않은 수준에서의 창의적인 답을 얼마든지 낼 수 있는 문제다.

이 문제는 돈(화폐)으로 이용되는 얼음이 녹아 없어지는 문제를 어떻게 해결할지가 관건이다. 여러분이라면 어떻게 답할 것인가?

한 가지 답은 냉장고나 아이스박스 같이 얼음이 녹는 것을 방지하는 용기를 이용하는 방법일 것이다. 조그만 아이스박스를 가지고 다니며 물건을 사고 팔 때마다 꺼내서 사용할 수 있을 것이다. 이는 논리적인 상상력에 입각한 충분히 훌륭한 답 중의 하나다.

그런데 이 답은 많은 사람들이 쉽게 생각할 수 있는 상대적으로 평범한 답안이기 때문에 덜 독창적일 수 있다. 따라서 만약 이 아이

그 자체로는 아무 가치가 없는 종이쪽지가 돈으로 사용될 수 있는 이유는 종이쪽지 자체에 가치가 있어서가 아니라 사람들이 그것에 그 금액만큼의 가치가 있다고 믿기 때문이다.

디어로 특허를 내려 한다면, 이미 다른 사람이 특허를 내놨을 가능성이 높은 답안이다. 그리고 이 답은 누구나 처음에 떠오르는 답안일 수 있다. 이런 답안이 처음에 떠오르면 이 처음 답안보다 더 다른, 더 독창적인 답안은 없을지 생각해보는 것이 큰 도움이 된다.

이 시험에서 한 학생이 낸 좀 더 독창적인 답안이 있었다. 그것은 더워도 '녹지 않는 얼음'을 개발하여 화폐로 이용한다는 것이다. 더우면 얼음은 녹는다는 고정관념을 깬 답안으로 다른 어떤 학생과도 다른 아이디어였다. 이 아이디어는 특히 경제학에 관한 전문지식이 전혀 없는 사람도 낼 수 있는 아이디어였다.

남과 다른 또 다른 답안은 속이 보이지 않는 불투명한 작은 용기에 얼음을 넣어서 돈으로 유통하는 방법이다. 물론 얼음은 녹을 것이다. 그러나 사람들이 그 용기 안에 얼음이 들어 있다고 믿기만 하면 돈으로 이용될 수 있다는 것이다. 용기가 불투명하여 그 안에서 녹았는지를 확인할 방법도 없다. 논리적 상상력을 발휘해서 쓴 답안이면서도 독창적인 답안이었다.

경제학자들은 그 자체로는 아무 가치가 없는 종이쪽지가 돈으로 사용될 수 있는 이유는 종이쪽지 자체가 가치가 있어서가 아니라, 예를 들어 신사임당이 그려 있는 종이쪽지를 5만 원 가치가 있는 것으로 사람들이 믿기 때문이라고 생각한다. 실체가 존재하지 않는 비트코인 같은 가상화폐가 하나에 4000만 원, 5000만 원 하는 것도 투자하는 사람들이 그만큼의 가치가 있다고 믿기 때문이라고 생각한다. 즉 화폐의 본질은 사람들의 '믿음'이라는 것이다. 이 답안은 수업 시간에 배운 이러한 화폐의 본질에 대한 경제학적 지식을 이용하면서, 얼음이 녹지 말아야 된다는 고정관념을 깬 흥미로운 답안이었다.

다른 아이디어들과 다른 또 다른 답안은 기존에 사용하던 지폐를 이름만 바꾸어 얼음이라 부르고 얼음을 파운드나 달러처럼 화폐단위로 사용하는 방법이다. 굳이 처음부터 얼음이라는 '실물'이 필요 없이, 얼음이라는 '이름'만 있어도 된다는 아이디어다.

특히 화폐란 무엇이 되었건 구성원들이 서로 화폐로 약속하거나 믿기만 하면 화폐가 될 수 있다는 화폐의 본질에 대한 깊은 이해에 입각하여 나온 창의적인 아이디어의 또 다른 예였다.

불나라에서 얼음을 화폐로 사용하는 이 문제에 대해 독자들은 또 다른 흥미롭고 창의적인 아이디어를 갖고 있을 것이다. 이 문제에 대해 독자들 중 좋은 아이디어가 생각나는 경우, 출판사 다산북스 이메일(sun@dasanbooks.com)로 보내주시면 독자 이름과 함께 그 아이디어들을 기록하고 그 중 흥미로운 것들은 추후에 소개하도록 하겠다.

새로운 아이디어를 어떻게 업그레이드할까?

창조형 수업의 두 번째 특징은 과제로 주어진 열린 문제에 대해 그동안 리서치한 자신만의 아이디어를 학생들이 수업시간에 발표하고 그 아이디어에 대해 토론한다는 점이다. 즉 '리서치-토론식 수업', 달리 표현하면 '심포지엄식 수업'이 특징이다. 스스로 만들고 생각하고 리서치하는 것을 기본으로 하되, 그 아이디어를 혼자만 머릿속에 담아두는 것으로 끝나는 것이 아니라 그것을 발표하고 토론하는 수업이다. 이러한 발표와 토론을 통해 자신들의 아이디어나 창작물을 보다 높은 수준으로 발전시키고자 하는 것이다.

여기서 한 가지 유의해야 할 것은 창조형 수업의 심포지엄식 수업은 단순한 '프로젝트 수업'이나 '토론식 수업'이 아니라는 점이다. 과제로 프로젝트를 한다거나 수업시간에 토론을 한다고 모두 창조형 수업은 아니다. 정해진 정답을 찾는 프로젝트를 하거나 정해진 정답을 놓고 토론하는 수업은 창조형 수업이 아니다. 창조형 수업은 토론을 하되 그 핵심은 새로운 아이디어를 갖고 토론한다는 점이다. 과제로 주어진 열린 문제에 대해 자신만의 창의적인 아이디어를 생각해낸 학생들이 그 아이디어를 토론하는 수업이 창조형 수업인 것이다.

이 심포지엄식 수업에서 학생들은 발표를 통해 먼저 자신이 만든 '아이디어의 판매자'가 되어본다. 그리고 발표에 대해 학생들이 서로 질문하면서 토론식 수업으로 발전시켜 '아이디어 시장'도 체험하게 한다. 교수는 발표나 토론에서도 정답이 없음을 강조하고, 엉뚱한 아이디어를 포함한 다양한 아이디어가 자유롭게 나올 수 있는 분위기를 조성하고자 노력한다. 특히 독특한 아이디어를 적극 권장함을 통해 학생들에게 '창의적 지식'의 가치를 체감하고, 다른 사람들의 다양한 아이디어를 존중하고 포용하는 자세를 체화할 수 있도록 노력한다.

이 수업에서 학생들은 새로운 아이디어를 가다듬고 한 단계 더 업그레이드시키기 위해 혼자만 생각하는 것을 넘어서서 여럿이 대화하고 토론하는 방식을 취한다. 이러한 방식을 택하는 이유는 이 방식이 역사적으로도 그 효과가 검증된 방식이기 때문이다. 그 효과로 인해 동서양을 막론하고 위대한 사상가들이 오랫동안 사용해온 방식인 것이다.

『플라톤의 대화편』도 소크라테스와 그의 제자들 사이의 대화와 토론을 통해 사상을 전개해나간 책이다. 예를 들면,『플라톤의 대화편』 중 하나인 '심포지엄symposium'은 소크라테스와 파이드로스, 아리

고대 그리스 도자기에 새겨진 안드로기노스(androgynous). 아리스토파네스는 안드로기노스라고 불리는 원래 인간은 남녀 두 사람이 둥그런 모양의 한 몸에 반대쪽으로 붙어서 두 얼굴, 네 팔과 네 다리를 갖고 있었다고 주장한다.

스토파네스 등이 사랑 eros, 에로스이라는 주제를 놓고 서로 토론하는 광경을 묘사하고 있다.

여기서는 서로 토론하는 과정을 통해 창의적인 아이디어들이 분출된다. 어떤 아이디어이건 제한 없이 제시된다. 그 결과 이 심포지엄의 네 번째 발표자로 나선 아리스토파네스가 제시한 것과 같은 흥미로운 창의적 아이디어들이 쏟아져 나오게 된다.

아리스토파네스는 원래 인간은 남녀 두 사람이 둥그런 모양의 한 몸에 반대쪽으로 붙어서 두 얼굴, 네 팔과 네 다리를 갖고 있었다고 주장한다. 몸이 둥그렇기 때문에 앞뒤로 자유자재로 왔다 갔다

라파엘로의 「아테네 학당」. 라파엘로는 고대 그리스의 위대한 현자들을 자신의 이 그림으로 모두 불러 모아 토론시키고 있다.

할 수 있고, 또 빨리 가고 싶을 때는 굴러 갔다. 무엇보다 이들은 대단한 힘과 능력을 갖고 있었기 때문에 신들이 위협을 느꼈다. 그래서 제우스는 이들을 약하게 만들기 위해 반으로 나누었다. 이후 인간은 떨어져나간 자신의 반쪽을 그리워하며 찾고자 하는데 이것이 사랑이라는 것이다.

혼자가 아니라 여러 사람이 서로 자신의 아이디어를 개진하고 이를 토론하며 아이디어를 발전시키던 고대 아테네의 모습은 라파엘로가 그린『아테네 학당The School of Athens』에도 잘 표현되어 있다.

1510년경 그린 이 유명한 프레스코 벽화에 라파엘로는 서로 시대를 달리한 아테네의 많은 아이디어맨, 사상가들을 한 곳 한 시에 불러 모아놓았다. 플라톤, 아리스토텔레스를 중심으로, 소크라테스, 헤라클레이토스, 피타고라스, 디오게네스 등 라파엘로는 이미 오래전 세상을 떠난 이들을 자기 그림으로 불러내 여기저기서 토론시키고 있다.

동양의 대표적 고전인 『논어』도 공자와 제자들 간의 대화를 통해 사상이 전개된다. 『맹자』도 맹자와 양혜왕 등 여러 제후들과의 대화와 공손추 등 제자들과의 문답으로 이루어졌다. 『맹자』에 실린 맹자와 고자와의 인간 본성에 관한 흥미로운 논쟁은 동양에서 토론의 전통적인 깊이를 알 수 있게 해준다.

내가 학생들에게 상상력과 창의성을 키우기 위해 읽기를 권하는 책 중의 하나가 장자와 그의 제자들이 쓴 동양 고전 『장자』다. 장자는 창의성을 키우기 위해 필요한 무한상상의 좋은 예를 보여주고 있을 뿐만 아니라 창의성을 위한 토론의 중요성도 보여주고 있다. 이 책에는 장자의 친구이자 논적이라고 할 수 있는 혜시와 장자 사이의 격렬한 토론이 여러 편에 걸쳐 나오는데 그중 하나를 살펴보자.

장자와 혜시가 호수 위 다리를 걷고 있다가 장자가 말했다.
"물고기가 한가롭게 헤엄치고 있네. 저것이 바로 물고기의 행복이지."
이 말을 듣고 혜시가 물었다.
"자네가 물고기도 아닌데 물고기의 행복을 어떻게 아는가?"

장자가 답했다.

"자네야말로 내가 아닌데 내가 모를 거란 사실을 어떻게 아나?"

혜시가 답했다.

"내가 자네가 아니니 물론 자네 마음을 모르지. 그렇다면 자네 역시 물고기가 아니니 물고기의 행복감을 알 리가 없지."

장자가 말했다.

"자네가 내게 물고기의 행복을 어떻게 아느냐고 물었지? 그렇게 물어봤다는 것 자체가 자네는 이미 내가 안다는 사실을 알면서도 일부러 물어본 것이네."[12]

창의적인 아이디어를 내기 위한 토론과 대화의 중요성은 현대에도 학문세계에서 강조되고 있다. '불확정성원리'로 현대 물리학의 한 획을 그은 독일 물리학자 베르너 하이젠베르크Werner Heisenberg가 현대과학의 역사를 이해하는 데 매우 귀중한 회상록을 남겼다. 이 책은 고려대 화학과 김용준 교수님이 『부분과 전체』라는 제목으로 우리나라에도 번역해 소개했다.

이 책에는 젊었을 때부터 하이젠베르크의 학문 여정이 그려져 있다. 특히 그가 양자역학 분야에서 인류사에 남을 놀라운 업적이 될 아이디어들을 어떻게 발전시켰는지가 비전문가들도 어느 정도는 이해할 수 있게 쓰여 있다. 그 비결은 무엇보다도 고교 동창부터 시작하여 그의 스승인 닐스 보어Niels Bohr, 친구 파울리Wolfgang Pauli, 그리고 아인슈타인Albert Einstein 등 많은 사람들과의 끊임없는 토론과 대화였

하이젠베르크는 고교 동창부터 시작해서 스승인 닐스 보어, 친구 파울리, 아인슈타인 등 많은 사람들과 토론을 하며 인류사에 남을 놀라운 업적이 될 아이디어들을 발전시켰다.

다. 토론을 통해 아이디어를 발전시키고 토론을 통해 새로운 아이디어를 생각해내는 것이다.

이런 까닭에 토론과 대화는 이미 창의적 아이디어로 경쟁을 하는 직업에 있는 사람들, 예를 들어 학자들 사이에서는 아이디어를 발전시키기 위해 이미 표준화된 방식이다. 학자들은 남의 아이디어를 잔뜩 머릿속에 집어넣는 것만으로는 아무 기여를 할 수 없다. 학자들은 결국 자기만의 아이디어를 만들어내야 기여를 인정받는다. 이에 학자들은 창의적인 아이디어를 내기 위해서 서로 경쟁한다.

창의적인 아이디어는 남보다 먼저 생각해야 창의적인 것으로 평가받는다. 따라서 자신의 아이디어가 창의적인지를 객관적으로 판단하기 위해서는 다른 사람들의 아이디어, 기존의 아이디어와 비교해봐야 한다. 이를 위해 다른 사람들 앞에서 자신의 아이디어를 발표하고 그 아이디어가 얼마나 창의적인지를 토론을 통해 객관적으로 확인하고 인정받는 것이 중요하다. 이와 함께 이 토론 과정에서 자신의 아이디어를 한 단계 더 창의적인 아이디어로 발전시킬 아이디어를 얻는다.

이런 까닭에 학자들의 세계에서는 세미나나 심포지엄, 컨퍼런스 같은 제도를 만들어서 서로 발표하고 토론하도록 한다. 학자들은 점심시간에 만나도 서로 자신의 아이디어를 말하고 토론하는 것이 일반적이다.

나도 IMF 재직 시절 외국의 경제학자들과 점심시간에 만나면 메뉴를 정하고 나서 바로 서로 지금 어떤 아이디어를 생각하고 있는지 물어보곤 해왔다. 그러면 각자 자기 아이디어를 이야기해준다. 그러면 상대는 질문을 하고 코멘트를 해준다. 이 과정에서 상대가 해준 질문이나 코멘트를 참고하여 자신의 아이디어를 보다 창의적인 아이디어로 업그레이드시키는 기회로 이용한다.

이렇게 토론은 자기 아이디어를 주체적으로 열심히 연구한 다음에 다른 사람과 상호 작용을 통해 더 발전시키기 위한 매우 유용한 방법이다. 앞에서 언급했듯이, 이미 학계에서는 오랜 경험을 통해 토론이라는 방식이 학문의 발전을 위해 굉장히 효율적이었다는 것을 알게 되었고 따라서 이것이 이미 시스템화 되어 있는 것이다.

학자가 아니라도 새로운 아이디어를 만드는 직업에 있는 사람들은 이런 방식에 따라 첫 번째는 자기 스스로 아이디어를 내고, 두 번째는 다른 사람들과 토론해서 자신의 아이디어를 보다 업그레이드시킨다.

내가 진행해온 창조형 수업 또한 이런 방식을 따르는 수업이다. 발표와 토론을 두 번째 특징으로 하는 창조형 수업을 통해 이 방식을 학교 다닐 시점부터 배울 필요가 있다.

물론 창조형 수업에서도 기존의 지식에 대한 전통적 강의식 수업방법을 부분적으로 이용할 수 있다. 창의적 아이디어는 기존에 존재하지 않던 새로운 것을 생각해내는 것이므로, 기존에 존재하는 중요한 지식이 무엇인지에 대해 효율적으로 이해할 필요가 있다. 이에 더해서 기존의 것에 대해 의문을 던지는 과정에서 새로운 것이 나올 가능성이 높기 때문에 기존의 지식을 이해하는 것이 도움이 될 수 있다. 따라서 창조형 수업에서도 기존의 지식 중 핵심적인 내용만 골라서 강의식으로 가르치는 방법을 적절히 이용할 수도 있다.

단, 지금처럼 기존의 지식 중 온갖 지엽말단적인 지식까지 가르치지는 말아야 한다. 분야에 따라 다르겠지만, 나의 경험에 따르면 기존의 지식 중에서 2분의 1 정도는 가르치지 않아도 된다. 수업 시간 중 2분의 1 정도의 시간을 기존 지식 중에서 가장 중요한 핵심 지식을 가르치는 데 사용하고 나머지 2분의 1은 창의적 아이디어를 키우는 발표와 토론 중심의 심포지엄식 수업으로 진행하는 것이 적절하다.

더해서 기존 지식의 핵심적 내용들을 가르칠 때도 학생들이 그 내용들을 수동적으로 받아들이는 것으로 그치는 것이 아니라 그것에 대해 의문을 갖고 바라봄으로써 새로운 아이디어를 만들어내기 위한 재료로 사용할 수 있도록 해야 한다.

결국, 창조형 수업의 핵심은 학생들이 다른 사람이 만든 '지식의 소비자'가 아니라 '지식의 생산자'가 되도록 학교수업을 통해 훈련하여 키우는 것이다.

주관적인 것을 객관적으로 평가할 수 있을까?

이러한 수업에 학생들이 적극적으로 참여하고 그 결과 실제로 창의성을 키우려면 당근이 필요하다. 창의적인 아이디어를 내는 훈련을 열심히 한 학생들에게 주는 당근, 즉 보상이 있어야 한다.

학교 수업 단위에서부터 이것이 이뤄지려면 창의적인 아이디어를 낸 학생들에게 평가에서 더 좋은 점수를 줘야 한다. 과제나 중간, 기말 고사의 열린 문제에 보다 창의적인 답을 한 학생들에게 더 좋은 점수를 줘야 한다. 이를 위해서는 결국 창의력을 평가할 수 있어야 한다.

그런데 수업에서 창의성 평가는 가능할까? 답부터 말하자면, '매우 가능하다!'이다.

그래서 나는 창조형 수업에서 과제는 모두 열린 문제를 내고, 시험도 절반은 정답이 없는 열린 문제를 출제하고, 창의성과 논리성을 기준으로 평가한다.

수업에서 열린 문제의 또 다른 유형으로 종종 '질문형 열린 문제' 형식도 도입한다. 질문형 열린 문제는 질문을 제기하라는 문제로 얼마나 창의적인 질문을 제기했는지가 평가 기준이다.[13]

많은 획기적인 발견이나 발명은 다른 사람이 생각해보지 못한 질문을 던지는 것으로부터 시작한다. 경제학에서도 획기적인 발견은 먼저 연구자가 기존의 이론에 의문을 갖고 문제를 제기하는 데서 시작한다. 많은 경우 다른 사람이 생각해보지 못한 문제를 생각해내는 것이 획기적 발견의 시발점이다.

어떤 문제를 세상에서 내가 처음 생각해봤다면 그 문제에 대해서는 기존의 주어진 답도 존재하지 않는다. 내가 제일 먼저 생각해본 문제이기 때문에 내가 제일 먼저 답을 구할 기회가 주어진다.

내가 답을 못 구하면 내가 인공지능을 이용해서 답을 구할 수도 있다. 따라서 내가 문제를 생각해내는 능력이 문제를 푸는 능력보다도 훨씬 중요하다. 질문을 던지는 능력, 기존의 것을 그대로 받아들이지 않고 의문을 제기하는 태도와 능력이 중요하다. 창조의 시작점은 기존의 것을 그대로 받아들이지 않고 그에 대해 제기하는 질문이다. 질문형 문제 훈련을 통해 질문을 제기하는 능력을 학교에서 반드시 길러야 한다.

이렇게 열린 문제, 질문형 문제를 시험에 내고 창의성을 기준으로 평가해야 한다. 창의적인 답은 무엇보다도 남들과 보다 달라야 하고 새로워야 하기에 이를 기준으로 평가할 수 있다.

물론 학교에서 창의성을 평가하기란 쉽지만은 않다. 창의성을 평가하기 힘든 이유는 평가자의 창의성 평가가 주관적일 수 있기 때문이다. 남들과 다른 답안을 창의적인 답으로 평가한다 해도 '남들과 다름'에 대한 평가가 사람마다 다를 수 있기 때문이다. 그 결과 학생들이 평가에 승복하지 않을 가능성도 높다.

그럼에도 불구하고 창의성 평가를 해야 한다. 학생들이 열심히 노력해서 독창적인 아이디어를 만들었는데 이에 대한 정당한 평가를 못 받으면 창조형 인적자본을 키울 인센티브 자체가 사라지기 때문이다.

다행히도 창의성 평가에 있어서 상당한 수준의 객관성을 확보할 수 있는 방법이 있다. 창의성 평가의 주관성을 극복하는 것이 가능한 것이다. 과연 어떻게 하면 창의성 평가의 주관성을 극복할 수 있을까?

그 방법은 첫째 다수의 평가자를 이용하는 방법이고, 둘째 전문가의 평가를 이용하는 방법이다. 특히 이 두 방법을 결합하면 주관적 평가에 따르는 문제

에드문트 후설. 주관적인 평가가 어떻게 객관성을 확보할 수 있는가에 관한 물음에 대한 답을 그의 '상호주관성' 이론에서 찾을 수 있다.

점을 극복하면서 창의성을 최대한 공정하게 평가할 수 있다.

창의성 혹은 독창성 평가와 관련하여 나는 독일 철학자 에드문트 후설Edmund Husserl의 이론을 주목한다. 후설은 한 사람의 인식이 갖는 주관성이 여러 사람의 인식을 통해 '상호주관성intersubjectivity'을 확보하면 보다 객관적인 인식으로 나아갈 수 있음을 주장했다. 쉽게 표현하면, 한 사람만의 생각이면 주관적이라고 할 수 있지만, 여러 사람이 같은 생각을 한다면 그만큼 더 객관적이 된다는 것이다.

나는 후설의 이 이론을 창조형 수업의 창의성 평가에 적용해왔다. 한 사람이 아니라 여러 사람이 같이 학생들의 창의성 혹은 독창

성을 평가하면 후설이 제시한 상호주관성을 확보할 수 있게 되어 창의성도 상당히 객관적으로 평가할 수 있게 되기 때문이다.

이런 점에서, 내가 2006년 이후 진행해 온 창조형 수업의 세 번째 특징은 '상호주관적 창의성 평가'다. 이를 통해 학생들에게 창의성을 키울 당근을 제공함과 아울러, 창의성 평가의 객관성을 최대한 확보하는 것이다.

내 수업에서 창의성 평가의 주관성을 극복하기 위해 사용하는 방법은 창의적 아이디어를 산출해내는 것이 본령인 학계에서는 이미 널리 이용되어 왔다. 가령 경제학자들은 창의적인 아이디어로 논문을 쓰면 경제학 저널에 게재신청을 한다. 그러면 저널이 그 논문의 독창성을 평가하여 게재해줄지 말지를 결정한다.

이때, 논문의 창의성에 대한 평가는 논문 심사자에 의존하기 때문에 주관적일 수밖에 없다. 이 주관성 문제를 극복하기 위해 저널이 취하는 방법 중 하나는 평가자의 수를 늘리는 것이다. 그래서 저널에 논문을 보내면 한 사람이 평가를 하는 것이 아니라 적어도 두세 사람이 평가하는 것이 일반적이다. 또 한 가지 방법은 심지어 한 사람이 평가하더라도 그 분야의 최고 전문가가 평가하는 것이다. 이렇게 다수의 평가자를 이용하는 방법과 전문가를 이용하는 방법을 병용해서 객관적 평가에 근접한 평가를 내릴 수 있게 되는 것이다.

나도 창조형 수업을 진행하면 과제, 텀페이퍼, 중간 및 기말 고사의 열린 문제에 대해 이러한 평가 방법을 이용하여 창의성 평가의 객관성을 확보한다. 내가 평가함과 아울러 창의성 평가에 많은 경험을 쌓은 조교들도 평가에 참여한다. 이에 더해 수강 학생들의 상호평가도 반영을 한다.

이때 많은 경우 놀랍게도 창의성에 대한 나의 주관적 평가와 조교들의 주관적 평가 그리고 학생들의 주관적 평가까지 상당히 일치하는 것을 발견하곤 한다. 창의성에 대한 여러 사람의 주관적 평가가 일치하면 이미 객관적 평가에 가까워지는 것이다.

창의성은 누구나 타고 난다

열린 문제, 심포지엄식 수업 및 창의성의 상호주관적 평가를 핵심 요소로 하는 '창조형 수업 모델'은 실제로 학생들의 창의성을 증진시키는 데 상당한 효과가 있음을 그동안 확인할 수 있었다.

많은 학생들이 처음에는 '과연 창의성은 키울 수 있는 것인가? 그냥 타고나는 것이 아닌가?'하는 의문을 갖는다. 나도 지난 10여 년간 창조형 수업을 고안하고 실시해오면서, 처음에는 이러한 수업이 과연 효과가 있을까 확신이 없었다.

그래서 매 학기 강의마다 학생들의 창의성이 증진되는지 서베이를 실시해왔다. 강의의 마지막 수업에서 학생들에게 이 강의 듣기 전의 자신의 창의성과 한 학기 강의를 듣고 난 후의 창의성을 비교해보도록 했다.

그런데 거의 모든 수업에서 비슷한 결과가 나왔다. 놀랍게도 종

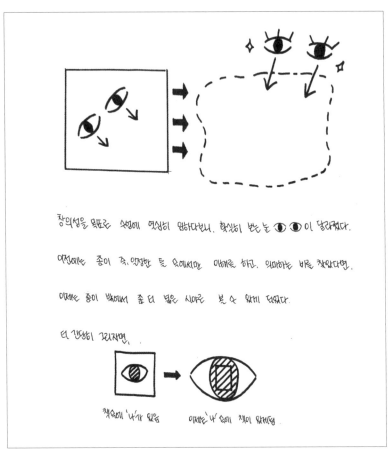

'본 수업이 여러분 인생에 어떤 영향을 미칠지를 자유롭게 표현하시오.'라는 질문에 대한 학생 답안의 예시. 이 학생(정영주 학생)은 그림을 통해 '이전에는 책이라는 일정한 틀 안에서만 이해하고 의미를 찾았다면 이제는 책 밖에서 볼 수 있게 되었다'고 표현했다.

강 후 스스로 "창의성이 좋아졌다"고 평가하는 학생들이 항상 90%를 넘을 정도로 상당한 창의성 증진 효과가 있는 것으로 나타났다.

예를 들어, 2016년 화폐금융론 수업에서 학생들이 스스로 평가

모방과 창조

한 자신의 창의성 점수는 이 수업을 듣기 전에 10점 만점 기준 4.5점에서 강의가 끝날 때는 6.3점으로 무려 40%나 향상되었다. 이는 학생들 개인의 주관적 평가지만 짧은 기간에도 창의성이 크게 향상될 수 있다는 강력한 증거다.

이는 창의성 즉 창의적 아이디어를 생각해내는 능력은 누구나 키울 수 있음을 의미한다고 볼 수 있다. 심지어 짧은 시간 안에도 증진시킬 수 있다. 창의성은 순전히 타고나는 것이지 키울 수 있는 것이 아니라고 생각했다면 이는 오해인 것이다.

수업을 통해 이렇게 짧은 기간 내에도 창의성이 증진되는 이유는 누구나 창의적인 잠재력을 타고나기 때문이다. 창의성이라는 것이 없던 창의성이 생기는 것이 아니다. 정도의 차이는 있을 수 있지만 누구나 타고난 창의적인 잠재력이 있는데 그동안 한국의 학교시스템 하에서 자신의 잠재된 창의성을 끄집어 낼 기회가 없었던 것이다.[14]

따라서 창조형 수업을 통해서 학생들이 자신에 내재되어 있던 창의성을 꺼낼 수 있는 환경이 주어져 이를 꺼내는 방법을 터득하게 되면 짧은 기간 안에도 그 내재되어 있던 창의성을 끄집어낼 수 있게 되는 것이다. 이런 점에서 창조형 수업은 창의성을 가르친다기보다는 내재된 창의성을 스스로 끄집어낼 수 있는 환경을 조성해주는 '창의성 끄집어내기' 수업이라고 말할 수 있다.

최근 하버드 대학의 알렉스 벨 교수와 동료들은 미국의 발명가 120만 명의 데이터를 이용하여 매우 흥미로운 연구결과를 발표했다.[15] 이 연구에 따르면 사람이 새로운 아이디어를 생각하여 특허를 내는 발명가가 될 가능성은 타고난 능력보다 환경에 더 크게 좌우된다. 창조형 수업도 우리 학생들이 창의적 아이디어를 내는 최적의 수업 환경을 만들어주고자 고안된 것이라고 할 수 있다.

내가 수업에서 진행한 창조형 수업 모델의 효과는 언론 등에서도 크게 소개되어 커다란 반향을 불러일으켰다. 내 수업을 수강한 학생들을 인터뷰한 언론 기사에 따르면, 학생들은 이러한 창조형 수업에 대해 "엉뚱한 시도를 해도 교수님이 창의적 시도로 이해해 줄 거라는 믿음이 생기니까 서로 경쟁하듯 파격을 시도했다", "그러다 보니 수업 시간이 새로운 걸 해보는 우리만의 '놀이터'가 됐다", "말로는 창의성이 중요하다고 하면서 정작 (교수의) 기준에 안 맞으면 박한 점수를 주는 다른 수업들과는 진짜 달랐다"고 평가했다(조선일보, '창의 교육 프런티어들: 서울대 김세직 교수의 무한상상 경제학 수업', 2017.1.3.).

열린 문제, 심포지엄식 수업 및 창의성의 상호주관적 평가를 핵심요소로 하여 지난 10여 년간 시행해본 창조형 수업 모델의 창의성 증진 효과가 이제는 충분히 검증되었다고 판단된다.

따라서 초중고, 대학 상관없이 각급 학교에 적용해도 좋다고 판단된다. 독자들 중에 창의성 교육의 필요성에 절감하는 교사 분들은 적극적으로 이러한 창조형 수업을 도입해보시기를 기대한다.

우리에게 시간이 없다. 국가 차원에서 하루라도 빨리 교육 개혁에 나서야 한다.[16] 학생들이 더 이상 다른 사람이 만든 '지식의 소비

모방과 창조

자'가 아니라 자신 스스로 '지식의 생산자'가 될 수 있도록 만들어주는 '교육의 코페르니쿠스적 전환'을 서둘러야 한다.

07

근로 현장을
개혁하라

'새로운 생각에 대한 도전'
나도 할 수 있을까?

구시대적 교육 환경에서 벗어나 생각의 힘을 키우는 수업이 하루빨리 학교에서 이루어져야 한다. 그러나 이것만으로는 부족하다. 학교에만 의존하다가는 우리나라가 변화의 시기를 놓쳐버릴 수 있기 때문이다. 이제는 시간이 너무 없다. 초등학교 1학년에게 지금부터 창의성 교육을 시켜서 사회에 나오기를 기다리려면 꼬박 20년을 기다려야 한다. 그 기간 중에 이미 대한민국 경제는 제로성장으로 잃

모방과 창조

어버린 10년, 20년의 어려움을 겪고 있을 가능성이 크다.

현재 근로 현장에서 일하고 있는 이들에게 눈을 돌려보자. 이들은 어떠한가? 대부분 과거 모방형 인적자본만 키우고 자란 기성세대일 것이다. 외우라고 주어진 것들을 열심히 암기하고, 주어진 선택지 중에서 적당한 답을 고르며, 사회에 나와서는 별로 쓸데도 없는 지식을 12년 동안 배웠던 세대. 그리고 그 방식을 자신의 자녀 세대에게도 답습시켜야 하는 씁쓸한 현실 앞에 놓인 세대. 빠르게 변화하는 세상에 새로움을 내놓아야 한다는 압박을 직장으로부터, 사회로부터 받고 있지만 달리 어찌할 방법이 없어 초조함을 키우고 있는 세대다.

이 세대 또한 지금이라도 시대가 요구하는 인적자본을 키워야 한다. 그리고 우리 사회는 이들을 위해 이들이 새로운 생각과 창의성을 키울 장소와 시간 그리고 시스템을 하루빨리 만들어줘야 한다.

무엇보다도 학교에서 모방형 인적자본만 축적한 상태에서 사회로 나와 경제활동에 종사하고 있는 2700만의 취업자들을 재교육하는 국가적 노력이 요구된다. 근로 현장을 개혁하여 창의적인 근로자를 키우는 국가적 차원의 가칭 '창의인재 재탄생 프로그램'을 도입해야 한다.

이러한 프로그램은 두 기간으로 나눠 구성한다면 효율적일 것이다. 전반기는 아이디어의 생산자가 되는 훈련을 하는 창조형 수업을 통해 창조형 인재로 탈바꿈하는 기간이다. 직장인 독자들을 위한 이 창조형 수업도 열린 문제를 통한 상상 훈련, 발표 및 심포지엄식 수업, 그리고 상호주관적 창의성 평가의 형태를 유지한다.

후반기는 이 프로그램에 참여한 독자들이 창조형 수업에서 익힌 창의력을 갖고 실제로 자기 분야에서 독창적인 아이디어 창출에 도전해보는 기간이다. 금융 분야에서 일하는 독자들의 경우에는 예를 들어 새로운 금융상품을 만들어보는 아이디어에 도전해보는 것이다. 혹은 금융과 관련된 게임 아이디어에 도전해보는 것이다. 혹은 은행 내에서 리스크 관리 분야에서 근무하는 독자들은 새로운 리스크 관리 프로그램 개발에 도전해보는 것이다.

재탄생 프로그램을 수강한 독자들은 이런 식으로 자기 분야에서 무엇인가 새로운 아이디어를 만드는 데 도전해보게 된다. 만약 근로 현장에서 일하고 있는 2700만 근로자가 이 프로그램을 수강하게 되면 대한민국 국민 중 절반에 가까운 사람들이 자기 분야에서 새로운 아이디어에 도전해보는 것이 된다. '전 국민 창의인재화'를 위한 커다란 일보가 내디뎌지는 것이다.

한 나라가 생산하는 창의적 아이디어 수는 국민 한 사람이 독창적 아이디어를 생각해낼 확률에 아이디어 개발에 도전한 국민 수를 곱한 값으로 정해지기에, 이 프로그램을 통해서 국가적인 창의성 증진 움직임이 촉발될 수 있을 것이다. 이렇게 창의적 아이디어 공급이 최대화된다면 한때 대한민국이 이룩했던 놀라운 고속성장을 다시 한 번 경험할 수 있는 기적과도 같은 결과를 만들 수도 있을 것이다.

구체적인 프로그램을 고안할 때 한 가지 고려해야 할 사항은 현

빠르게 변화하는 세상에 새로움을 내놓아야 한다는 압박을 받지만 어찌할 줄 몰라 초조함만 키우는 현 직장인 세대에도 시대가 요구하는 인적자본을 키울 수 있는 장소와 시간, 그리고 시스템을 하루빨리 만들어줘야 한다.

재의 직장에서 일하고 돈을 벌어야 되는 독자들의 입장에서 학교에 다닐 때처럼 모든 시간을 교육받는 데에만 할애하기 어렵다는 점이다. 따라서 창의인재 재탄생 프로그램은 전일제 1~2년 장기 프로그램을 만들 수도 있지만, 3개월 혹은 6개월짜리 파트타임 단기 프로그램들을 많이 도입할 필요가 있다. 이를 통해 근로자들이 직장 생활과 창의성 교육을 병행할 수 있도록 해야 한다.

물론 단기로 이루어진 창의성 재교육의 효과에 대해서, 과연 짧은 시간 안에 재교육이 가능할지 의문을 가질 수도 있다. 그런데 다행히 창의성은 짧은 시간 안에도 증진시킬 수 있다. 이는 내가 가르쳐온 한 학기짜리(3~4개월 소요) 창조형 수업들의 예에서 확인된다. 앞에서도 언급했듯이, 서베이를 해보면 90% 이상의 학생이 자기 자신의 창의성이 수업들은 세 달여 만에 늘었다고 평가를 한다. 창의성 재교육은 이렇게 단기간에도 매우 효율적일 수 있다.

창의인재 재탄생 프로그램은 직장 다니는 근로자들이 수강하는 프로그램과 함께 다니던 직장에서 자의반 타의반 은퇴한 근로자들을 위한 재교육 프로그램으로 입안할 필요도 있다. 제조업 등에서 일하던 근로자들이 은퇴 후 정부 지원 하에 이 프로그램을 수강한 후 새로운 아이디어를 얻는 경우 이를 이용하여 창업에 도전할 수도 있을 것이다. 혹은 은퇴 후 치킨집으로 상징되는 자영업으로 진출하는 경우에 조그마한 아이디어일지라도 창의적 아이디어를 생각해내 그 성공 가능성을 훨씬 높일 수 있을 것이다.

창의인재 재탄생 프로그램의 운영주체는 정부가 그 역할을 맡는 방법이 있다. 정부가 창의인재 재탄생 교육 프로그램 운영의 주체가 되어, 이를 위해 공공 교육센터를 설립하고 이 프로그램을 개발하고 프로그램을 직접 운영할 수 있다.

그러나 보다 효율적인 방법은 이를 전담하는 민간 교육기관들, 일명 '창의인재 아카데미'가 설립되어 창의인재 재탄생 프로그램을 운영하는 방법이다. 정부는 예산을 통해 이 기관들을 지원해주거나 이 기관에서 교육받는 근로자들에게 교육비 지원을 해주는 역할을 할 수 있다. 창의적 아이디어나 창조형 인적자본이 갖는 강한 외부성을 고려해볼 때 이러한 정부의 보조금 지원은 경제학적으로도 타

모방과 창조

당하다.

이 경우 근로자들은 어느 교육기관이 창의성 교육에 가장 뛰어난지를 보고 자신이 등록할 '창의인재 아카데미'을 결정할 수 있게 한다. 그 결과 민간 교육기관들 간의 경쟁이 자연스럽게 유도되어 전체프로그램이 매우 효율적으로 운영될 수 있다.

나는 잃어버린 스티브 잡스가 아닐까?

이러한 프로그램을 시행하기에 앞서 우선 많은 사람들이 갖고 있는 오해 중의 하나를 불식할 필요가 있다. 많은 사람들이 창의성은 아인슈타인이나 에디슨 같은 천재들만이 소유했을 것이라고 착각한다. 혹은 많은 전문지식을 공부한 사람만이 창의적일 수 있다고 오해한다. 자신은 창의성과는 상관이 없다고 생각한다. 이런 오해로 인해 자신에 내재되어 있는 무한한 창의력을 끄집어 낼 생각조차 전혀 하지 않는다.

독창적 아이디어는 아인슈타인 같은 천재의 전유물이 결코 아니다. 아이디어는 커다란 영향력을 갖는 아이디어도 있지만 매우 조그만 아이디어들도 많다. 천재나 전문가가 아니라도 누구나 자기 교육 수준에 맞는 조그마한 아이디어라도 창조적 아이디어를 생각해낼 수 있다. 전문가들이 자신의 전문 분야에서 깊은 전문지식에 입각해 낼 수 있는 창의적 아이디어들이 있는 반면에, 전문지식과 관계없이 창의적인 아이디어를 낼 수 있는 경우도 많다. 아무 전문지식 없는 유치원생, 초등학생들이 오히려 더 잘 생각해낼 수 있는 창의적 아이디어들도 있다.

특히 경제적으로 가치 있는 하나의 창의적 성과물은 한 가지 아이디어에 의해서만 만들어지지 않는다. 그것을 만들기 위해서는 여러 사람의 창의적인 아이디어들이 결합하여 형성된 '아이디어 체인'에 의해서 만들어진다. 그런데 아이디어 체인을 구성하는 개별 아이디어들 중에는 깊은 전문지식이 필요한 것도 있지만 전문지식이 필요 없어 초등학생이 더 잘 생각해낼 수 있는 아이디어들도 있을 수 있다.

상당수 독자들이 평생 살아오는 동안 한 번도 창의적인 생각을 해보고자 시도해본 적이 없을 수도 있다. 이런 독자들 중에 심지어 엄청난 창의적 잠재력을 갖고 있는데 모르고 지나친 독자들도 많을 수 있다. '잠재적 스티브 잡스', '잠재적 빌 게이츠'인데 모르고 지나가는 바람에 '잃어버린 스티브 잡스', '잃어버린 빌 게이츠'가 되었을 수도 있다.[17]

만약에 독자 여러분이 본인에게 이러한 엄청난 창의적 잠재력이 있는데 이를 끄집어내고자 시도해보지 않아서 그것을 모르고 인생이 다 지나갔다면 너무 억울하지 않을까?

나라 전체적으로도 '잃어버린 스티브 잡스'부터 시작하여 아주 작은 아이디어라도 생각해낼 수 있는 사람들이 발굴되지 않고 사장되었다면 국가적으로도 큰 손실이다. 그런데 이런 일이 우리나라에

모방과 창조

서 그동안 일어났다. 대부분의 국민들, 대부분의 근로자들이 본인의 창의적 잠재력을 끄집어내고자 시도조차 해보지도 않았기 때문이다.

이런 점에서 내가 제안하는 '창의인재 재탄생 프로그램'의 중요성은 아무리 강조해도 지나치지 않는다. 성장회복과 좋은 일자리에 대한 근본적인 대책이기도 하기 때문이다.

30년 지속된 성장 추락이 초래한 좋은 일자리 부족 문제가 최근에 코로나19 충격까지 더해져 더욱 악화될 가능성이 높아졌다. 정부는 이에 대한 대응책으로 재난지원금, 고용유지지원금, 실업부조, 공공일자리 등 단기대책들에만 주로 의존해왔다. 그러나 단기대책들은 당장 급한 불은 끌 수 있을지 몰라도 장기적인 해결책은 될 수 없다. 이제는 근본적인 해결에 나서야 할 때다.

한국 노동시장의 근본적인 개혁을 단행할 결단 없이는 해결은 불가능하다. 좋은 일자리를 만드는 원천이 무엇인지 그 뿌리부터 파헤쳐야 한다. 구태의연함을 과감하게 버리고 새로움을 추구할 창의적인 근로자의 수를 어떻게 하면 최대로 늘릴 수 있을지 생각해야 한다. 좋은 일자리의 원천인 창의적 아이디어 공급을 최대로 늘리는 창의인재 재탄생 프로그램이 바로 그러한 시스템인 것이다.

이 프로그램을 통해 창조형 인재로 거듭난 근로자나 기업가들 중 상당수가 새로운 아이디어를 만들고 상품화하는 데 성공한다면 나라 전체적으로 새로운 좋은 일자리의 공급이 놀라운 속도로 늘 수 있다. 이런 까닭에 이 프로그램은 한국 노동시장의 근본적인 개혁을 가져올 수 있는 프로그램이기도 하다.

물론 아이디어 창출에 도전했으나 실패한 사람들도 있지만, 이들도 새로운 상품을 생산하는 좋은 일자리에 고용되어 우리 경제의 좋은 일자리 부족 문제가 해결될 수 있다. 예를 들어, 새로운 아이디어 창출에 100명당 5명의 확률로 성공한다면, 각 아이디어를 이용한 생산에 20명만 고용되어도 우리나라의 모든 근로자가 좋은 일자리에 완전 고용되는 것이다.

변화만으로는 부족하다. 개혁이 필요하다. 국가적 차원의 근로자 창의성 재교육을 통한 노동시장 개혁이야말로 성장 추락과 좋은 일자리 부족 문제를 해결할 수 있는 결정적 요체다. 정부가 프로그램을 정교하게 고안하고 예산을 투입하여 이를 하루 빨리 시행하기를 기대한다.

진짜 기업가의 새로운 소명

근로자들이 창조적 인재로 거듭나기 위해서는 근로자들의 일터인 기업의 변화 또한 동반되어야 한다. 특히 기업이 새로운 아이디어를 창출해내는 조직으로 탈바꿈해야 한다. 이를 위해서는 기업조직을 이끄는 기업가의 역할이 무엇보다도 중요하다.

일찍이 경제 발전을 위한 기술 혁신의 중요성을 강조했던 오스트리아 경제학자 조지프 슘페터Joseph Schumpeter는 기술혁신을 이끄는

모방과 창조

주체로 '기업가_{entrepreneur}'를 꼽았다. 새로운 기술 개발은 많은 경우 기업이란 조직에 의해 이루어진다. 따라서 기업을 이끄는 기업가가 얼마나 창의적인지, 혁신적인지가 그 기업이 얼마나 성공적으로 새로운 기술을 개발하고 혁신을 이뤄낼지를 결정할 것이라는 것은 어찌 보면 당연하다.

슘페터는 그의 저서『경제발전론_{The Theory of Economic Development}』에서, 기업가의 혁신주체로서의 역할을 강조하기 위해 혁신을 수행하지 않는 CEO는 기업가_{entrepreneur}가 아니라 관리자_{manager}라고 단언한다. 내 식으로 표현해보자면, 새로운 아이디어로 혁신하는 기업가가 '진짜 기업가'이고 혁신하지 않는 기업가는 '가짜'다.

슘페터의 정의에 따르면 기업가는 굳이 기업의 CEO일 필요도 없다. 기업에 고용되어 일하는 근로자일지라도 창의적 아이디어, 혁신적 아이디어를 낼 능력이 있는 사람이라면 그가 바로 기술혁신의 주체인 '기업가'라는 것이다. 이런 관점에서 보면 한 기업 내에도 많은 기업가가 있을 수 있다.

만약 한 기업에 소속되어 있는 모든 근로자들이 슘페터가 정의하는 기업가, 즉 창의적 아이디어를 낼 능력이 있는 사람들이라면 이 기업의 경쟁력은 일당백, 일당천의 경쟁력일 것이다. 근로자건 기업이건 아이디어로 무한 경쟁해야 하는 시대에, 이런 기업은 그야말로 무적의 '아이디어 어벤저스' 기업일 것이다.

물론 이런 기업이 그냥 만들어지는 것은 아니다. 누군가 이를 조직하고 시스템으로 만들어야 한다. 이 역할을 담당할 수 있는 것은 기업의 CEO다. CEO가 그냥 옛날에 하던 방식 그대로 놔둘 수도 있고, 아니면 적극적으로 나서서 혁신적으로 바꿀 수 있다. 그의 선택에 따라 봉황이 그려질 수도 있고 닭이 그려질 수도 있다. 따라서 기업 CEO의 역할은 너무나 막중하다.

CEO가 기업조직을 혁신적으로 바꿔 새로운 아이디어를 창출하는 조직으로 탈바꿈시킨다면 슘페터가 말하는 기업가, 즉 진짜 기업가라고 할 수 있다. 이 시대 대한민국 기업가들이 자신이 몸담고 있는 기업을 이런 아이디어 어벤저스 기업으로 혁신하는 것을 자신의 소명으로 생각하기를 희망한다.

기업가들은 이를 위해 내가 창조형 국가가 갖추어야 할 시스템으로 제안한 것들을 기업 내부에 도입할 수 있다. 나라 차원에서와 유사하게, 한 회사가 얼마나 많은 생산적 아이디어를 낼 수 있을지는 회사 내에 얼마나 많은 직원들이 창의적 아이디어를 내기 위해서 도전할지와 직원 한 사람 한 사람이 창의적 아이디어를 낼 능력이 얼마나 있는지에 의해 결정된다.

따라서 진짜 기업가들은 '전 사원 창의인재화'를 목표로 제시하고, 사원들이 제시한 아이디어들을 '전 사원 아이디어 등록제'를 통해 등록하여 인정해주고, 회사에 준 이익에 비례해 보상해주는 사내 시스템을 도입할 수 있다.

특히 직원들에게 창의인재 재탄생 프로그램을 적극 권장하여 직원들의 창의적 아이디어 창출 능력을 증진시키는 노력을 기울여야 한다. 대기업들의 경우에는 사내 창의성 교육기관을 만들어 창의인

모방과 창조

혁신을 수행하지 않는 CEO는 기업가entrepreneur 가 아니라 관리자manager다. 새로운 아이디어로 혁 신하는 기업가가 '진짜 기업가'이고 혁신하지 않는 기업가는 '가짜'인 것이다. 기업가는 굳이 기업의 CEO일 필요도 없다. 기업에 고용되어 일하는 근로 자일지라도 창의적 아이디어, 혁신적 아이디어를 낼 능력이 있는 사람이라면 그가 바로 기술혁신의 주체인 기업가라는 것이다. 이런 관점에서 보면 한 기업 내에도 많은 기업가가 있을 수 있다.

재재탄생 프로그램을 사내 프로그램으로 자체 운영할 수도 있다. 물론 정부는 사내 교육프로그램에 대한 보조금 지원을 할 수 있다. 이 경우 각 기업들이 자기 회사의 성격에 가장 적합한 맞춤형 창의 인재 프로그램을 만들 수도 있다.

혁신적 기업가들은 기업 내의 아이디어 창출 시스템을 총괄하는 최고 임원으로 CCOChief Creation Officer 제도를 도입할 수도 있다. 이사회의 하부 위원회로 기존의 운영위원회, 보수위원회 등에 더해 '창조혁신 위원회'를 새로 도입하는 등 기업이 아이디어 창출조직으로 거듭나기 위해 필요한 다양한 시스템 도입을 적극 고려해야 한다.

슘페터가 말하는 진짜 기업가들이 우리나라에서 한두 기업에서부터라도 나타나 이러한 변화가 시작되면 다른 기업들도 그 뒤를 따를 것이다. 이들이 누가 더 혁신적인 기업가가 될지 앞서거니 뒤서거니 경쟁하기 시작하면 결국 시간이 지나면서 대한민국의 기업의 판도가 뒤바뀌면서 모든 기업들이 창조적 기업으로 탈바꿈할 것이다.

창조형 기업조직을 향한 기업 간 경쟁을 보다 촉진하기 위해서 주식 시장이 중요한 역할을 할 수도 있다. 주식 투자자자들이 투자종목을 선정할 때 기업의 CEO가 얼마나 혁신을 수행할 의지와 능력이 있는지, 그리고 기업의 혁신 시스템이 얼마나 잘 갖춰져 있는지를 기준으로 기업들을 평가하기 시작하면 기업가들이 시장평가 때문이라도 기업의 창조적 조직으로의 탈바꿈에 앞장설 것이다.

08

대학 입시를
개혁하라

서울대 입시 개혁

「저문 강에 삽을 씻고」를 쓴 정희성 시인이 1971년 학창 시절에 쓴
시의 몇 구절이다.

> 빛이 빛을 따르고
> 뼈가 뼈를 따르고
> 산이 산을 불러 일어서니
> 또한 타오르는 이 길을

영원한 세대의 확고한 길을 보아라

겨레의 뜻으로 기약한 이 날
누가 조국으로 가는 길을 묻거든
눈 들어 관악을 보게 하라

나라의 세금으로 운영되는 국립대학이 서울대학이었다. 국립대학으로서 조국이 나갈 방향을 제시하는 향도 역할을 해줄 것을 고대하는 염원이 이 시 속에 고스란히 담겨 있었다.

이 시가 나온 지 50년, 과연 관악의 국립대학이 그 역할을 제대로 해왔을까? 미래 세대를 위해 변화를 선도해야 하는 시대적 사명을 관악의 국립대학은 실천했는가?

대한민국 교육에서 관악의 대학이 갖는 영향력은 태산 같다. 서울대가 배출한 학생들이 어떤 인재로 거듭나느냐에 따라 나라의 일자리 창출을 좌우하기도 하고, 나라의 경제성장률이 바뀔 수도 있다. 더욱이 서울대가 어떠한 입학시험을 보느냐는 500만 명의 초중고 학생의 교육에 결정적 영향을 미칠 수도 있다. 대한민국 학생들이 무엇을 배우고 어떻게 성장할지를 좌우할 중요한 열쇠를 쥐고 있다고 해도 과언이 아니라 생각한다.

대학입시는 우리나라 초중고 교육의 방향을 결정하는 방향타의 역할을 한다. 대입선발 기준이 무엇이냐에 따라 학생들이 무엇을 공부할지가 정해진다. 예를 들어 대학이 아무 의미 없는 100자리 숫

서울대 정문. 관악의 국립대학은 변화를 선도해야 하는 시대적 사명을 실천하고 있는가?

자를 외우는 것으로 시험을 봐서 학생들을 뽑는다면, 모든 학생들이 숫자 외우는 연습만 하며 초중고 12년을 보낼 것이다.

　이런 까닭에 지식의 창조자를 키우는 학교로 초중고가 탈바꿈하기 위해서는, 대학이 입시에서 창의적 인적자본을 중요한 선발기준으로 채택해야 한다. 이 기준에 따라 창의성을 많이 키운 학생들을 선발하여 보상해주어야 한다. 그래야만 학생들이 초중고 12년을 통해 창의적인 아이디어를 내는 능력을 키울 인센티브를 갖게 된다.

　이를 위해 입시 피라미드의 정점에 있는 서울대부터 나서서 창의성의 중요성을 강조하고 입시에서 창의력을 기준으로 학생선발을 해야 한다.

　이제라도 관악의 국립대학이 창의력을 학생선발에서 가장 중요한 평가요소로 사용한다고 선언해야 한다. 그런 선언만으로도 대한 민국의 초중고 교육이 완전히 바뀔 것이다. 더 이상 옛날식의 '공부 잘하는' 학생, 즉 주어진 것을 잘 외워서 암기형 시험에 좋은 성적 거두는 학생보다는 창의적인 학생을 뽑는다고 선언해야 한다.

나의 '한국 경제론' 강의를 들은 몇몇 학생들은 기말 텀페이퍼에서 대한민국이 다가오는 경제적 위기를 극복하기 위해서는 서울대부터 창의성 개혁이 이루어져야 한다고 주장했다. 김상우, 이경구, 장성진, 진지홍 네 학생은 공동 텀페이퍼를 통해 서울대가 창의성의 중요성을 강조하기 위해 심지어 현재 '샤'자 모양인 교문을 '차'자 모양으로 바꾸자는 아이디어까지 제안했다. 창조형 개혁의 중요성과 절박성에 비추어볼 때 그러지 못할 이유도 전혀 없다고 생각된다.

서울대를 정점으로 한 대학 입시가 변하지 않으면 학생들의 창의성을 증진시키기 위해 일선 학교나 선생님들이 아무리 노력해도 수포로 돌아간다. 2000년대 후반 들어 일선학교에서는 창의성 교육에 대한 관심이 증가하여 학교교육에 표면적인 일부 변화들이 있었다. 그러나 일부 선생님들의 노력에도 불구하고 창의성 교육이 겉보기에 도입을 시늉하는 수준에만 머물렀다. 실질적으로 제대로 도입된 것은 거의 없었다고 평가할 수 있다.

대표적인 예를 들자면 '창의체험활동'을 들 수 있다. 이 제도도 학생들의 창의력을 키우려는 좋은 취지에서 도입되었다. 그러나 학생들에게 물어보면 실제 운용은 전혀 그렇지 못했음을 알 수 있다.

중고등학교에서 운용되고 있는 거의 대부분의 활동은 대학입시를 향해 있다.

고등학교 시절 창의체험활동 시간은 그저 수능대비 공부를 위한 자습시간이었다고 이야기하는 대학생들이 대부분이다. 어떤 식으로 제도를 운영해야 창의성이 증진될지에 대한 치열한 고민 없이 형식적으로 도입한 결과다.

무엇보다도, 대학입시와 연결이 안 되니까 학생들이 창의체험활동을 할 인센티브가 없었다. 심지어는 창의체험활동에 시간을 쓰면 수능에 대비한 암기형 공부를 할 시간이 줄어드는 음의 인센티브가 생겼다. 결국 대학이 입시에서 창의성 평가를 하지 않는 상황에서는, 학생들이나 학교가 창의적 체험활동 시간을 창의성을 키우기 위해 활용할 인센티브가 전혀 없었다.

그동안 서울대 입시에서 창의력은 선발기준이 아니었다. 서울대 입시의 큰 부분을 차지해온 입학사정관제에서 그동안 입학사정관들이 무엇을 기준으로 평가하는지가 명확하지 않았다. 입학사정관들이 학생들의 '잠재력'을 평가한다고는 해왔지만 그 잠재력이 무엇을 의미하는지가 매우 불명확했다. 적어도 창의력을 의미하지는 않았다.

이제 국립법인인 서울대부터 나서서 대학입시도 창의력 위주로 선발하는 '창조형 대학입시제도'로 전환시켜야 한다.

NAFTA와 EU의 결투

현재 대학입시에서 입학사정관제와 함께 양대 축을 이루는 것은 수능시험이다. 입학사정관제도 창의성 평가와는 거리가 멀지만, 수능시험은 창의성 평가와 더욱 거리가 먼 평가 방법이다. 모방형 인적자본을 측정하는 데 중심을 둔 수능으로 인해 우리 학생들은 결국 수많은 쓸모없는 지식들을 머릿속에 암기하는 데 엄청난 시간을 낭비하고 있다.

모방형 인적자본을 측정하는 수능 시험이 학생들에게 얼마나 무의미한 지식을 암기하도록 요구하는지 예시를 하나 들어보자. 경제지식에 관련한 문제로 2013년 수능에 출제된 문제다. 북미자유무역협정 NAFTA 회원국과 유럽연합 EU 중 어느 지역의 GDP가 크냐는 문제였다.

이를 출제한 평가원에서 발표한 최초 정답은 EU가 더 크다는 것이었다. 이에 실제 통계에 따르면 2010년 이후 NAFTA의 GDP가 더 컸다는 것을 발견하고 학생들이 이의를 제기했다. 그러자 평가

모방과 창조

원에서는 교과서에는 EU가 최대경제권이라고 명시되어 있기 때문에 EU가 큰 것을 답으로 하는 것이 문제가 없다고 판정했다. 그러나 이후 소송이 제기되었고 법원에서는 2심까지 가서 평가원의 잘못으로 최종 판정했다.

이 문제 하나를 맞혔는지 틀렸는지로 학생들이 원하는 대학에 합격할지 불합격할지 여부가 결정된다. 그런데 NAFTA와 EU 중 어느 쪽의 GDP가 더 큰지가 학생들의 대입 운명을 결정할 정도로 우리 모두가 꼭 알고 있어야 할 지식인가?

사실 이는 경제학자들도 굳이 알고 있을 필요가 전혀 없는 지식이다. 이 문제가 이슈가 되었을 당시 나는 경제학과의 몇몇 동료교수들에게 물어 봤다. EU와 NAFTA 중 어느 쪽의 GDP가 더 큰지를 알고 있는지. 당연히 알고 있는 교수가 아무도 없었다. 이런 지식은 만약 궁금하면, 인터넷으로 검색하면 바로 알 수 있다. 머리가 기억할 수 있는 용량도 한정되어 있는데, 굳이 머릿속에 외워 담아놓을 이유가 전혀 없는 쓸모없는 지식인 것이었다.

주어진 정답을 찾는 현재의 모방형 입시제도들은 결국 우리 학생들이 이와 같은 종류의 수많은 쓸모없는 지식들을 외우고 또 외워서 머릿속을 가득 채우게 강요한다. 사실 각 영역에서 우리 학생들이 꼭 알고 있어야 할 지식들이 있다. 입학시험은 그러한 핵심 지식을 알고 있는지만 평가하면 된다.

그러나 입시를 통해 변별력을 세우고자 하니 핵심 지식이 아닌 전혀 알 필요도 없는 지엽말단의 지식들을 묻는 문제들을 출제하게 된다. 그리고 그런 문제가 변별력을 만든다. 이런 시험에서 점수를 더 받기 위해서 결국 우리 학생들이 전혀 쓸 데 없는 지식들을 외우는 데 온갖 시간과 노력을 낭비하게 된다. 그러다 보니 정작 스스로 생각하는 능력을 키우는 데 쓸 시간은 전혀 없다.

우리 학생들이 중·고등학교 다니면서 밤잠 안 자고 공부하느라 엄청난 고생을 하지 않는가. 그렇게 고생한 대가로 얻는 인적자본은 좋은 일자리를 얻고 의미 있는 일을 하도록 만들어주는 인적자본이어야만 하지 않을까?

더 이상 쓸모없는 모방형 인적자본은 키우지 않아도 되는 입시제도를 만들어줘야 한다. AI까지 도래하여 창의성이 없이는 먹고살기 힘들어지는 세상에 창의력을 키울 수 있도록 입시제도가 환골탈태해야 한다.

대학들이 입시를 수능처럼 기존의 모방형 인적자본을 측정하는 점수 위주가 아니라 창의력 위주로 선발하는 '창조형 대학입시제도'로 전환시켜야 한다. 모방형 인적자본은 핵심지식을 알고 있는지 확인하는 수준에서만 평가하고 평가의 중심은 창의적 능력 평가에 두어야 한다.

이를 위해 서울대부터 시작하여 모든 대학들이 입시에서의 창의력 평가 방법을 개발하고 확립해야 한다. 물론 서울대를 비롯한 대학들이 창의력을 평가하고 싶어도 창의력을 평가하겠다고 슬로건을 걸기가 굉장히 어려웠을 수도 있다. 그 이유는 대입에서 창의력을 어떻게 평가할 수 있을지가 쉽지만은 않기 때문이다. 특히 평가의 주관성 문제가 이슈가 될 수 있기 때문이다.

그러나 앞에서도 얘기했듯이 상호주관적 평가와 전문가 평가와 같이 창의력 평가의 주관성을 효과적으로 극복할 수 있는 방법들이 이미 존재한다. 따라서 서울대를 포함한 대학들이 의지만 있다면 할 수 있는 일이다.

특히 입학시험에서 열린 문제를 제시하고 상호주관적 평가를 통해 창의성을 평가하는 방법을 도입할 수 있다. 혹은 전 국민 아이디어 등록제와 비슷한 방식으로 '학생 아이디어 등록제'를 만들고 이에 등록된 아이디어를 이용하여 평가하는 방법 등 독창적 사고력을 측정하는 다양한 방법을 연구하고 도입할 수 있다.

물론 이를 위해서는 많은 평가인력이 필요하고 따라서 이들을 고용하기 위한 재원이 필요하다. 그런데 이는 정부가 교육예산으로 충분히 뒷받침할 수 있다. 상호주관적 평가에 필요한 평가인력들은 정부가 교육예산 73조 원 가운데 1000분의 1만 지출해도 서울대는 물론 전국의 모든 대학에 충분히 공급할 수 있다.

사교육 시장을 키운 '규모의 경제'

창의력을 기준으로 선발하는 대학입시제도가 서울대에서 시작하여 전 대학으로 퍼지면 사교육이 늘어나지 않을까 걱정하는 목소리도 있을 수 있다. 그러나 창조형 대학입시가 도입되면 놀랍게도 사

사교육 시장이 커지게 된 이유는 기존의 모방형 입시제도로 인해 규모의 경제가 성립했기 때문이다.

교육은 오히려 줄어들거나 사라질 가능성이 더 높다. 왜 그럴까?

　그동안 사교육이 커지게 된 이유는 기존의 모방형 교육 하에서는 '규모의 경제'가 성립했기 때문이다. 인터넷 강의에서 큰돈을 버는 스타강사들이 많다. 그런 분들이 큰돈을 버는 이유는 소위 규모의 경제 때문이다. 규모의 경제란, 간단히 말하면, 많은 사람에게 팔수록 이윤이 점점 더 증가하는 것을 말한다.

　예를 들어 스타강사가 수능에 나올 확률이 높은 문제들을 족집게처럼 찍어서 그 답과 함께 가르쳐주는 강의 동영상 하나 만드는 데 100만 원의 비용이 들었다고 하자. 이 동영상을 하나에 10만 원씩 10명에게만 팔면 이윤이 0이지만, 100명에게 팔면 이윤이 900만

원이 되고, 1만 명에게 팔면 거의 10억 원이 된다. 10만 명에게 팔면 100억 원이나 된다. 이렇게 규모의 경제가 성립하는 이유는 스타강사가 한 번 만든 강의영상을 복제하여 똑같은 내용을 수많은 학생들에게 판매할 수 있기 때문이다. 많은 학생들에게 팔게 됨에 따라 한 학생이 지불하는 비용은 낮춰주어 수많은 학생들이 수강하도록 유도하여 엄청난 수익을 올릴 수 있는 것이다.

만약에 대입에서 열린 문제를 내고 창의성을 기준으로 평가하게 되면 사교육에 어떤 일이 벌어질까? 사교육 강사는 더 이상 규모의 경제를 얻기가 어려워진다.

예를 들어 서울대 입시에서 혹은 현재의 수능을 대체하는 전국 단위 시험에서 다음과 같은 열린 문제가 출제되었다고 하자.

"저축이란 미래에 소비하기 위해 지금 소비하지 않는 행위를 말한다. 과연 시간도 저축할 수 있을까? 시간을 저축하는 창의적인 방법을 하나 제시하시오."

이 열린 문제는 심지어 일주일 전에 미리 공개하여 일주일의 시간을 주고 답을 써서 제출하게 할 수도 있다. 독자들도 한 번 새로운 형태의 대입에 도전한다는 마음으로 이 열린 문제에 도전해보자.

이 문제는 기본적으로 정답이 없다. 오직 덜 창의적인 답과 보다 창의적인 답이 있을 뿐이다. 그 창의성 평가는 여러 전문 평가자들이 함께 평가하여 상호주관적 평가를 통해 매우 객관적인 평가에 이를 수 있다.

그런데 창의적 아이디어는 기본적으로 남과 달라야 한다. 따라서 평가자들은 서로 비슷한 아이디어를 낸 답안들은 창의성을 낮게 평가하게 된다.

따라서 사교육 선생님이 이 열린 문제에 대해 창의적 답안을 생각해서 판매한다고 해도 똑같은 아이디어를 여러 학생에게 판매할 수는 없다. 대학입시에서 창의적인 아이디어로 평가를 받으려면 다른 학생과는 다른 자신만의 독창적 아이디어여야 하기 때문이다. 결국 창의적인 아이디어를 판매해도 한 학생에게밖에 판매할 수 없다. 때문에 규모의 비경제가 발생한다.

대입에서 요구하는 창의적인 답을 스타강사로부터 배우기 위해 학생 한 명이 얼마나 지불할 수 있을까? 스타강사의 현재 수입을 생각해보면 엄청난 돈이 들 것이라고 생각할 수 있다. 결국 다른 학생들은 쓰지 못하는 독창적인 답을 구매하는 학생의 입장에서 그 구매 비용이 엄청날 것이고, 따라서 이러한 사교육에 대한 수요는 거의 사라질 것이다.

사교육 강사 분들의 입장에서도 서울대 입시에 나올 창의적 답안을 생각해낼 창의적 능력이 있다면 더 이상 학생을 가르치고 있을 이유가 없다. 창의적 아이디어를 생각해내고 이를 제품화하여 훨씬 더 큰 돈을 벌 수 있을 것이기 때문이다.

이런 이유로 창의력을 기준으로 선발하는 대학입시제도가 도입되면 한국의 사교육 시장은 없어지거나 없어지지 않아도 큰 타격을 받을 것이다. 결국 창조형 입시제도의 도입은 한국 교육의 고질적 문제인 사교육 문제의 근원적 해법도 될 수 있다.

개천에 다시 용이 날 수 있을까?

창의력을 기준으로 선발하는 대학입시제도는 교육에서의 불평등 문제까지 해결할 수 있다. 창조형 대학입시가 어떻게 교육의 불평등 문제를 해결할 수 있을까?

현재의 우리 대학입시제도 아래서는 부모 소득에 따른 사교육 수준의 차이가 대학입시에서 학생들이 어느 대학에 들어갈지에 커다란 영향을 미치고 있다. 지난 30년간 교육에서 부모의 경제력이 점점 중요해지면서, 대학입시에서의 공정경쟁 체제도 크게 약화되어 버린 결과다.

이를 이해하기 위해, 나는 2014년에 쓴 논문에서 인적자본을 진짜 인적자본과 겉보기 인적자본으로 구분했다.[18] '진짜 인적자본'은 타고난 잠재력을 이용하여 학생 자신이 투자한 노력과 시간에 비례하여 얻는 자신의 진짜 실력이다. 그런데 이러한 학생의 진짜 실력을 남들은 알 수 없다. 그래서 대학은 입시에서 학생의 진짜 실력을 알아내기 위해서 여러 가지를 본다. 내신 성적이 얼마인지, 수능 성적이 얼마인지, 일반고를 나왔는지 특목고를 나왔는지 등을 보고 학생의 실력을 평가한다.

그런데 대학이 이렇게 평가하는 것은 겉으로 드러난 '겉보기 인적자본'이지 학생의 진짜 실력은 아니다. 겉보기 인적자본은 물론 진짜 실력에 영향을 받는다. 그렇지만, 사교육 등 다양한 '치장법'을 이용하면 학생이 겉보기에는 자신의 진짜 실력보다 더 높은 것처럼 보일 수 있다. 그런데 이런 치장법은 부모 경제력과 상관관계가 높다. 부모의 경제력이 높을수록 사교육 등을 통해 진짜 인적자본 이상으로 겉보기 인적자본을 높일 수 있는 가능성이 커지기 때문이다. 그 결과 대입에서 합격 확률도 높아지게 된다.

그런데 지난 30~40년 동안 우리나라에서 부모들의 경제력 격차가 점점 벌어져왔다. 특히 1990년대 이후 성장추락기에 다양한 소득분배 지표들도 악화되어 왔다. 이렇게 부모들의 경제력 격차가 점점 크게 벌어지면서 부모 경제력에 따른 학생들의 겉보기 인적자본 차이도 점점 벌어지게 되었다.

그 결과 학생 간 입시에서의 공정경쟁이 약화되었다. 진짜 인적자본이 뛰어난 학생임에도 불구하고, 겉보기 인적자본이 상대적으로 낮으면 대입에서 상대적으로 불리한 상황이 벌어지는 것이다.

예를 들어 수능에 나올 수 있는 문제가 1만 개이고 그 가운데 100개가 수능문제로 출제된다고 해보자. 그리고 진짜 인적자본이 보다 뛰어난 학생이 열심히 공부해서 풀 수 있는 문제가 9000개이고, 진짜 인적자본이 낮은 학생이 최대한 노력해서 풀 수 있는 문제가 1000개라고 가정을 해보자.

이 때 두 학생의 겉보기 인적자본은 진짜 인적자본과 차이가 크

모방과 창조

게 날 수 있다. 위의 예에서, 1만 개의 문제 중에서 예를 들어서 9000개를 아는 학생이 자신이 모르는 1000개의 문제들 중에서 100개가 수능에 나오면 이 학생은 0점이다. 그런데 1000개만 아는 학생이 자기가 아는 내용 중에서 100개가 나오면 이 학생의 겉보기 인적자본은 100점으로 평가된다.

따라서 시험에 나올 수 있는 문제가 무엇인지를 아는 것이 굉장히 중요하다. 그 정보를 학원 선생님들은 많은 시간을 투자해서 연구하기 때문에 매우 잘 안다. 결국 사교육이 개입되면서 대학들이 진짜 인적자본은 부족하지만 부모 경제력이 높아 겉보기 인적자본이 높은 학생을 뽑는 일이 발생한다. 그 결과 국가 차원에서 인적자본 분배와 배치의 효율성이 떨어지는 일이 발생하게 되는 것이다.

실제 서울시의 데이터를 보면, 아파트 값이 비싼 지역의 학생들이 서울대 합격 확률이 훨씬 높다. 한편 아파트 값이 비싼 지역은 학원 수도 많다. 이는 부유한 지역에서는 사교육에 지출이 보다 많고 이것이 대입에서의 성공 확률을 높이고 있을 가능성을 강력하게 시사하는 것이다.

물론 부유한 지역의 학생들이 덜 부유한 지역의 학생들보다 진짜 인적자본이 높아 대입에서의 성공확률이 더 높아졌을 수 있다. 그 이유는 부유한 지역에 있는 학생들은 부유한 부모를 만났고, 부유한 부모는 기본적인 지적 잠재력이 높기 때문에 더 부유해졌을 가능성이 높고, 또한 부유한 지역의 학생들은 그 부모의 지적 능력을 유전으로 물려받았을 가능성이 높기 때문이다.

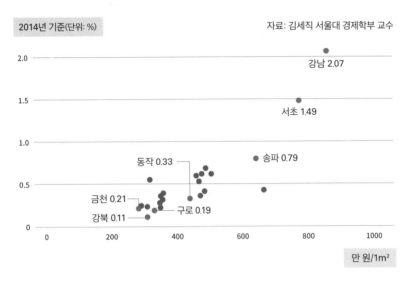

서울시 구별 아파트 매매가와 서울대 합격 확률

2014년 기준(단위: %)   자료: 김세직 서울대 경제학부 교수

그런데 그 정도가 지나치다는 것이 문제다. 통계자료를 분석해보면, 2014년에 강북구에서는 일반고 학생의 서울대 합격확률이 0.1%였던데 비해 강남구는 2%였다. 즉 강남구는 강북구보다 서울대 합격률이 무려 20배나 높았다. 강남구 학생들이 분명 강북구 학생들보다 확률적으로 잠재력이 더 높을 수 있지만, 20배까지나 더 높은지는 의문인 것이다.

이 의문에 답하기 위해서 내가 서울대 류근관, 동경대 손석준 교수님과 같이 한 연구에 따르면 진짜 인적자본에 따른 서울대 합격확률은 강북구는 0.5%, 강남구는 0.84%로 추정되었다.[19] 이는 오직 진짜 인적자본만을 기준으로 학생들이 선발되면 강남구 학생들이 1.7배 정도 더 많이 입학해야 적당하다는 것을 의미한다. 그럼에도 불구하고, 실제로는 강남구 학생들이 20배나 더 입학했다.

이것은 결국 부모 경제력이 과도하게 대학입시 경쟁에 영향을 미치고 있다는 것을 의미한다. 지난 30년간 부모 경제력 차이가 크게 벌어지면서 학생들의 대입경쟁에서의 공정경쟁이 크게 약화되어온 것이다.

서울대는 2004년에 당시 정운찬 총장이 이 문제를 타개하기 위해 '지역균형 선발제'를 도입하기도 했다. 이 제도를 통해 부유한 지역만이 아니라 여러 지역에서 골고루 학생들이 서울대에 입학할 수 있는 획기적인 제도를 마련하고자 했던 것이다. 그러나 이후 공정경쟁 강화를 위한 추가적인 노력이 아직까지는 의미 있는 형태로 이루어지지 않았다. 그 결과 부모 경제력 차이가 점점 벌어지면서 공정경쟁도 점점 약화되는 현상이 제어되지 못했다.

그러나 이제라도 창의력을 기준으로 선발하는 대학입시제도가 공정경쟁을 강화하는 추가적인 제도들과 함께 도입되면 사교육이 더 이상 힘을 발휘하지 못할 가능성이 높다. 그 결과 대입에서의 공정경쟁이 획기적으로 강화될 수 있는 것이다. 대부분의 학생들이 사교육을 받지 않게 되면, 사교육을 통해 부모 경제력이 학생들의 대학입시 결과에 미치는 영향도 무력화될 것이기 때문이다.

이런 점에서 창의성 평가에 입각한 대학입시가 기존의 모방형 인적자본 평가에 입각한 대학입시보다 훨씬 공정하다고도 할 수 있다.

물론 평가하는 시점에서의 공정성이라는 점에서는 모방형 인적자본을 기준으로 한 평가가 더 공정하다고 주장하는 분들도 있을 수 있다. 정답이 정해져 있는 문제를 외웠느냐를 기준으로 평가하기 때문에 객관적이고 따라서 더 공정해 보일 수는 있다. 그렇지만 앞에서도 이야기했듯이 창의성 평가도 다중 평가와 전문가 평가 방법을 통해서 상당한 수준의 객관적인 평가를 확보하는 것이 가능하다.

무엇보다도 기회의 공평성이라는 측면에서, 현재와 같은 모방형 인적자본을 기준으로 한 선발은 공정하지 않다. 그것이 공정하다고 생각하는 것은 착각이다. 모방형 인적자본 평가는 사교육에 의해 크게 영향을 받기 때문에, 부모 경제력이 뛰어나 사교육의 도움을 더 크게 받은 학생들이 대입에서 훨씬 유리한 것이 현재 우리의 실정이다.

현재 우리 시스템 하에서 모방형 인적자본 평가가 공정하다고 주장하는 것은 100미터 경주에서 결승점에 누가 먼저 들어왔느냐에 따라 정확하게 평가했으니 공정하다고 주장하는 것과 같을 수 있다. 100미터 경주의 출발선이 학생들마다 다 달랐는데도!

이런 점에서 창의성으로 학생을 평가하는 것이 보다 더 공정할 수 있다. 창의성 평가에 입각한 입시는 사교육 영향을 줄임으로써 부모 경제력의 역할을 약화시키기 때문이다.

교육의 공정경쟁을 촉진하는 장점과 더불어, 대입에서의 창의성 평가는 도입했을 때의 국가적 이익이 크다. 이에 비해 모방형 인적자본을 평가하는 데만 입각한 대학입시는 국가적으로 아무 이익이 없다. 이러한 대입제도 아래서는 학생들이 그 유용성이 이미 크게 떨어진 모방형 인적자본을 필요 이상으로 과도하게 축적할 것이기 때문이다.

물론 '창조형 대학입시제도' 하에서도 아직 부모의 경제력이 입시에 영향을 미치는 통로가 조금이라도 남아 있다면 이 또한 차단하는 방안을 만들어서 보완해야 한다. 입시에서 창의성에 입각한 선발과 공정경쟁의 강화는 둘 다 포기할 수 없는 목표가 되어야 한다. 한 가지 다행인 것은 창의성에 의한 선발이 공정경쟁 강화에도 도움이 될 가능성이 높다는 것이다.

창조형 대학입시 도입을 통한 '입시 개혁'은 자연스럽게 기업이나 공공기관의 인재선발시스템도 창조형 인재를 선발하는 데 초점을 맞춘 창조형 선발제도로 변화하도록 유도할 것이다. 그 결과 초중고 학생들만이 아니라 모든 국민이 창조형 인적자본을 축적할 강력한 인센티브를 갖게 될 것이다.

09

신세계로 이끌 리더들은 과연 어디에 있는가?

토인비와 개혁 딜레마

인류 역사를 보면 모든 나라, 모든 사회가 유토피아를 향해 진보해 간 것만은 아니다. 오히려 한때 흥했다가 퇴보의 길을 걸은 나라들이 많다. 이런 관점에서 보면, 30년 동안 인류사에 전례 없던 고속성장을 하던 우리나라가 그후 30년간 성장 퇴보를 겪어온 것이 그다지 놀라운 일이 아닐 수도 있다.

메소포타미아 문명, 이집트 문명, 그리스 문명 등 인류 역사에 수많은 문명과 국가가 흥성했다가 쇠퇴했다. 몇 천 년 전 지구상에

융성했던 고대문명의 터에 지금은 디스토피아가 되어버린 가난한 나라와 백성들이 삶을 이어가고 있는 것이 특별한 일이 아니다.

찬란했던 과거의 유물과 흔적들은 오히려 한때 제국주의의 상징이었던 영국의 대영박물관에서 찾는 것이 쉽다. IMF재직시 아프리카 출장 중 경유지로 하루 묵게 된 런던에서 대영박물관에 들렸다가 매우 놀란 적

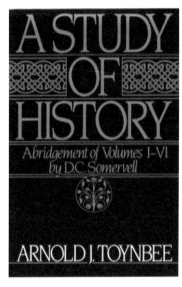

아놀드 토인비의 『역사의 연구』

이 있다. 중학교 때 세계사 교과서에서 사진으로 보았던 이집트의 로제타석을 비롯한 중근동 지방의 많은 고대 유적들 그리고 많은 미이라가 그 나라들이 아니라 영국의 박물관에 전시되어 있는 것이 놀라웠다. 그리스 파르테논 신전까지 일부 뜯어다 놓았다.

영국의 역사학자 아놀드 토인비는 그의 저서 『역사의 연구』를 통해 인류 역사 가운데 명멸했던 수많은 문명과 국가들의 영고성쇠를 조망했다. 그에 따르면, 어떤 사회건 역경과 도전에 처하게 된다. 그러나 이에 성공적으로 응전하는 사회도 있고 반대로 실패하는 사회도 있다.

그렇다면 도전에 대한 성공과 실패를 나누는 요인은 무엇일까?

토인비의 관찰에 따르면, 역경에 성공적으로 응전하여 성장과 진보를 이룩하는 경우는 새로운 아이디어와 해법을 제시하고 이를 이끄는 '창조적 지도자'가 있었다는 것이다.

토인비의 역사적 통찰을 우리 경제의 현재 상황에도 적용할 수 있다. 우리 경제는 '5년 1% 하락의 법칙'에 따른 성장 추락에 최근 코로나19 충격까지 겹쳐 커다란 도전에 직면해 있다. 성장 추락에 따라 향후 닥칠지 모를 경제적 폭풍우에 성공적으로 응전하기 위해서는 전례 없는 해결책인 창조형 자본주의 경제체제로의 대전환이 필요하다. 그리고 무엇보다 이를 이끌 창조적 지도자들이 요구된다. 과연 우리는 그러한 창조적 지도자들이 있는가?

안타깝게도 우리 사회에서는 혁신적인 발상으로 구습과 기득권을 깨고 진취적 변화를 이끌어내는 창조적 리더들을 많이 발견하기가 아직까지는 쉽지 않았다. 보수든 진보든 모방형 성장시대에 뛰어난 암기력으로 모방형 인적자본 축적에 비교우위가 있어 리더가 된 분들이 다수였기 때문이다. 이분들 중 상당수는 머릿속으로는 창의성의 중요성을 알고 있을 수 있지만, 정작 새로운 아이디어를 내며 창의적인 일을 해본 경험이 없을 가능성이 높다. 또한 현재의 각 분야 리더들 중 일부는 이미 기득권화된 자신의 자산인 모방형 인적자본의 가치를 저하시킬 창조형 자본주의 경제체제로의 변환에 미온적인 태도를 보이거나 반대할 가능성도 높다. 이때 대놓고 겉으로 반대를 드러내기보다는 개혁의 현실성을 과장하여 문제 삼음으로써 개혁을 저지하고자 할 가능성도 높다.

그 결과 곧 닥쳐올지 모를 폭풍우를 피하기 위해 나라 전체가 창조형 자본주의 경제체제로 대전환해야만 할 상황임에도 정작 이러한 변환과 개혁을 이끌 위치에 있는 리더들은 창의적이지 않거나 창조형 변혁에 미온적인 이들이 다수를 차지하는 딜레마에 처한 것은 아닌지 우려된다. 지난 30년간 경제성장을 추락시킨 경제체제를 버리지 못하고 새로운 국가체제로의 전환을 위한 시도조차 없었다는 것이 이러한 '창조형 개혁의 딜레마'를 보여주는 것은 아닐까?

인재 그레샴의 법칙

이러한 개혁의 딜레마를 누가 어떻게 해결할 것인가? 1부 '당신의 미래는 안녕하신가요?'의 마지막에서도 말했지만, 나는 우리 사회 각 분야에서 묵묵히 일하고 있는 독자들이 바로 이 딜레마를 해결해줄 분들이라고 기대한다.

다행히 기업, 학교, 언론 등 우리 사회 각 분야에 아직 다수는 아니지만 개혁의 필요성을 이미 절감하고 있는 독자들, 국민들도 존재한다. 서울대 내에서도 2016년 창의성 교육의 필요성을 절감하는 일부 평교수들이 모여서 '창의성 교육을 위한 서울대 교수 모임'을 만들었다. 서울대 공대의 황농문 교수님, 수학교육과 권오남 교수님 등과 나도 같이 참여한 이 평교수 모임은 다양한 창의성 교육 방법을 공유하는 세미나, 토론회를 진행해오는 한편, 2018년에는 참여 교수님들의 공동 작업으로 우리 교육의 혁명적 변화를 촉진하기 위한 책 『창의혁명』을 내는 등 창의성 운동의 사회적 확산을 위한 노력을 경주해왔다.[20]

다른 대학은 물론 초등학교, 중고등학교에도 창의성 교육을 실천하고자 다른 사람이 알아주지 않아도 열심히 애쓰시는 교수님이나 선생님들도 상당수 있다. 새로운 아이디어가 생존을 결정하는 산업계에서도 창의성 개혁의 필요성을 절감하는 근로자나 기업가들이 알게 모르게 많이 있다. 이 글을 읽는 독자 분들 중에도 많이 있을 것이다.

물론 아직까지는 이런 국민들이 나라 전체 혹은 각 기관의 정책을 결정하는 지도자의 위치에 있지 않은 것이 일반적이다. 서울대만 해도 창의성 교육 개혁에 열의를 갖고 앞장서신 분들은 대부분 평교수들이다. 그 분들의 열정을 옆에서 보고 있노라면 존경스러웠다.

비록 지도자의 위치에는 있지 않더라도 창조형 개혁의 필요성을 절감하는 독자들, 국민들이 창조형 개혁의 딜레마를 해결하기 위해 함께 나서면 어떨까? 이들 국민들이 먼저 모여 창조형 국가 건설의 구체적 청사진을 같이 만들면 어떨까? 그리고 이를 바탕으로 기존의 모방형 리더들을 설득하는 '창의혁명 캠페인'을 전개하면 어떨까?

모방형 지도자들도 스스로 변신하는 노력을 통해 창조적 리더로 거듭나 변혁에 동참해 커다란 모멘텀을 일으킬 수 있도록 해야 한다. 그러나 현재의 모방형 지도자들이 아무 충격이 없는데도 스스로 변신하는 노력을 기울이기는 쉽지 않을 것이다. 이 경우 독자들,

모방과 창조

국민들이 충격을 가하고 압력을 가해 이들이 창조적 리더로 거듭나도록 유도하는 역할을 해야 한다.

영국의 경제학자 토머스 그레샴

이를 위해 주권자인 국민들이 나서서 정치적 진영논리 등과 관계없이 오로지 '창조적 능력'을 기준으로 각 분야의 리더를 뽑는 '지도자 패러다임 변혁 캠페인'을 벌여 이를 제도화하면 어떨까? 그러면 기존의 모방형 지도자들도 변신하지 않을 수 없을 것이다.

경제학에 '그레샴의 법칙'이라는 유명한 법칙 하나가 있다. 이 법칙은 16세기 영국 엘리자베스 여왕의 고문이었던 경제학자 토머스 그레샴Thomas Gresham이 발견한 법칙으로 '악화가 양화를 구축한다(몰아낸다)'는 법칙이다.

그레샴이 살던 16세기 영국은 금화 본위시대였다. 즉 금화가 돈으로 쓰이던 시절이었다. 이 시대에 사람들은 금화를 받으면 금화의 일부를 긁어서 금 부스러기를 자기가 갖고, 훼손된 금화로 물건을 샀다. 모든 사람이 이러다 보니, 훼손이 안 된 금화(양화)는 유통이 안 되고 훼손된 금화(악화)만이 시중에 유통되게 되었다. 결국 악화가 양화를 몰아낸 것이다.

그런데 이 그레샴의 법칙은 돈이 아니라 인재 배분에 있어서도 매우 잘 적용이 된다. 화폐의 유통과정에서 악화가 양화를 쫓아내는 '그레샴의 법칙'이 작동하듯, 우리 사회에도 인재 선발에 있어서 그레샴의 법칙이 작동할 가능성이 높다.

특히 남의 아이디어 모방하는 능력과 학연·지연 같은 인적 네트워크에만 의존하는 인사들이 창의적 전문가들을 몰아내는 '인재 그레샴의 법칙'이 작동할 가능성이 상당하다. 창조형 자본주의체제 개혁을 위해서는 정부와 국가의 리더 자리에 창조적인 전문가들이 배치되어야 바람직하다. 그러나 막상 현실에서는 창의성은 없어도 사적 인적 네트워크를 만드는 데에 능한 정치적 성향의 인물들이 주로 배치되는 현상이 벌어지기 쉬운 것이다.

따라서 이를 방지하기 위해 독자들, 국민들이 나서서 정치, 정부, 교육, 기업 등 각 분야의 선출직, 임명직 리더들의 자격요건으로 창의적 능력을 명시하면 어떨까? 그리고 국민과 언론이 과연 창조형 리더가 선출 혹은 선발되는지 눈을 부릅뜨고 모니터링할 수 있는 시스템을 도입하면 어떨까?

예를 들어 리더나 리더 후보들의 창의적 활동 이력과 성과를 추적하고 국민들이 이러한 정보를 쉽게 접할 수 있도록 '정치인·공무원 아이디어 실명제'를 도입하고 작동시키면 어떨까?

국회의원이나 공무원이 추진한 모든 정책제안서나 보고서에도 그 정책 아이디어의 최초 발상자가 정책 추진자인 정치인 혹은 공

모방과 창조

무원 자신이면 그 이름을 명시하되 다른 사람의 아이디어를 빌려왔으면 원작자를 명시하게 한 후 그 성과도 철저히 검증해 데이터베이스화하여 공시하는 시스템을 도입하면 어떨까? 남의 아이디어를 인용 없이 도용한 전력들도 이 시스템에 기록하면 어떨까?이를 통해 후보자들이 얼마나 많은 창의적 아이디어를 스스로 창출해왔는지 혹은 남의 아이디어를 인용도 없이 얼마나 도용해왔는지를 국민들이 쉽게 확인하고 이를 기준으로 투표하거나 선출할 수 있게 해야 한다.

뽑는 것에 그치지 않고 독자들 같은 국민들이 스스로 창조적 지도자가 되는 것도 중요하다. 리더가 따로 정해져 있는 것이 아니다. 앞에서 언급한 '전 국민 아이디어 등록제'와 '창의인재 재탄생 프로그램' 도입을 통해 전 국민이 창의적 아이디어 창출에 참여할 수 있게 하면 독자들 같은 국민 누구나 각 분야의 창의적 리더로 성장할 가능성이 열리게 된다.

만약 정부나 기존의 리더들이 아이디어 등록제 같은 제도들을 도입하지 않으면, 뜻 있는 독자들, 네티즌들이 직접 나서서 정책 아이디어 등록 사이트를 만들고 자신들의 아이디어를 이 사이트에 등록할 수도 있을 것이다. 새로운 아이디어로 판명이 나면 이 아이디어를 제시한 분들의 이름을 붙이고, 추천을 많이 해주는 아이디어들은 정부가 채택할 것을 네티즌들이 요청할 수도 있을 것이다. 정부가 이를 채택하는 경우에는 정부가 그 아이디어 채택에 따른 국가적 이익의 일부를 아이디어를 제시한 국민에게 경제적 보상을 통해 환급해주도록 국민들이 정부에 요구할 수도 있을 것이다.

처음에는 아이디어를 특정 주제로 한정해서 네티즌들이 운영할 수도 있을 것이다. 예를 들면 내가 '한국경제론' 수업에서 매 년 반복해서 텀페이퍼 과제로 제시하는 다음과 같은 주제로 한정해서 아이디어를 구할 수도 있을 것이다.

"성장위기에 처한 한국 경제를 구할 개혁/혁신 방안에 대한 창의적인 아이디어를 하나 제시하시오."

그동안 몇 년에 걸쳐서 나의 수업을 수강한 학생들이 이 과제에 대해 다양한 창의적 아이디어들을 제시해왔는데, 이제 모든 독자들, 국민들이 남녀노소 관계없이 이 과제에 도전해볼 수도 있을 것이다.[21] 이 과제는 경제전문가가 아니더라도 오히려 더 참신한 아이디어를 제시할 수 있는 과제일 수도 있다. 이런 과정을 통해 창의적 아이디어를 제시한 많은 독자들이 자연스럽게 창의적 리더가 되기를 기대한다.

이렇게 독자들, 국민들이 직접 나서거나 각 분야에 창조적 지도자들이 들어설 수 있도록 새로운 제도를 만들면 창조적 인적자본 개혁의 딜레마가 자연스럽게 해결될 수 있다. 이러한 '정치 개혁' 혹은 '정부 개혁'을 통해 창조형 개혁의 딜레마가 해결되면, 창조형 자본주의체제로의 대전환을 위해 앞에서 제안했던 개혁 방안들이 추진될 수 있는 강력한 모멘텀이 생기게 된다.

성장 추락에 따른 디스토피아 상황을 걱정해야만 하는 오늘의 시대정신은 기존의 모방형 자본주의체제로부터 창의적 아이디어가 성장과 고용 그리고 분배를 견인하는 창조형 자본주의 경제체제로의 진보다. 이것만이 끊임없이 추락하는 한국 경제를 일으켜 빠른 경제성장으로 좋은 일자리가 넘쳐나는 이상향을 이 땅에 건설할 수 있는 유일한 방법이다.

창조형 자본주의 경제체제로의 진보를 시대적 소명으로 인식하는 '다수의 창조적 지도자'들의 등장을 기대한다. 타는 목마름으로!

'5년 1% 하락의 법칙'이 지난 30년 동안 한국 경제를 지배해왔다. 이 법칙에 따라 한국 경제의 진짜 실력을 나타내는 장기성장률이 5년에 1%포인트씩 하락해왔다. 이 암울한 법칙은 매우 강력하여 보수, 진보 정권 상관없이 그 위력을 발휘했다.

이 퇴행의 법칙이 계속 작동되면 한국 경제는 향후 장기성장률 0%대의 제로성장에 처할 가능성이 높다. 그 결과 마이너스 성장의 위기가 빈번해지고 국민의 반 이상이 일자리를 유지해도 소득 감소를 맞이해야만 하고 일부 국민들은 소득의 극심한 감소를 경험하면서 분배도 악화되는 충격적 상황에 처할 가능성이 크게 증가할 수 있다.

이러한 디스토피아적 상황을 피하기 위해서는 성장 추락의 원인을 알아내어 이를 해결하기 위한 해법을 찾아야 한다. 1960년 초 이후 30년간 경제 성장의 마이클 조던이라 불릴 만한 놀라운 고도성장을 지속하던 한국 경제가 이렇게 성장 추락을 겪게 된 이유는 1990년대부터 선진 기술과 지식을 베껴 성장하는 모방형 성장이 더 이상 작동하지 않았기 때문이다. 따라서 지속적 고도성장을 회복하기 위해서는 모방형 인적자본이 아니라 새로운 것을 생각하고 만들어내는 능력인 '창조형 인적자본'으로 성장 엔진을 대전환해야 함을 의미했다.

결국 창조형 인적자본 축적을 촉진하는 새로운 경제체제, 즉 창조형 자본주의체제 구축만이 유일한 해법이다. 창조형 자본주의 체제는 창조형 인적자본 또는 그 생산물인 창의적 아이디어에 대한 재산권을 보장하고 그에 투자할 강력한 인센티브 시스템을 갖추고 이에 더해 창조적 인적자본을 키우는 교육시스템을 갖춘 자본주의 체제다.

이러한 창조형 자본주의체제는 하락 추세 없는 지속적 경제성장을 보장한다. 이 체제 하에서는 제로성장을 걱정할 필요가 없다. 이런 점에서 경제가 성장함에 따라 모방형 인적자본의 가치하락으로 인해 장기성장률이 결국 0%대까지 하락하는 모방형 자본주의 체제와 대비된다.

이는 창조형 자본주의체제를 완벽하지는 않지만 나름 가장 잘 확립한 나라인 미국을 보면 확연히 알 수 있다. 미국은 1800년대 중후반 이후 지금까지 인구 일인당 GDP의 장기성장률이 2% 수준에서 일정하게 유지되어 온 나라다. 이 나라도 만약 모방형 자본주의 체제였다면 벌써 장기성장률이 0%수준으로 떨어졌을 것이다.

이에 비해 창조형 자본주의체제를 성공적으로 구축하지 못한 일본이나 유럽의 여러 나라들은 장기성장률이 0%대 혹은 그 이하로까지 하락했다. 이들 중 한때 빠른 속도로 성장하여 미국의 일인당 GDP를 따라잡을 듯이 보인 나라들도 있었다. 그러나 결국 대부분 장기성장률이 0~1% 수준까지 하락하여 어느 시점부터는 일인당 GDP 격차가 오히려 점점 더 벌어져 왔다.

현재 우리나라도 일인당 GDP(구매력 평가 기준)가 GDP 1위 국가인 미국의 64%에 불과한 상태에서 더 이상 격차를 좁히지 못하고 있다. 그 이유는 지난 30년간 우리 경제가 창조형 자본주의체제로 전환을 못했기 때문이다.

이는 역설적으로 우리가 '창조형 자본주의체제'를 구축해내기만 하면 GDP 1위국의 일인당 GDP에 이를 때까지 고속성장을 다시 한 번 구가할 수 있음을 의미한다.

다행히 우리가 어떻게 해야 지속적인 고속성장을 다시 한번 달성할 수 있을지 이제는 알고 있다. 앞 장에서의 논의를 통해 우리는 한 나라의 경제성장은 그 나라 국민들이 생산하는 생산적 아이디어의 수가 얼마나 빨리 증가하느냐에 의해 결정됨을 알고 있다. 그리고 나라 전체의 생산적 아이디어 수는 그 나라 국민 한 사람이 창의적 아이디어를 생각해낼 확률이 높을수록 그리고 창의적 아이디어를 생각해내고자 도전하는 국민들이 많을수록 커짐을 알고 있다.

미국은 나름의 창조형 자본주의체제 구축을 통해 다른 나라들보다 국민들이 창의적 아이디어를 생각해낼 확률이 높고 창의적 아이디어에 도전하는 국민 수가 많은 나라를 만들었다. 그 결과 150년에 걸쳐 하락추세 없이 지속적인 2% 수준의 일인당 GDP 성장을 이루어왔던 것이다. 그러나 미국의 창조형 자본주의가 완벽하지 않다. 우리가 충분히 앞지를 수 있다.

만약 우리가 '창조형 자본주의 국가'로의 대변환을 통해 일부 국민만이 아니라 전 국민이 창의인재화되고, 국민들이 새로운 아이디어에 도전하여 성공할 확률도 미국보다 높아지게 되면 우리나라가 창출하는 창의적 아이디어 수가 세계 기술진보를 주도해왔던 미국보다도 오히려 빠르게 증가하게 된다. 그 결과 장기성장률이 GDP 1위 국가를 앞지르고 일인당 소득도 이 나라를 앞지를 날이 올 수 있다.

우리가 미국보다 완벽한 창조형 자본주의 국가체제로 탈바꿈하여 4%의 지속적 성장을 한다면 22년 만에 국민 1인당 소득이 GDP 1위 국가를 앞설 수 있다. 5%의 성장을 한다면 15년 만에 GDP 1위 국가를 앞지를 수 있다!

결국, 앞으로 고속성장을 회복해 세계 최고 수준의 좋은 일자리와 풍요로운 삶을 보장하는 유토피아를 건설할지 아니면 제로성장과 이에 따른 엄청난 경제적 곤경에 빠진 디스토피아에 처할지는 우리가 창조형 자본주의 국가를 만드는 개혁·혁명을 하느냐 마느냐의 선택에 달려 있다.

"과연 독자들은, 대한민국은, 어떤 선택을 할 것인가?"

이 책을 쓰는 데 많은 분들이 도와주셨다. 숙명여대 배정근 교수님은 한국 경제에 대한 책을 쓸 것을 권하시면서 책에 들어갈 내용들까지 계속 토론해주시고 대중적인 글쓰기를 위한 유익한 조언들을 아끼지 않으셨다. 서울대 류근관 교수(현 통계청장)님은 경제학 이론들에 대한 훌륭한 조언뿐만 아니라 오탈자 교정까지 해주셨다. 다산북스의 봉선미 팀장님은 책을 쓰는 중간에 훌륭한 피드백을 주셔서 방향을 잃지 않고 책을 쓸 수 있도록 도와주셨다. 마지막 단계의 원고를 꼼꼼히 읽고 커멘트해준 정영주, 오경석, 이현무, 조은영 학생에게도 감사드린다. 이 책의 주요 내용들은 내가 강의하는 '한국경제론', '경제성장론' 그리고 '화폐금융론'과 '동태적 거시경제이론' 등에서 학생들과의 즐거운 토론을 통해 해마다 발전해온 것들이다. 그동안 이 수업을 들었던 총명한 눈망울의 수많은 학생들에게 깊이 감사한다.

이 책을 존경하는 부모님 김영각, 조병순 님과

사랑하는 가족에게 바친다.

사진 출처

19p   셔터스톡

23p, 28p, 31p, 32p, 32p, 29p   위키피디아

40p, 47p   셔터스톡

50p, 57p   위키피디아

61p   셔터스톡

68p   위키피디아

72p, 78p, 81p, 84p, 92p, 96p, 102p   셔터스톡

112p, 116p, 118p, 123p, 125p, 132p, 133p   위키피디아

141p, 147p, 150p, 151p   셔터스톡

154p   위키피디아

164p   한국일보

168p   서울신문

171p   국가기록원

176p   조선일보

180p   한국일보

192p   한국일보

196p, 200p   위키피디아

203p, 205p   셔터스톡

207p   한국일보

212p, 217p   위키피디아

237p   국가기록원

245p   셔터스톡

250p   위피키디아

261p, 264p   셔터스톡

283p, 290p, 292p, 293p   셔터스톡

308p   위피키디아

312p   셔터스톡

316p, 317p, 320p, 325p   위키피디아

335p, 347p, 349p, 354p   셔터스톡

369p   위키피디아

＊사진 게재를 허락해주신 분들께 감사합니다. 저작권자의 허락 및 계약에 따른 정식 구매를 하거나 저작권이 소멸한 사진을 실었으나, 이 책에 실린 사진 중에는 저작권자를 찾기 어려운 경우가 있었습니다. 저작권자가 연락을 주시면 다시 게재 허락 절차를 밟고 사용료를 지불하겠습니다.

1부 당신의 미래는 안녕하신가요?

1   유학에 도움을 주신 고마운 분들이 많다. 무엇보다도 석사를 마친 후 근무하던 쌍용투자증권의 고병우 사장님, 배동식 과장님과 여러분이 큰 도움을 주셨다. 추천서를 써주신 정운찬 교수님과 김신행 교수님께 많은 도움과 가르침을 받았고, 친구 박찬욱, 김동주, 김종면 박사들께도 유학에 관한 많은 조언과 도움을 얻었다. 유학 중에는 로버트 루카스 교수님과 낸시 스토키 교수님께서 많은 가르침과 도움을 주셨고 조인구 교수님께도 많은 도움을 받았다. 다시금 깊은 감사를 표한다.

2   쿠즈네츠 곡선은 일종의 경향성을 나타내는 것으로 어느 나라 어느 시기에나 성립하는 법칙을 의미하지는 않는다는 것이 토마스 피케티(Thomas Piketty) 등 여러 경제학자들에 의해 지적되어왔다. 예를 들어, 우리나라의 경우에도 1990년대 이후에는 1인당 소득은 증가했으나 소득 불평등은 커져왔다.

3   요임금에 대해 언급한 중국 최초의 사서인 사마천의 『사기』에서는 오직 간략한 언급만이 있었던 것에 비해, 남송 시대의 사서인 『십팔사략』에는 요임금 통치 시대에 대해 보다 구체적으로 묘사하고 있다. 이 『십팔사략』에 묘사된 요임금 시대의 농민의 모습이 농업이 경제의 근간이던 전통사회에서는 가장 이상적이라고 생각된 사회의 모습이었을 것이다.

4   소비의 습관형성이론은 경제학의 중요한 퍼즐이었던 소위 '주식 프리미엄 퍼즐'(equity premium puzzle)을 설명하기 위해 등장하여 경기변동과 인플레이션 등 다양한 거시경제 현상을 설명하기 위해 이용되고 있다. 이 이론의 예로는 Constantinides, G. (1990), "Habit Formation: a Resolution of the Equity Premium Puzzle" (Journal of Political Economy 98, pp. 519-43)등을 참조하시오.

5   경제학자들이 이용하는 수학적 방법 중에 대표적인 것으로는 로버트 호드릭과 에드워드 프

리스캇이 경기변동 분석을 위해 처음 이용한 'HP 필터'가 있다.

6   김세직 (2016), "한국 경제: 성장위기와 구조개혁,"『경제논집』, 55(1), pp. 3-27.

7   한국에서만 독특하게 발달한 전세제도의 본질에 대해서는 내가 신현송 교수님과 같이 쓴 논
    문인 Kim and Shin (2011), "Financing Growth without Banks: Korean Housing Repo" (working
    paper, Princeton and SNU)에서 밝히고 있다. 이 논문이 밝힌 바는 전세란 결국 세입자 입장에
    서는 (전세)집을 빌리고 (전세)돈을 빌려주고, 집주인 입장에서는 (전세)돈을 빌리고 (전세)집을
    빌려주는 금융과 임대의 교차거래라는 것이다. 따라서 전세 보증금이나 준전세 보증금은 결
    국 집주인이 세입자로부터 빌린 부채이고, 따라서 가계부채의 중요한 한 형태다.

8   김세직, 고제헌 (2018), "한국의 전세금융과 가계부채 규모,"『경제논집』, 57(1), pp. 39-65.

9   이 연구는 후에 Kim, Se-Jik (2004), "Macro-Effects of Corporate Restructuring in Japan" (IMF
    Staff Papers, 51, pp. 457-492)로 출판되었다. 일본 좀비기업의 구조조정에 관한 또 다른 흥미
    로운 연구로 Caballero, R., T. Hoshi, and A. Kashyap (2008), "Zombie Lending and Depressed
    Restructuring in Japan" (American Economic Review, 98, pp. 1943-1977)와 Kwon, H.-U., F. Narita,
    and M. Narita (2015), "Resource Reallocation and Zombie Lending in Japan in the 1990s" (Review
    of Economic Dynamics, 18, pp. 709-732)도 참조하시오.

10 우리가 1997년 겪었던 IMF위기에 대해 보다 자세히 알고 싶은 독자들은 나와 당시 한국
    IMF 서울 사무소 소장 데이비드 코 박사가 편저한 Coe, David, and Se-Jik Kim (2002),『Korean
    Crisis and Recovery』(IMF and KIEP)를 참조해 보시기를 권해드린다. 이 책은 당시 대외경제
    연구원 이경태 원장님과 노재봉 부원장님의 지원 아래 '위기대응의 교과서'이자 '위기 예방
    의 지침서'를 목표로 하여 만든 책으로, 한국이 겪은 경제위기를 케이스 스터디하여 위기의
    원인부터 정책대응까지 다양한 이슈들에 대해 다각적으로 연구하고 정리 집대성한 책이다.

11 당시 재벌을 포함한 기업 및 금융 구조조정의 생생한 기록을 보기 위해서는 구조개혁을 진
    두지휘했던 이헌재 금융위원장의 회고록인 이헌재 (2012),『위기를 쏘다』(중앙books)를 참
    조하시오. 위기 시 구제금융과 재벌의 상호지급보증의 역할에 관해서는 Kim, Se-Jik (2004),
    "Bailout and Conglomeration" (Journal of Financial Economics, 71, pp. 315-347)을 참조할 수 있다.

12 보다 자세한 연구결과는 김세직, 안재빈 (2019), "한국거시경제 진단--위기가능성을 중심으
    로" (시장과 정부 연구센터 보고서)를 참조하시오.

13 이 유명한 그림이 국내에서 주로 '절규'로 번역되어 소개되었는데 나는 '비명'이 원작자의 의
    도를 보다 잘 표현한 것이라고 생각하여 이렇게 번역하였다.

14 정혁 (2017), "한국 소득불평등 구조의 실증적 이해와 포용적 성장전략" (경제인문사회연구회
    미래사회 협동연구총서 17-07-01『소득분배와 경제성장』의 3장)을 참조하시오. 경제성장과 소득분
    배의 관계에 대한 이론적 연구로는 Kim, Se-Jik and Jose De Gregorio (2000), "Credit Markets
    with Differences in Abilities: Education, Distribution, and Growth" (International Economic Review
    41, pp. 579-607) 등을 참조하시오.

2부 잃어버린 성장 법칙을 찾아서

1   Lucas, Robert E., Jr. (1993), "Making a Miracle," Econometrica, 61, pp. 251-272.

2   각국의 경제성장률에 관한 데이터는 '그로닝젠 성장발전센터'(Groningen Growth and Development Center)의 웹사이트에서 확인할 수 있다. 특히 앵거스 매디슨의 연구에 따라 정립된 몇 백 년에 걸친 경제성장률 데이터는 이 사이트의 '매디슨 역사통계'(Maddison Historical Statistics)라는 항목에 가면 다운받을 수 있다.

3   Solow, Robert (1956), "A Contribution to the Theory of Economic Growth," The Quarterly Journal of Economics, 70, pp. 65-94.

4   Lucas, Robert E., Jr. (1988), "On the Mechanics of Economic Development," Journal of Monetary Economics, 22, pp. 3-42.

5   Lucas, Robert E., Jr. (1987), Models of Business Cycles, Yrjo Jahnsson Lectures Series, Blackwell.

6   내생적 성장이론 중 특히 'AK모형'이라 불리는 이론에서 인적자본과 물적자본의 동시 축적이 중시되었다. 이러한 이론의 예로 Jones, L. and R. Manuelli (1990), "A Convex Model of Equilibrium Growth: Theory and Policy Implications" (Journal of Political Economy, 98, pp. 1008-1038)와 King, R. and S. Rebelo (1990), "Public Policy and Economic Growth: Developing Neoclassical Implications" (Journal of Political Economy, 98, pp. S126-S150)등을 들 수 있다.

7   Stokey, Nancy (1991), "Human Capital, Product Quality, and Growth," The Quarterly Journal of Economics, 106, pp. 587-616.

8   성장이론가들이 인적자본이 경제성장을 촉진하는 또 다른 방법으로 주목한 것은 무역촉진을 통해서다. 루카스 교수는 그의 유명한 1988년 논문에서 인적자본을 증가시키는 방법으로 교육 이외에도 일하는 동안 얻게 되는 경험, 즉 '러닝 바이 두잉'(learning-by-doing)을 들었다. 그리고 비교우위가 있는 산업 제품을 계속 생산, 수출하게 됨에 따라 이 수출 산업에서 러닝 바이 두잉이 일어나고 그에 따라 근로자들의 인적자본이 증가하면서 경제가 성장하는 경제성장모형을 제시했다. 한편 내가 김용진 교수님과 공저한 논문 Kim, Se-Jik and Yong Jin Kim (2000), "Growth Gains from Trade and Education" (Journal of International Economics, 50, pp. 519-545)에서는 근로자가 교육을 통해 '어느 산업에나 적용될 수 있는 지식'(general human capital)을 얻게 되면 이에 따라 어떤 산업으로건 쉽게 이동해갈 수 있는 능력을 갖추게 되는 성장모형을 제시했다. 이 모형에서는 비교우위가 있는 수출산업이 고정되지 않고 근로자들이 계속 보다 생산성이 높은 수출품으로 이동해가면서 인적자본 축적과 성장률이 최대화되게 된다.

9   이 연구는 Kim, Se-Jik (1998), "Growth Effects of Taxes in an Endogenous Growth Model: To What Extent Do Taxes Affect Economic Growth?" (Journal of Economic Dynamics and Control, 23(1), pp. 125-158)로 발표되었다. 스토키 교수는 논문 Stokey, N. and S. Rebelo (1995), "Growth Effects of Flat-Rate Taxes" (Journal of Political Economy, 103, pp. 519-550)를 통하여 이 논문을 포

합한 네 개의 대표적인 내생적 성장모형 논문들을 비교하여 조세정책의 성장효과에 중요한 영향을 미치는 요소들을 분석했다.

10   Johan Van Overtveldt (2007), *The Chicago School*, Agate, p. 40.

11   이 두 가지 인적자본을 구분하여 한국 경제성장 경로를 설명한 최초의 논문은 김세직, 정운찬(2007), "미래 성장동력으로서의 창조형 인적자본과 이를 위한 교육개혁"(『경제논집』, 46(4), pp. 187-214)이다. 근로자의 인적자본이 아니라 기업 차원의 혁신과 모방에 관해서는 Segerstrom, Paul (1991), "Innovation, Imitation and Economic Growth"(Journal of Political Economy, 99, pp. 807-827)등을 참조하시오.

12   알파고는 중국의 커제 구단을 포함하여 인간과 74번 대결하여 한 번 빼고는 다 이겼다. 그 한 번의 패배를 안겨준 유일한 인간이 이세돌 구단이었다는 점에서 이세돌 구단의 대단함을 읽을 수 있다. 물론 이세돌 본인은 자신이 한 번 이길 수 있었던 이유도 원래는 안 되는 꼼수에 대해 학습이 덜 된 알파고에 버그(오작동)가 생겼기 때문이라고 겸손하게 말한다.

13   케인즈는 투자는 기업가의 '야성적 충동(animal spirit)'에 의해 변덕스럽게 자주 그리고 크게 변할 수 있다고 생각했다.

14   물론 정부가 경기부양을 전혀 하지 말라는 얘기는 아니다. 한국도 단기적 대내외 충격이 경제성장률에 영향을 미치기 때문에, 2020년의 코로나19 사태처럼 꼭 필요한 경우 충격을 완화하는 단기 부양책을 실시하는 것이 타당할 수도 있다. 단 정부가 경기부양을 해야만 하는 경우에도 장기성장률 추세를 이용해서 잠재성장률을 정확히 계산하고 이를 초과하지 않는 적절한 수준에서 경기부양을 하는 것이 바람직하다.

15   이 밖에 창조성의 중요성과 모방의 무익함을 강조하는 내용의 교과과정 포함, 대학입시에서의 '창조형 문제' 도입, 사교육을 적게 받은 학생에 대한 인센티브 도입, '암기과목의 자격시험화' 및 소수 선택과목의 창의성 평가 등의 개혁 정책 방안들을 제안했다.

16   김세직·류근관·김진영·박지형 (2011),『성장동력으로서 창조형 인적자본 육성의 필요성』, 협동연구총서, 10-05-01. 이 보고서에서는 경제이론과 설문조사, 인터뷰 및 다양한 통계자료 등을 이용하여 창조적 인적자본의 관점에서 우리 교육의 현실을 진단하고 이에 입각하여 창조형 수업 도입을 위한 과목의 선택과 집중, 소규모 연구/토론식 수업 방안 등 구체적 정책방안들을 제시했다.

17   2020년 한국 경제신문에 12회에 걸쳐 연재된 '김세직의 신성장론'을 참조하시오.

18   독자들이 스스로 창의성을 키우는 데 도움이 될 방법들은 기회가 되면 다른 책에서 소개하겠다.

3부 신세계를 향하여

1   한 나라가 생산하는 생산적 아이디어의 수는 국민 한 사람이 창의적 아이디어를 생각해낼 확
    률이 높을수록 커진다. 이에 더해 창의적 아이디어를 생각해내고자 도전하는 국민들이 많을
    수록 커진다. 즉 '창의적 국민'이 많아질수록 커진다. 이를 내가 '창조의 방정식'이라 부르는
    다음의 간단한 공식으로 표현할 수 있다: C = np. 여기서 C는 한 나라가 생산하는 창의적 아
    이디어의 개수이고, n은 창의적 아이디어 개발에 도전한 국민 수이고, p는 국민 한 사람이 창
    의적 아이디어를 생각해낼 확률이다.

2   Romer, Paul (1990), "Endogenous Technological Change," The Journal of Political Economy, 98(5),
    pp. S71–S102.

3   신기술 개발을 통해 돌파구를 찾고자 박근혜 정부하에서는 '창조경제', 문재인 정부아래서
    '혁신성장'의 슬로건 아래 기술 촉진 정책이 추진되었다. 그러나 2020년 기준 24조 원이나 되
    는 정부의 막대한 R&D 투자에도 성장 추락 저지에 기여할 만한 기술개발 성과들이 나오지
    않고 있다. 이렇게 비효율적으로 기술정책이 이루어진 이유는 기술진보의 핵심 원리는 한마
    디로 기술을 만드는 것도 결국 '사람'이라는 것, 특히 창조형 인적자본을 축적한 사람이라는
    것에 대한 이해 부족에 기인한다고 볼 수 있다.

4   이 장에서 내가 제시하는 '전 국민 아이디어 등록제', '아이디어 공적 구매제도', '창의인재 재
    탄생 프로그램', '창조형 대학입시' 등의 구체적 해법들은 한국경제신문 연재 칼럼 '김세직의
    신성장론'(2020), 중앙일보 칼럼 '김세직의 이코노믹스'(2020-2021)와 김세직 (2016) "한국경
    제: 성장위기와 구조개혁"(경제논집, 55, pp 3-27)등에서 소개되었다.

5   예를 들어 특허법은 '자연법칙을 이용한 기술적 사상의 창작으로서 고도한' 발명에만 한정해
    서 보호하고, 저작권법은 어문, 음악, 미술 등의 저작에 한정해서 보호한다.

6   산울림의 노래 「내 마음에 주단을 깔고」의 가사 중 '한마디 말이 노래가 되고 씨가 되고'를 패
    러디했다.

7   이러한 생산체인이 어떤 원리에 의해 구성되는지에 관한 연구로, 나와 신현송 박사님이 공
    저한 Kim, Se-Jik and Hyun Song Shin (2012), "Sustaining Production Chains through Financial
    Linkages," (American Economic Review, 102, Papers and Proceedings, pp. 402-406)등이 있다.

8   지면 제약으로 이 책에서는 자세히 다루지 않지만, 조세-재정 제도 혁신과 함께 창조형 인재
    와 아이디어들에 대해 최적의 금융 인센티브를 제공하는 제도를 확립하는 '금융 혁신'도 필
    요하다. 특히 제품화되기 이전의 아이디어에 대해 그 가치를 평가하고 이에 입각하여 담보
    없이도 금융을 제공하는 효율적 메커니즘에 대한 연구 및 도입이 필요하다. 이는 추후 다른
    책이나 논문 등을 통해 자세히 논하겠다.

9   한때 우리나라에서는 이 유명한 경구가 스피노자가 한 말이라고 잘못 알려져 있었다.

10 물론 닫힌 문제만 계속 풀어보고 모방형 인적자본만 계속 축적했는데도 창의적 아이디어를

내는 사람들도 있다. 이런 분들은 자신의 경험에 입각해 굳이 창의성을 키우는 교육을 받을 필요가 없다고 주장하기도 한다. 그러나 창의적 아이디어를 내기 위해 이렇게 모방형 인적자본만 계속 축적하는 것은 당연히 비효율적인 방법이다. 모방형 인적자본만 축적해도 창의적인 아이디어를 낼 능력이 있는 사람이 만약에 창의성을 끄집어내는 교육을 받았다면 훨씬 더 많은 창의적인 아이디어를 낼 수 있었을 것이다.

11 이 화폐금융론 수업에 대한 보다 자세한 설명은 내가 '서울대학교 창의성교육을 위한 교수모임' 교수님들과 공저한 『창의혁명』(코리아닷컴. 2018)의 7장 '상상과 창조의 경제학'에 나와 있다. 이 북챕터에서 실제 나의 화폐금융론 강의를 예로 들어서 창의적 수업이 어떻게 이루어지는 지를 보여주고자 했다.

12 장자는 여러 번역본이 있는데 여기서 인용한 부분은 이인호 교수의 『장자 30구』(2003)에 나오는 번역을 약간 각색한 것이다.

13 다음은 2020년 '동태적 거시경제이론' 수업의 기말고사에서 내가 제시했던 질문형 열린문제의 한 예시이다.

1. 대학입시가 창의성을 평가하는 창조형 대학입시로 변하고, 본인이 서울대 창조형 대학입시의 출제위원으로 선정되었다고 가정하자.

(1) 서울대에 지원한 고등학생들의 창의성을 창의적으로 평가할 창의적인 '열린 문제'를 하나 만들어 보시오.

(2) 이 문제에 대해, 지원한 고등학생들이 답하리라 예상되는 답안을 두 가지 제시하시오. 이렇게 제시된 두 가지 답안 중 어느 것이 더 창의적인지 평가하고 그 이유를 쓰시오.

14 창의성은 자신이 이제껏 생각해본 적이 없는 무엇인가를 생각하는 '개인적 차원의 창의성'과 누구도 생각해본 적이 없던 것을 생각하는 '사회적 차원의 창의성'으로 구별할 수 있다. 그런데 누구도 생각해본 적이 없던 사회적 차원의 창의적 아이디어도 누군가의 개인적 차원의 창의적 아이디어에서 나온다. 따라서 창의성의 근본 바탕은 개인적 차원의 창의성이다. 개인적 차원의 창의성이 사회적 차원의 창의성으로 이어지는 것이다. 자신이 이제껏 생각해보지 않았던 것을 스스로 생각한 경험이 있다면, 그것만으로도 자신이 개인적 차원의 창의성을 타고 났음을 증명한다. 창의적 잠재력을 끄집어내서 개인적 차원의 창의적 아이디어를 계속 내다 보면, 그중에는 남들이 거의 생각해보지 않았을 아이디어, 즉 사회적 차원의 창의적 아이디어가 있게 된다.

15 Bell A., R. Chetty, X. Jaravel, N. Petkova, J. Van Reenen (2019), "Who Becomes an Inventor in America? The Importance of Exposure to Innovation", The Quarterly Journal of Economics, 134, pp. 647 - 713.

16 창조형 인적자본 촉진을 위한 다양한 교육개혁 방안들은 김세직, 정운찬(2007), "미래 성장동력으로서의 창조형 인적자본과 이를 위한 교육개혁"(『경제논집』, 46(4), pp. 187-214)와 김세직(2016), "한국 경제: 성장위기와 구조개혁"(『경제논집』, 55(1), pp. 3-27)등에서도 제시되었었다.

17 창의성을 키우는 것이 가능한지 등 창조성 관련된 이슈들에 대한 심리학자들의 연구는 로버트 스턴버그(Robert Sternberg)가 편집한 『Handbook of Creativity』(1999)를 참조하시오.

18 김세직(2014), "경제성장과 교육의 공정경쟁", 『경제논집』, 53(1), pp. 3-20.

19 김세직·류근관·손석준(2015), "학생 잠재력인가? 부모 경제력인가?", 『경제논집』, 54(2), pp. 355-384.

20 이 책은 모임에 참여한 교수님들이 창의성 교육을 위해 고민하여 개발해낸 다양한 시도 및 다가올 미래에 대비한 다양한 교육 방법과 사례를 담았고 언론에서도 크게 주목을 받았다. (조선일보, '위기에 빠진 한국 교육: 창의성 교육만이 살 길', 2018.4.23)

21 2021년 봄학기 수업의 경우, 학생들이 창의성 멘토-멘티 프로그램, 크라우드 펀딩기반 농산물 직거래 플랫폼, 학점인정 대학생 스타트업 인턴쉽, 중학생 주식투자 의무화 금융교육, 은둔형 외톨이 대상 농촌 워킹홀리데이, 서울 과밀화 해소 방안, 창조적 FDI를 활용한 아이디어 아웃소싱, 환경고려 결제 시스템 등의 아이디어를 제시했다.

모방과 창조

초판 1쇄 발행 2021년 7월 12일
초판 5쇄 발행 2022년 10월 27일

지은이 김세직
펴낸이 김선식

경영총괄 김은영
책임편집 봉선미 **책임마케터** 최혜령
콘텐츠사업9팀장 봉선미 **콘텐츠사업9팀** 박윤아
편집관리팀 조세현, 백설희 **저작권팀** 한승빈, 김재원, 이슬
마케팅본부장 권장규 **마케팅1팀** 최혜령, 오서영
미디어홍보본부장 정명찬 **홍보팀** 안지혜, 김민정, 오수미, 송현석
뉴미디어팀 허지호, 박지수, 임유나, 송희진, 홍수경 **디자인 파트** 김은지, 이소영
재무관리팀 하미선, 윤이경, 김재경, 안혜선, 이보람
인사총무팀 강미숙, 김혜진, 황호준
제작관리팀 박상민, 최완규, 이지우, 김소영, 김진경, 양지환
물류관리팀 김형기, 김선진, 한유현, 민주홍, 전태환, 전태연, 양문현, 최창우
외부스태프 표지 및 본문 디자인 studio forb

펴낸곳 다산북스 **출판등록** 2005년 12월 23일 제313-2005-00277호
주소 경기도 파주시 회동길 490, 3층
전화 02-704-1724 **팩스** 02-703-2219 **이메일** dasanbooks@dasanbooks.com
홈페이지 www.dasanbooks.com **블로그** blog.naver.com/dasan_books
인쇄 민언프린텍

ISBN 979-11-306-3993-2 (03320)

다산북스(DASANBOOKS)는 독자 여러분의 책에 관한 아이디어와 원고 투고를 기쁜 마음으로 기다리고 있습니다.
책 출간을 원하는 아이디어가 있으신 분은 다산북스 홈페이지 '투고원고'란으로 간단한 개요와 취지, 연락처 등을
보내주세요. 머뭇거리지 말고 문을 두드리세요.